CICÉRON

BRUTUS

COLLECTION DES UNIVERSITÉS DE FRANCE
publiée sous le patronage de l'ASSOCIATION GUILLAUME BUDÉ

CICÉRON

BRUTUS

TEXTE ÉTABLI ET TRADUIT
PAR
JULES MARTHA

Onzième tirage

PARIS
LES BELLES LETTRES
2023

Conformément aux statuts de l'Association Guillaume Budé, ce volume a été soumis à l'approbation de la commission technique, qui a chargé M. Henri Bornecque d'en faire la révision et d'en surveiller la correction en collaboration avec M. Jules Martha.

95 boulevard Raspail, 75006 Paris
www.lesbelleslettres.com

Premier tirage 1923

ISBN : 978-2-251-01034-2
ISSN : 0184-7155

INTRODUCTION

I. — DATE ET NATURE DE L'OUVRAGE

Le *Brutus* (1) a été composé dans les premiers mois de l'année 708/46, tandis que César, en Afrique, conduisait la campagne qui se termina par la défaite de l'armée Pompéienne à Thapsus (8 avril) et le suicide de Caton à Utique. La bataille décisive n'a pas encore été livrée, mais on s'attend d'un jour à l'autre à en recevoir la nouvelle (2).

Le moment est triste pour Cicéron. Après la victoire de César à Pharsale, il s'est soumis au dictateur, mais il le subit de mauvaise grâce. Il souffre de voir qu'il n'y a plus de liberté politique, que l'antique constitution est morte et surtout, le Forum étant réduit au silence, que son éloquence est sans emploi (3). Pour échapper aux misères du présent, il n'a qu'une ressource, se retourner vers le passé. Justement, son ami Atticus,

(1) Le sous-titre *de claris oratoribus*, que portent beaucoup d'éditions, n'est pas de Cicéron. Il n'est donné par aucune des citations antiques (Cic. *de diuin.*, II, 1, 4 ; *Orator*, 7, 23 ; Quintil., *Inst. or.*, X, 1, 38 ; Tac., *Dial. de or.*, 30 ; Sueton., *J. Caesar*, 57 ; Macrob. *Sat.*, VI, 2). Il date du XVe siècle et paraît dû à Flavio Biondo (1388-1463). Les seuls manuscrits qui le portent sont ceux qui dérivent directement ou indirectement de la copie faite par Biondo Le premier ouvrage où il figure est la *Roma instaurata et Italia illustrata* de Biondo.

(2) *Brut.*, 10.

(3) *Brut.*, 4-9.

qui est très curieux des choses de l'histoire (1), vient de lui adresser un petit manuel de chronologie. Ce livre, très consciencieusement fait et d'une érudition sûre (2), présentait, depuis les origines, les noms des magistrats romains catalogués année par année (3), avec l'indication des principaux événements et, à l'occasion, le rappel d'événements contemporains, empruntés à l'histoire d'autres peuples que le peuple romain (4).

Ce livre, qui offre comme en un tableau sept siècles d'histoire, éveille l'imagination de Cicéron. Les hommes politiques, dont les noms se succèdent dans le catalogue d'Atticus, ont tous été, à des degrés divers, des orateurs, puisqu'aux temps heureux où Rome n'était pas asservie tout, au sénat comme au Forum, dépendait de la parole. Il se plaît à remonter aux époques où ces hommes ont vécu, à noter au passage ceux dont le talent oratoire a laissé quelque souvenir, à rechercher et à lire ce qui peut subsister de leurs discours, à essayer de comprendre et d'expliquer leur ascendant : ainsi se rassemblent et s'ordonnent les éléments d'une histoire de l'éloquence sous la république, et c'est le *Brutus*.

Cette histoire a pour Cicéron un grand intérêt. D'abord c'est une chose nouvelle à Rome. Personne n'a encore songé à recueillir tous ces souvenirs oratoires. Pour un lettré, curieux des choses de l'éloquence et qui tient beaucoup à ne rien laisser perdre de ce qui peut

(1) Cornelius Nepos, *Atticus*, 18, 1 : summus... antiquitatis amator ; *Brut.*, 19. Cf. Münzer, *Atticus als Geschichtsschreiber* (*Hermès*, 1905, p. 50-100).

(2) *Brut.*, 14 perdiligenter ; 44 auctorem... religiosissimum.

(3) D'où le titre de *Liber annalis*.

(4) *Orator*, 34, 120 : Cognoscat etiam rerum gestarum et memoriae ueteris ordinem, maxime scilicet nostrae ciuitatis, sed etiam imperiosorum populorum et regum illustrium ; quem laborem nobis Attici nostri leuauit labor, qui, conseruatis notatisque temporibus, nihil cum illustre praetermitteret, annorum septingentorum memoriam uno libro colligauit. Cf. Cornelius Nepos, *Atticus*, 18, 1.

être à l'honneur de l'esprit romain, quelles satisfactions dans la recherche, la découverte ou le rappel de maints discours oubliés dans la poussière des archives domestiques, ou perdus dans des ouvrages qu'on ne lit plus, ou injustement dédaignés comme n'étant plus au goût du jour !

De plus, le *Brutus* a l'avantage d'appuyer une thèse chère à Cicéron, la thèse qu'il a soutenue huit ans auparavant dans le *de Oratore*, à savoir que, de tous les arts, l'art de la parole est le plus difficile, parce qu'il exige à la fois des qualités naturelles de corps et d'esprit, une longue pratique et une solide éducation littéraire, philosophique et juridique. Cette thèse, le *Brutus* l'illustre par l'exemple décisif d'une expérience séculaire. De nombreuses générations se sont succédé : toutes ont pratiqué la parole publique ; toutes ont fourni des hommes d'Etat et des avocats: mais à quoi se réduit le nombre des orateurs vraiment qualifiés! Et quelle pénible ascension vers l'éloquence !

Le *Brutus* est enfin la consécration de la gloire cicéronienne. Car cette montée lente de l'art de la parole à travers les siècles, cet effort ininterrompu vers une perfection vaguement entrevue, ce travail où chaque âge ajoute quelque chose à ce qu'il a reçu des âges précédents, tout cela aboutit à Hortensius, qui lui-même cède le pas à Cicéron. Cicéron est ainsi le dernier terme de la progression, le point culminant. On ne dit pas que l'idéal de l'éloquence se réalise en lui ; mais la conclusion s'impose d'elle-même.

Cette conclusion est opportune. Car, au moment où Cicéron écrit le *Brutus*, son excellence oratoire est mise en question. Un groupe de jeunes délicats, orateurs et poètes, parmi lesquels se trouve Brutus lui-même, l'ami auquel l'ouvrage est dédié, critique vivement l'éloquence du maître. A leur gré elle est trop pompeuse, trop redondante, trop parée des grâces de la rhétorique asiatique. Elle n'a pas cette simplicité précise et vigoureuse qui est le propre des grands orateurs de la Grèce, de Démosthène, surtout de Lysias, le plus pur modèle de l'atticisme (1). Cicéron est blessé au vif. L'idée qu'on peut ne pas le trouver attique lui est insupportable. Il pense sans cesse à ces critiques, qui se piquent d'être des connaisseurs (*docti, intellegentes*) et qui font les renchéris. A toute occasion, dans le *Brutus*, il les prend à partie (2).

Le *Brutus* est un dialogue entre Cicéron et ses deux amis, Atticus et Brutus. C'est un dialogue qui tournerait aisément au monologue, si de temps à autre l'interlocuteur principal ne s'avisait qu'il est opportun de laisser aux autres la parole (3). Pour la vraisemblance il y a des interruptions, des digressions, des reprises d'idées, un certain imprévu comme dans un entretien familier, avec le désordre qu'il comporte dans la composition. Mais ce désordre n'est qu'un artifice. En réalité l'ouvrage se développe avec méthode et suivant un dessein raisonné.

Pour le classement des orateurs, l'exposé suit une ligne bien définie, qui est tracée par la chronologie. Il n'est pas douteux que Cicéron a sous les yeux le *Liber annalis* d'Atticus (4). Il parcourt, année par année, les listes de magistrats qui s'y trouvent et, dès qu'il rencontre un nom auquel se rattache ou peut se rattacher un souvenir oratoire, il l'enregistre. S'il lui arrive

(1) Tac., *Dial. d. orat.*, 18 ; Quintil. XII, 1, 22. Voir Lantoine, *de Cicerone contra oratores atticos disputante* ; Gache et Piquet, *Cicéron et ses ennemis littéraires*.

(2) Cf. §§ 63 et suiv. (Parallèle de Caton et de Lysias), 184 (la foule juge infaillible et souveraine de l'éloquence), 284 et suiv. (variétés de l'atticisme).

(3) Notamment pour parler des orateurs encore vivants, tels que César et Marcellus (§ 248-262).

(4) Cf. §§ 72 et 74.

parfois, entraîné par une association d'idées ou un rapprochement de faits, de revenir en arrière ou d'anticiper l'avenir, il ne tarde pas à reprendre la voie chronologique, un instant quittée (1).

Il suit également une voie toute tracée, quand il s'agit de juger les orateurs. Ici c'est la rhétorique qui sert de fil conducteur. Elle est partout présente, quoique souvent invisible pour le lecteur non prévenu (2). On retrouve, ou explicitement formulées ou plus ou moins enveloppées, les idées essentielles de l'école, les trois conditions de l'éloquence (nature, pratique, éducation), les cinq parties de la rhétorique (invention, disposition, élocution, mémoire, action), les divisions du discours (exorde, confirmation, réfutation, péroraison), les trois genres de style (simple, tempéré, sublime), le triple devoir de l'orateur (convaincre, plaire, toucher). Il importe de ne jamais perdre de vue toute cette technique spéciale, si l'on veut bien comprendre le *Brutus*.

II. — LE TEXTE DU BRUTUS

Tous les manuscrits du *Brutus*, actuellement existants, ont pour origine un manuscrit désigné sous le nom de *Laudensis*, qui fut découvert à Lodi en 1422 et qui se perdit, on ne sait comment, vers 1428 (3). Ceux

(1) Le lecteur pourra s'en rendre compte en consultant l'argument analytique, où l'on a pris soin de marquer les dates principales.

(2) On trouvera à la fin du volume une table des termes de rhétorique.

(3) Ce manuscrit, en minuscule lombarde (VIIIe ou IXe siècle), était d'une lecture très difficile et ce n'est pas sans peine qu'on trouva quelqu'un pour le déchiffrer. — Pour tout ce qui se rapporte à la découverte et aux caractéristiques du *Laudensis*, voir Detlefsen, *Verhandl. deutsch. Philol.*, Kiel, 1869, p. 96-105 ; Heerdegen, *Orator* (Préface, p. XIV et suiv.); Stangl, *Blätter f. bay. Gymn.*, XXI, p. 37 et suiv. ; Sabbadini, *Rivista di Filol.*, XIV, p. 425 et suiv. ; J. Stroux, *Handschriftl. Studien zu Cicero de oratore; die Rekonstruktion der Handschrift von Lodi* (Leipzig-Berlin, 1911).

qui paraissent le mieux qualifiés pour représenter cet archétype disparu sont les six manuscrits indiqués ci-après, antérieurs à la disparition du *Laudensis* : 1° le *Magliabecchianus*, à Florence, qui date de la fin de 1422 ou du commencement de 1423, et qui semble avoir été copié directement sur le *Laudensis* ; 2° l'*Ottobonianus* 2057, au Vatican, qui a été copié avant la fin de 1422, puis corrigé en 1425 d'après le *Laudensis*, et qui contient quelques variantes empruntées à d'autres copies ; 3° le *Neapolitanus* IV B 43, provenant de la famille du professeur de Milan, Gasparino Barzizza, auquel avait été remis le *Laudensis* après la découverte et qui s'était occupé de le faire copier pour la première fois ; 4° l'*Ottobonianus* 1592, copié en Octobre 1422 par Flavio Biondo, en partie sur une copie déjà faite, en partie sur l'archétype, *mirabili ardore*, dit-il, *ac celeritate* (1) ; 5° le *Neapolitanus* IV B 36, copié avant la fin de Décembre 1422 ; 6° le *Mutinensis* VI D 6, à Modène, copié et corrigé avant 1425 (2).

L'accord de ces six manuscrits permet de reconstituer à coup sûr le texte du *Laudensis*. Là où ils ne sont pas d'accord, l'hésitation est possible. Cependant le témoignage du *Magliabecchianus* paraît mériter la préférence. Ce manuscrit, en effet, a conservé avec plus de fidélité que les autres l'aspect de l'archétype, en reproduisant la plupart des formes de l'orthographe antique et en donnant un texte suivi sans aucun alinéa (3).

Le texte du *Laudensis* était loin d'être parfait. Parmi

(1) Biondo, *Italia illustr.*, p. 346.

(2) Pour le détail de ces manuscrits, voir la *Préface* de Stangl, dans son édition du *Brutus* (Leipzig 1886). — Quelques éditeurs font état du manuscrit de Paris 7704 (*D* dans Orelli). Je me suis assuré qu'il ne contient rien qui ne soit dans les manuscrits italiens datés. Il dérive directement ou indirectement de l'un deux.

(3) Biondo dit dans une note de l'*Ottobonianus* 1592 : *in veteri (codice) continuat testus sine capitulo.*

les incorrections qu'il présentait et dont plus d'une sans doute venait d'un original antérieur, il en est qui se rectifient aisément et qui ont été rectifiées dès le XVe siècle. Il en est d'autres qui ont tellement obscurci la vraie leçon qu'elle échappe aux plus ingénieuses conjectures. Quant aux gloses et interpolations, le *Laudensis* en avait, selon toute vraisemblance, mais moins sans doute qu'on ne l'a prétendu, et en tout cas elles ne sont pas assez évidentes pour qu'on puisse se croire autorisé à condamner comme suspectes, à l'exemple de certains critiques, des phrases entières.

Pour l'établissement du texte, l'examen des clausules métriques fournit des indications utiles, dont j'ai profité. Les irrégularités constatées ne sont pas toujours réductibles ; mais plusieurs le sont au prix d'une très légère correction (1).

III. — ARGUMENT ANALYTIQUE

INTRODUCTION

a) Regrets sur la mort d'Hortensius (1-9) ; occasion du dialogue (10-24).

b) Résumé de l'histoire de l'art oratoire chez les Grecs : les orateurs à Athènes (25-38) ; développement de la technique oratoire (39-48) ; l'éloquence en dehors de l'Attique (49-51).

L'ÉLOQUENCE A ROME

I. Les origines (§§ 52-60).

a) Politiques dont l'ascendant suppose le talent de la parole (52-56) ;

b) Personnages signalés par certaines traditions comme orateurs (57) ;

(1) Voir Bornecque, *Les clausules métriques latines*, p. 284-290, §§ 121-136.

c) Cethegus, consul en 204 av. J. C., premier orateur expressément mentionné (57-60).

II. Caton l'ancien et son temps (§§ 61-80).

a) Caton, consul en 195 ; ses discours (61-62) ; comparaison avec Lysias (63-64) ; caractères de son éloquence (65-69) ; digression sur les primitifs (70-76) ;

b) Contemporains de Caton, plus âgés que lui, notamment le premier Africain, consul en 205, et Sextus Aelius, consul en 198 (77-78) ;

c) Contemporains de Caton, plus jeunes que lui, consuls entre 166 et 153 (78-80).

III. Galba et son temps (§§ 81-102).

a) Orateurs dont le consulat se place entre 151 et 137, en particulier Laelius, Scipion Emilien et Galba (81-82) ; Laelius comparé à Scipion (83-84) ; Laelius et Galba (85-88) ; éloquence de Galba (89-93) ; orateurs secondaires (94-95) ;

b) Aemilius Porcina, consul en 137, et ses contemporains (96-102).

IV. Les Gracques (§§ 103-138).

a) Ti. Gracchus, tribun en 133, et C. Carbo, tribun en 131 (103-106) ; partisans et adversaires de Ti. Gracchus (107-109).

b) Aemilius Scaurus et Rutilius Rufus (110-115) ; à propos du Stoïcien Rutilius, digression sur le stoïcisme et les écoles philosophiques, plus ou moins utiles à la formation de l'orateur (116-121) ;

c) Scribonius Curio (*avus*) et C. Gracchus (122-126) ;

d) C. Galba, questeur en 120 ; autres orateurs de la même génération (127-134) ;

e) Orateurs qui ont joué un rôle entre 112 et 104, au

temps de la guerre de Jugurtha et de la loi Mamilia (135-138).

V. Antoine, consul en 99, Crassus, consul en 95, et leurs contemporains (§§ 139-200).

a) Antoine, son éloquence (139-142) ; Crassus comparé à Antoine (143-144) ; Crassus dans le procès de Curius, et son adversaire Scaevola le Pontife (145-149) ; Scaevola, jurisconsulte, comparé au jurisconsulte Sulpicius, contemporain de Cicéron (150-157) ; les discours de Crassus (158-164) ;

b) Orateurs secondaires, consuls entre 96 et 92, ou mêlés aux événements de cette période (165-168) ; orateurs provinciaux (169-170) ; de l'*urbanitas* (170-172) ;

c) L'orateur Philippus, consul en 91 (173) ; orateurs contemporains, parmi lesquels Caesar Strabo, édile en 90 (174-177) ; orateurs secondaires (178-182) ; digression : accord du public et des connaisseurs sur la valeur des orateurs (183-193) ; exemple de cet accord (194-198) ; explications (199-200).

VI. Cotta, Sulpicius et leur temps (§§ 201-233).

a) Cotta, candidat au tribunat en 91, consul en 75 ; Sulpicius, tribun en 88 ; leur talent (201-204) ; authenticité de leurs discours (205-207) ; petit nombre des avocats à cette époque (208-209) ;

b) Scribonius Curio (*pater*), tribun en 90, consul en 76 ; ses qualités (210-213) ; ses défauts (214-220) ;

c) Orateurs mêlés aux événements de la période entre 90 et 80 (221-227).

VII. Hortensius et son temps (§§ 228-329).

a) Limites chronologiques de la carrière oratoire d'Horensius (228-232) ;

b) Enumération d'orateurs secondaires, déjà morts au moment du dialogue (233-247) ;

c) Deux orateurs encore vivants, Jules César et Marcellus (248-250). Jugement sur ces orateurs laissé à Atticus (251-262) ;

d) Reprise de l'énumération des orateurs morts, en particulier de tous ceux qui ont péri dans la guerre civile (263-269) ; orateurs d'une génération plus jeune, morts aussi : Caelius, Calidius, Curio (262-283) ; digression sur les Néo-Attiques (284-291) ;

e) Critiques d'Atticus et réponse de Cicéron (292-300) ;

f) Retour à Hortensius (301-304) ; apogée de son talent (305-312) ; Cicéron, jeune, au Forum et en Orient (313-316) ; déclin d'Hortensius et progrès de Cicéron (317-324); causes du déclin d'Hortensius (325-329).

ÉPILOGUE

L'éloquence victime de la guerre civile (330). Encouragement à Brutus (331-332).

SIGLA

F = cod. Magliabecchianus I, 1, 14, xv saec.
O = cod. Ottobonianus 2057, xv saec.
G = cod. Neapolitanus IV B 43, xv saec.
B = cod. Ottobonianus 1592, xv saec.
H = cod. Neapolitanus IV B 36, xv saec.
M = cod. Mutinensis VI D 6, xv saec.
L = consensus codicum *F O G B H M*.
O^2 *uetus* = *O* correctus ex uetere codice Laudensi.
O^2 *al.* = *O* correctus ex alio uel ex aliis codicibus.
B^1 H^1 M^1 *uetus* = *BHM* correcti a Blondo ex uetere codice Laudensi.
r = ceteri codices, excepto uno uel altero qui notatus est.
uulg. = emendationes ueterum editionum.

M. TVLLI CICERONIS

BRVTVS

BRUTUS

Préambule à propos de la mort d'Hortensius

I 1 Lorsqu'en quittant la Cilicie (1), de passage à Rhodes, je reçus la nouvelle de la mort de Quintus Hortensius, je ressentis un chagrin plus vif qu'on ne l'a cru généralement. D'abord, je perdais un ami et avec lui m'était enlevé, outre l'agrément d'un commerce familier, tout un échange de bons offices. Ensuite, je m'affligeais de voir, par la disparition d'un si grand personnage, notre collège des augures diminué dans son prestige, et, à cette pensée, des souvenirs me revenaient : c'était lui qui m'avait ouvert l'accès de ce collège en me déclarant sous serment digne d'y être admis ; c'était lui qui m'avait consacré, ce qui, d'après les institutions des augures, m'imposait le devoir de le traiter comme un père. **2** Ma peine s'augmentait encore à la pensée que, dans la grande disette où nous sommes de citoyens sages et politiques, un homme de grand mérite, dont toutes les idées s'accordaient complètement avec les miennes, disparaissait au moment le plus critique pour la république (2), nous laissant le triste regret d'être privés de son autorité et de sa sagesse. Enfin j'avais le chagrin de perdre, non pas, comme beaucoup se l'imaginaient, un adversaire ou un rival jaloux de ma réputation, mais un compagnon, un associé dans l'accomplissement d'une tâche glorieuse. **3** Si l'histoire des arts secondaires nous apprend que de

(1) En juillet 704 (50), après une année de proconsulat, Hortensius était mort au milieu de juin.

(2) Le conflit entre César et le sénat était aigu et la guerre civile paraissait imminente.

BRVTVS

I **1** Cum e Cilicia decedens Rhodum uenissem et eo mihi de Q. Hortensi morte esset allatum, opinione omnium maiorem animo cepi dolorem. Nam et amico amisso cum consuetudine iucunda tum mu torum officiorum coniunctione me priuatum uidebam et interitu talis auguris dignitatem nostri collegi deminutam dolebam ; qua in cogitatione et cooptatum me ab eo in collegium recordabar, in quo iuratus iudicium dignitatis meae fecerat, et inauguratum ab eodem ; ex quo augurum institutis in parentis eum loco colere debebam. **2** Augebat etiam molestiam quod magna sapientium ciuium bonorumque penuria uir egregius coniunctissimusque mecum consiliorum omnium societate alienissimo rei publicae tempore exstinctus et auctoritatis et prudentiae suae triste nobis desiderium reliquerat ; dolebamque quod non, ut plerique putabant, aduersarium aut obtrectatorem laudum mearum, sed socium potius et consortem gloriosi laboris amiseram. **3** Etenim si in leuiorum artium studio memoriae proditum est

M. TVLLI. CICERONIS. BRVTVS. INCIP. LEGE. FELIC. *F*. Brutus de illustribus oratoribus Incipit feliciter *M*, *om. r*.

1 collegi *r* : conlegi *F* (*item infra* : conlegium).

2 Augebat *uulg.* : augebam *L*.

grands poètes, voyant mourir d'autres poètes leurs contemporains, les ont pleurés, quel a dû être mon sentiment à la mort d'un homme qu'il était plus glorieux d'avoir contre soi que d'être tout à fait sans adversaire ? Surtout si l'on songe que jamais nous ne nous sommes le moins du monde gênés l'un l'autre dans la carrière des honneurs, qu'au contraire nous nous sommes toujours mutuellement secondés par un échange de vues, d'avis et de bons offices.

4 Mais, puisqu'avec cette chance qui ne l'a jamais abandonné il a quitté la vie à une heure opportune pour lui plutôt que pour ses concitoyens, puisqu'il a disparu à un moment où il lui eût été plus aisé de pleurer la république, s'il eût vécu, que de travailler pour elle, puisqu'enfin il a vécu aussi longtemps qu'à Rome il a été possible de vivre avec honneur et sécurité — pour nous, en raison de la perte faite par nous et du dommage subi, puisque la chose est irréparable, affligeons-nous — mais pour lui, dont la mort est venue si à point, félicitons-le plutôt que de le plaindre : toutes les fois que nous pensons à cet homme, qui a été si illustre et si heureux, il ne faut pas que nous paraissions nous intéresser moins à lui qu'à nous-mêmes. **5** Si notre affliction vient de ce que nous sommes désormais sevrés de sa présence, c'est une chose toute personnelle à nous que cette peine, et nous devons la modérer, sans quoi elle semblerait répondre moins à un sentiment d'amitié qu'à un intérêt d'égoïsme. Si, au contraire, c'est comme la victime d'un sort cruel que nous le pleurons, nous ne savons pas apprécier, avec la reconnaissance qui convient, tout ce qui lui est échu de bonheur.

II **6** Car enfin, si Quintus Hortensius vivait encore, il y a bien des choses sans doute dont il déplorerait la perte, d'accord avec tout ce qui reste de citoyens honnêtes et courageux. Mais il est une douleur dont, plus que tous les autres, ou tout au moins avec peu d'autres personnes, il aurait à porter le poids, ce serait de voir le forum du peuple romain, ce forum qui avait été comme le théâtre de son beau génie, dépouillé et déshérité des

poetas nobiles poetarum aequalium morte doluisse, quo tandem animo eius interitum ferre debui cum quo certare erat gloriosius quam omnino aduersarium non habere? cum praesertim non modo numquam sit aut illius a me cursus impeditus aut ab illo meus, sed contra semper alter ab altero adiutus et communicando et monendo et fauendo.

4 Sed quoniam perpetua quadam felicitate usus ille cessit e uita suo magis quam suorum ciuium tempore et tum occidit cum lugere facilius rem publicam posset, si uiueret, quam iuuare uixitque tam diu quam licuit in ciuitate bene beateque uiuere, nostro incommodo detrimentoque, si est ita necesse, doleamus, illius uero mortis opportunitatem beneuolentia potius quam misericordia prosequamur, ut, quotienscumque de clarissimo et beatissimo uiro cogitemus, illum potius quam nosmet ipsos diligere uideamur. **5** Nam si id dolemus quod eo iam frui nobis non licet, nostrum est id malum, quod modice feramus, ne id non ad amicitiam, sed ad domesticam utilitatem referre uideamur; sin tamquam illi ipsi acerbitatis aliquid acciderit angimur, summam eius felicitatem non satis grato animo interpretamur.

II **6** Etenim si uiueret Q. Hortensius, cetera fortasse desideraret una cum relicuis bonis et fortibus ciuibus, hunc autem *aut* praeter ceteros aut cum paucis sustineret dolorem, cum forum populi Romani, quod fuisset quasi theatrum illius ingeni, uoce erudita et Romanis Graecisque auribus digna spoliatum atque orbatum

5 angimur *r* : angitur *F O² uetus B¹ H¹*.
6 autem aut *Piderit* : autem et *L*.

accents de cette voix savante, digne des oreilles latines et même des grecques. **7** Pour moi, j'ai le cœur serré en pensant que ce n'est plus des armes fournies par la raison, le talent, la considération personnelle, que fait état la république, toutes armes que j'avais appris à manier, qui m'étaient familières et qui seules convenaient à un homme distingué dans l'Etat, comme seules elles conviennent à un Etat normal et bien réglé. S'il fut jamais une circonstance où, pour désarmer le bras de citoyens irrités il eût suffi de l'autorité et de l'éloquence d'un bon citoyen, ce fut assurément le jour où toute démarche en faveur de la paix fut écartée, soit aberration, soit crainte. **8** C'est ainsi qu'à moi-même, au milieu de tant de malheurs beaucoup plus dignes de larmes, il m'est arrivé d'avoir à déplorer qu'à un âge où, après l'exercice de toutes les plus grandes charges, j'aurais dû entrer comme au port, non de l'oisiveté et de la paresse, mais d'un loisir raisonnable et honoré, à un âge où mon éloquence elle-même, déjà grisonnante, était à son terme de maturité et touchait en quelque sorte à la vieillesse, à ce moment j'aie vu prendre en mains des armes dont ceux mêmes qui avaient appris à faire un glorieux usage ne voyaient pas le moyen de faire un usage salutaire. **9** Aussi ceux-là me paraissent avoir eu une existence souverainement heureuse qui, dans les autres républiques, et particulièrement dans la nôtre, ont eu la chance de jouir jusqu'au bout de leur autorité personnelle, de la gloire acquise par leurs services et surtout de l'estime due à leur sagesse. Leur souvenir et le rappel de leurs noms, au milieu de nos grandes et terribles préoccupations, fut pour moi un véritable plaisir un jour que j'y avais été amené par le hasard d'une conversation.

Occasion du dialogue

III **10** Je me promenais dans mon jardin et j'étais de loisir chez moi, quand Marcus Brutus, accompagné de Titus Pomponius Atticus, vint me faire sa visite accoutumée. Ces deux hommes, qui sont très liés ensemble, me sont si chers et leur société m'est si agréable qu'à leur vue toutes les

uideret. **7** Equidem angor animo, non consili, non ingeni, non auctoritatis armis egere rempublicam, quae didiceram tractare quibusque me assuefeceram quàeque erant propria cum praestantis in republica uiri tum bene moratae et bene constitutae ciuitatis. Quod si fuit in republica tempus ullum, cum extorquere arma posset e manibus iratorum ciuium boni ciuis auctoritas et oratio, tum profecto fuit cum patrocinium pacis exclusum est aut errore hominum aut timore. **8** Ita nobismet ipsis accidit ut, quamquam essent multo magis alia lugenda, tamen hoc doleremus quod, quo tempore aetas nostra perfuncta rebus amplissimis tamquam in portum confugere deberet non inertiae neque desidiae, sed oti moderati atque honesti, cumque ipsa oratio iam nostra canesceret haberetque suam quandam maturitatem et quasi senectutem, tum arma sunt ea sumpta quibus illi ipsi qui didicerant eis uti gloriose quemadmodum salutariter uterentur non reperiebant. **9** Itaque ei mihi uidentur fortunate beateque uixisse, cum in ceteris ciuitatibus tum maxime in nostra, quibus cum auctoritate rerumque gestarum gloria tum etiam sapientiae laude perfrui licuit. Quorum memoria et recordatio in maximis nostris grauissimisque curis iucunda sane fuit, cum in eam nuper ex sermone quodam incidissemus.

III **10** Nam cum inambularem in xysto et essem otiosus domi, M. ad me Brutus, ut consueuerat, cum T. Pomponio uenerat, homines cum inter se coniuncti tum

7 errore *uulg.* : terrore *L.*
8 ipsis *r* : *om. B H M.*
10 itaque iucundi *r* : atque iucundi *O* || numquid *Nipperdey* : nunc. quid *L.*

angoisses que me causait le souci de la république se calmèrent aussitôt. Après les avoir salués Eh bien ! leur dis-je, Brutus et Atticus ! Y a-t-il enfin quelque chose de nouveau ?

— Rien du tout, dit Brutus, ou du moins rien qui puisse t'être agréable ou dont j'ose, moi, te garantir la certitude.

— **11** Alors Atticus : C'est avec l'intention, dit-il, qu'il ne serait pas question de politique que nous sommes venus : nous voulions t'entendre causer et non pas te chagriner le moins du monde.

— Vous ! me chagriner, mon cher Atticus, dis-je ! mais votre présence soulage mes peines et, même absents, vous m'avez donné de grandes consolations. Car c'est à vos lettres que je dois mon premier réconfort et le retour à mes anciennes études.

— J'ai lu avec grand plaisir, dit Atticus, la lettre que Brutus t'a envoyée d'Asie, dans laquelle il m'a semblé qu'il te donnait des conseils sages et des consolations très amicales.

— **12** C'est bien cela, répondis-je ; ton impression était juste : tu sauras en effet que cette lettre a été pour moi, comme après le grand ébranlement d'une longue maladie, une sorte de rappel à la lumière ; et de même qu'après la désastreuse journée de Cannes la bataille livrée par Marcellus auprès de Nola fut le premier succès qui releva le moral du peuple romain et commença toute une série d'événements heureux, de même, après les terribles épreuves qui m'ont frappé moi-même et qui ont frappé la république, la lettre de Brutus est la première chose qui m'ait causé quelque plaisir ou du moins qui ait apporté à mes peines quelque allégement.

— **13** C'est bien ce que je voulais, dit Brutus, et c'est pour moi une grande satisfaction de voir que dans une entreprise aussi difficile j'ai réussi. Mais je voudrais bien savoir ce que t'a écrit Atticus qui t'a fait tant de plaisir.

— Mais, Brutus, dis-je, ce n'est pas seulement du plaisir que cette lettre m'a apporté, c'est aussi, je l'espère, le salut.

mihi ita cari itaque iucundi, ut eorum aspectu omnis quae me angebat de republica cura consederit. Quos postquam salutaui : Quid uos, inquam, Brute et Attice ? Numquid tandem noui ?

Nihil sane, inquit Brutus, quod quidem aut tu audire uelis aut ego pro certo dicere audeam.

11 Tum Atticus : Eo, inquit, ad te animo uenimus, ut de re publica esset silentium et aliquid audiremus potius ex te, quam te afficeremus ulla molestia.

Vos uero, inquam, Attice, et praesentem me cura leuatis et absenti magna solacia dedistis ; nam uestris primum litteris recreatus me ad pristina studia reuocaui.

Tum ille : Legi, inquit, perlibenter epistulam quam ad te Brutus misit ex Asia, qua mihi uisus est et monere te prudenter et consolari amicissime.

12 Recte, inquam, est uisus ; nam me istis scito litteris ex diuturna perturbatione totius ualetudinis tamquam ad aspiciendam lucem esse reuocatum. Atque ut post Cannensem illam calamitatem primum Marcelli ad Nolam proelio populus se Romanus erexit posteaque prosperae res deinceps multae consecutae sunt, sic post rerum nostrarum et communium grauissimos casus nihil ante epistulam Bruti mihi accidit, quod uellem aut quod aliqua ex parte sollicitudines alleuaret meas.

13 Tum Brutus : Volui id quidem efficere certe et capio magnum fructum, si quidem quod uolui tanta in re consecutus sum. Sed scire cupio quae te Attici litterae delectauerint.

Istae uero, inquam, Brute, non modo delectationem mihi, sed etiam, ut spero, salutem attulerunt.

— Le salut, dit Brutus ? De quelle espèce est donc cette lettre extraordinaire ?

— Quel salut, répondis-je, pouvait m'être plus agréable et m'arriver plus à propos que la dédicace du livre où l'ami que voici, s'adressant à moi, m'a comme réveillé de mon engourdissement ?

— **14** Tu parles sans doute, dit-il, du livre où il a renfermé en abrégé et, autant qu'il m'a paru, avec beaucoup d'exactitude, l'histoire universelle ?

— Oui, Brutus, dis-je, c'est bien ce livre dont je dis qu'il a été pour moi le salut.

— IV Alors Atticus : Je ne peux rien souhaiter de mieux que ce que tu dis là ; mais enfin le livre dont tu parles, qu'avait-il donc de si nouveau pour toi ou de si utile ?

— **15** Du nouveau, répondis-je, pour moi du moins il en avait beaucoup ; quant à l'utilité, j'y ai trouvé une chose que je cherchais, à savoir un classement chronologique me permettant d'embrasser d'un seul coup d'œil tout le tableau des siècles. Tandis qu'avec curiosité je prenais en mains ton ouvrage, le seul fait d'avoir un livre à manier m'a été salutaire ; et puis ce livre, mon cher Pomponius, m'a suggéré l'idée de t'emprunter à toi-même de quoi ranimer mon courage, de quoi aussi répondre à ton présent par un autre présent, sinon équivalent, du moins propre à te marquer ma reconnaissance ; je sais bien qu'il y a la maxime d'Hésiode, souvent citée par les savants, qui recommande de rendre mesure pour mesure et même plus, si l'on peut. **16** Mais de ma bonne volonté, tu auras, je t'assure, mesure pleine et entière ; c'est le montant même de la dette que je ne crois pas pouvoir encore acquitter, et tu voudras bien me pardonner. C'est qu'en effet je n'ai pas, comme les laboureurs, dans les fruits de l'année de quoi te rendre ce que j'ai reçu (tous les germes ont avorté et, ne trouvant plus pour s'abreuver les sucs fertilisants d'autrefois, les fleurs ont été brûlées et desséchées) ; je n'ai pas non plus de réserves disponibles (elles sont dans des coins obscurs dont l'accès m'a été rendu impossible, et je suis à peu

Salutem ? inquit ille ; quodnam tandem genus istud tam praeclarum litterarum fuit ?

An mihi potuit, inquam, esse aut gratior ulla salutatio aut ad hoc tempus aptior quam illius libri quo me hic affatus quasi iacentem excitauit ?

14 Tum ille : Nempe eum dicis, inquit, quo iste omnem rerum memoriam breuiter et, ut mihi quidem uisum est, perdiligenter complexus est ?

Istum ipsum, inquam, Brute, dico librum mihi saluti fuisse.

IV Tum Atticus : Optatissimum mihi quidem est quod dicis ; sed quid tandem habuit liber iste, quod tibi aut nouum aut tanto usui posset esse ?

15 Ille uero et noua, inquam, mihi quidem multa et eam utilitatem quam requirebam, ut explicatis ordinibus temporum uno in conspectu omnia uiderem. Quae cum studiose tractare coepissem, ipsa mihi tractatio litterarum salutaris fuit admonuitque, Pomponi, ut a te ipso sumerem aliquid ad me reficiendum teque remunerandum, si non pari at grato tamen munere ; quamquam illud Hesiodium laudatur a doctis quod eadem mensura reddere iubet qua acceperis aut etiam cumulatiore, si possis. **16** Ego autem uoluntatem tibi profecto emetiar, sed rem ipsam nondum posse uideor idque ut ignoscas a te peto. Nec enim ex nouis, ut agricolae solent, fructibus est unde tibi reddam quod accepi (sic omnis

14 dicis *uulg.* : dices *L* ‖ optatissimum mihi quidem est *F* : opt. mihi est quidem est *G* (*prius* est *expunctis litteris*) opt. quidem mihi est *O B*[1] *M* mihi quidem opt. est *B* quidem mihi opt. est *H* ‖ posset esse *r* : esse posset *O*.
15 qua *L* : quo *B*[1] *M*[1] *uetus*.

près la seule personne qui ait jamais pu aller jusqu'à elles). Je vais donc ensemencer comme qui dirait une terre inculte et laissée à l'abandon(1) et je travaillerai cette terre avec assez d'application pour pouvoir, par l'addition des intérêts, te rendre plus que ce que tu m'as généreusement donné, si toutefois il peut en être de mon esprit comme d'un champ, qui après plusieurs années de jachère produit une moisson plus abondante.

— **17** Eh bien, soit ! dit Atticus, j'attendrai ce que tu promets ; je ne réclamerai le remboursement de la dette que quand cela t'arrangera et je serai enchanté si tu t'acquittes.

— Et moi aussi, dit Brutus, il faut que j'attende ce que tu promets à Atticus ; peut-être cependant me constituerai-je de moi-même son mandataire, pour réclamer à sa place ce qu'il déclare ne vouloir en personne exiger de toi qu'à ta convenance.

— V **18** Pardon, Brutus, dis-je : j'entends ne payer entre tes mains qu'après avoir eu de toi la garantie que je ne serai pas l'objet, au titre de la même créance, d'une sommation ultérieure.

— Eh bien ! dit-il, c'est là précisément une garantie que je n'oserais pas te donner : l'ami que voici a beau dire le contraire, il sera, je le vois bien, un créancier, sinon importun, du moins attentif et impatient.

— Eh oui ! dit Pomponius, je crois bien que Brutus n'est pas loin de la vérité. Car je me demande si je ne vais pas dès à présent te faire une sommation, aujourd'hui qu'après un long intervalle pour la première fois je constate que tu es d'humeur un peu plus gaie (2). **19** En conséquence, puisque ce qui m'est dû, Brutus s'est chargé de le réclamer, à mon tour ce que tu lui dois, c'est moi qui le réclame.

— Qu'est-ce donc ce que je lui dois, dis-je ?

— Un ouvrage de ta main, dit-il. Voilà longtemps que

(1) Allusion probable à l'histoire. Cf. *de Legibus*, I, 2, 6 : *abest enim historia litteris nostris*.

(2) Parce qu'au langage d'Atticus et de Brutus, tout en formules de style financier et juridique, il a riposté avec bonne humeur.

fetus repressus exustusque flos siti ueteris ubertatis exaruit), nec ex conditis, qui iacent in tenebris et ad quos omnis nobis aditus, qui paene solis patuit, obstructus est. Seremus igitur aliquid tamquam in inculto et derelicto solo ; quod ita diligenter colemus, ut impendiis etiam augere possimus largitatem tui muneris ; modo idem noster animus efficere possit quod ager, qui qu*o*m multos annos quieuit uberiores efferre fruges solet.

17 Tum ille : Ego uero et exspectabo ea quae polliceris nec exigam nisi tuo commodo et erunt mihi pergrata si solueris.

Mihi quoque, inquit Brutus, [et] exspectanda sunt ea quae Attico polliceris, etsi fortasse ego a te huius uoluntarius procurator petam quod ipse cui debes incommodo exacturum negat.

V **18** At uero, inquam, tibi ego, Brute, non soluam, nisi prius a te cauero amplius eo nomine neminem, cuius petitio sit, petiturum.

Non mehercule, inquit, tibi repromittere istuc quidem ausim. Nam hunc, qui negat, uideo flagitatorem, non illum quidem tibi molestum, sed assiduum tamen et acrem fore.

Tum Pomponius : Ego uero, inquit, Brutum nihil mentiri puto. Videor enim iam te ausurus esse appellare, quoniam longo interuallo modo primum animaduerti paulo te hilariorem. **19** Itaque, quoniam hic quod mihi deberetur se exacturum professus est, quod huic debes ego a te peto.

16 quom *Ellendt* : quam *F O M B*[1] *H*[1] *uetus* sepe *G B H*.
17 et *secl. uulg.* || incommodo : <se> incom. <tuo> *Lambin* incom. <se tuo> *Eberhard*.
18 ausim *G*[2] *ex* ausum : ausus sim *r*.

tu n'as rien écrit. Depuis la publication de tes livres *sur la République* (1), nous n'avons absolument rien eu de toi, et ce sont ces livres précisément qui m'ont à moi-même donné l'idée de résumer l'histoire des temps passés et qui ont enflammé mon ardeur. Mais tu songeras à cela quand tu pourras et tâche de le pouvoir, je t'en prie. **20** Pour l'instant, si tu as l'esprit libre, expose-nous ce que nous demandons.

— Et que demandez-vous ? dis-je.

— Cette histoire des orateurs que tu as commencé de me faire dernièrement à Tusculum : à quelle époque remontent les plus anciens, quels furent les noms et les talents ? Cet entretien ayant été par moi rapporté à ton... non ! à notre ami Brutus, il a manifesté un très vif désir de t'entendre. Voilà pourquoi nous avons choisi cette journée, sachant que tu étais de loisir. Traite donc, si tu le veux bien, le sujet que tu avais entamé, traite-le pour Brutus et aussi pour moi.

— **21** Soit, répondis-je, si je le peux, je vous donnerai satisfaction.

— Tu le pourras, reprit Atticus ; rends seulement à ton esprit un peu de liberté, ou mieux, si tu le peux, affranchis-le tout à fait de ses préoccupations.

— Eh bien ! Atticus, voici, n'est-ce pas, quelle a été l'occasion de notre entretien : je t'avais parlé d'un plaidoyer de Brutus en faveur du roi Dejotarus (2), le plus fidèle et le meilleur de nos alliés, plaidoyer dont on m'avait dit les très grands mérites oratoires.

— VI En effet, dit Atticus, ce fut bien là le point de départ de notre conversation, et, parlant de Brutus, tu plaignis son sort et pleuras, si je puis dire, sur les tribunaux déserts et le forum abandonné.

— Oui, ce que tu dis, je l'ai fait, repris-je, et je le fais encore souvent. **22** C'est qu'en effet, en te voyant, Brutus, fréquemment il me vient des inquiétudes : je

(1) Composés en 700 (54) et publiés en 703 (51).

(2) Tétrarque de Galatie, ami de Pompée. Après Pharsale, où il avait combattu, il avait obtenu son pardon de César vainqueur grâce à Brutus.

Quidnam id ? inquam.

Ut scribas, inquit, aliquid ; iampridem enim conticuerunt tuae litterae. Nam ut illos de re publica libros edidisti, nihil a te sane postea accepimus, eisque nosmet ipsi ad *uet*erum *ann*alium memoriam comprendendam impulsi atque incensi sumus. Sed illa, cum poteris, atque ut possis rogo. **20** Nunc uero, inquit, si es animo uacuo, expone nobis quod quaerimus.

Quidnam est id ? inquam.

Quod mihi nuper in Tusculano incohauisti de oratoribus, quando esse coepissent, qui etiam et quales fuissent. Quem ego sermonem cum ad Brutum tuum uel nostrum potius detulissem, magno opere hic audire se uelle dixit. Itaque hunc elegimus diem, cum te sciremus esse uacuum. Quare, si tibi est commodum, ede illa quae coeperas, et Bruto et mihi.

21 Ego uero, inquam, si potuero, faciam uobis satis.

Poteris, inquit, relaxa modo paulum animum aut sane, si potes, libera.

Nempe igitur hinc tum, Pomponi, ductus est sermo, quod erat a me mentio facta causam Deiotari fidelissimi atque optimi regis ornatissime et copiosissime a Bruto me audisse defensam.

VI Scio, inquit, ab isto initio tractum esse sermonem teque Bruti dolentem uicem quasi defleuisse iudiciorum uastitatem et fori.

Feci, inquam, istuc quidem et saepe facio. **22** Nam mihi, Brute, in te intuenti crebro in mentem uenit uereri ecquodnam curriculum aliquando sit habitura tua et

19 ueterum annalium *Vettori* : rerum naturalium *L* rerum nostrarum *Lambin* ueterum rerum nostrarum *uulg*.

me demande quelle carrière trouvera jamais ouverte ton admirable talent naturel, ta culture très raffinée, ta rare activité. Tu t'étais déjà mêlé aux plus grandes causes, déjà mon âge te cédait la place et baissait les faisceaux devant toi, et voilà soudain, dans la république, toutes les catastrophes ! Voilà surtout l'éloquence, cette éloquence dont nous allons nous entretenir, réduite au silence !

— **23** Sur tout le reste, dit Brutus, comme toi je gémis et je pense qu'on doit gémir ; mais pour ce qui est de l'éloquence, les avantages qu'elle procure, avec la gloire, me touchent peu : c'est l'étude elle-même qui m'intéresse et l'exercice de l'art. Or ce plaisir, rien ne pourra m'en priver, surtout auprès d'un maître aussi attentif que tu l'es pour moi. En effet, bien parler n'est possible qu'à la condition de penser avec sagesse. Etudier la vraie éloquence, c'est donc étudier la sagesse, chose dont, même dans les plus grandes guerres (1), on devra convenir qu'il est impossible de se passer.

— **24** Tu as parfaitement raison, Brutus, dis-je ; et l'éloge que tu fais du talent de bien dire me fait beaucoup de plaisir, d'autant plus que toutes les autres distinctions, autrefois considérées dans la cité comme les plus enviables, il n'y a pas un homme, si médiocre soit-il, qui ne se flatte ou de les obtenir ou de les avoir obtenues, au lieu que des orateurs, la victoire, que je sache, n'en a pas fait un seul. Mais, pour causer plus à notre aise, asseyons-nous, si vous le voulez bien.

Ils y consentirent et nous nous assîmes sur une pelouse, auprès de la statue de Platon.

Introduction : l'éloquence et la rhétorique en Grèce

25 Alors je repris : Faire l'éloge de l'éloquence, en faire ressortir toute la puissance, ainsi que le prestige qu'elle donne à ceux qui la possèdent, n'est ici ni dans mes intentions ni dans mon sujet.

(1) Où il peut sembler que la victoire dépende de la supériorité du nombre.

natura admirabilis et exquisita doctrina et singularis industria. Cum enim in maximis causis uersatus esses et cum tibi aetas nostra iam cederet fascesque summitteret, subito in ciuitate cum alia ceciderunt tum etiam ea ipsa, de qua disputare ordimur, eloquentia obmutuit.

23 Tum ille : Ceterarum rerum causa, inquit, istuc et doleo et dolendum puto ; dicendi autem me non tam fructus et gloria quam studium ipsum exercitatioque delectat ; quod mihi nulla res eripiet, te praesertim tam studios*o* me*i*. Dicere enim bene nemo potest, nisi qui prudenter intellegit. Quare qui eloquentiae uer*a*e dat operam dat prudentiae, qua ne maximis quidem in bellis aequo animo carere quisquam potest.

24 Praeclare, inquam, Brute, dicis eoque magis ista dicendi laude delector quod cetera, quae sunt quondam habita in ciuitate pulcherrima, nemo est tam humilis qui se non aut posse adipisci aut adeptum putet ; eloquentem neminem uideo factum esse uictoria. Sed quo facilius sermo explicetur, sedentes, si uidetur, agamus.

Cum idem placuisset illis, tum in pratulo propter Platonis statuam consedimus.

25 Hic ego : Laudare igitur eloquentiam et quanta uis sit eius expromere quantamque *e*is qui sint eam consecuti dignitatem afferat neque propositum nobis est hoc loco neque necessarium. Hoc uero sine ulla dubita-

22 ecquodnam *O* (ec *expunct.*) : et quodnam *F* quodnam *r*.
23 studioso mei *Margraff* : studiosum. Et *L* || uerae *uulg.* : uere *L*.
24 pulcherrima *r* : - me *F O G*.
25 laudare *H*² : laudari *L* || eis *uulg.* : his *L* || sint *r* : sunt *B H M*.

Mais il est une chose que sans l'ombre d'une hésitation je puis affirmer, c'est que, qu'on la considère ou comme le produit d'un art ou comme le résultat d'une certaine pratique ou comme l'effet d'une disposition naturelle, il n'y a rien au monde qui soit plus difficile. Des cinq parties (1), en effet, dont on nous enseigne qu'elle se compose, chacune est déjà par elle-même un art important. On se figure ce que peut être une œuvre où cinq arts d'une très grande portée doivent concourir et ce qu'elle offre de difficulté.

VII **26** Témoin la Grèce. Elle est passionnée pour l'éloquence, la cultive depuis longtemps avec succès et y réussit mieux qu'on ne le fait partout ailleurs : cependant chez elle tous les autres arts sont plus anciens : les Grecs les ont inventés, portés même à leur perfection, avant d'être arrivés à créer l'art de la parole puissante et pleine. Quand je considère la Grèce, ce qui attire surtout mes regards et se détache, pour ainsi dire, en pleine lumière, c'est ta chère Athènes, Atticus, la ville où pour la première fois un orateur s'est élevé, où pour la première fois l'écriture a conservé le souvenir d'un discours. **27** Eh bien ! avant Périclès, dont on cite quelques écrits, et Thucydide, qui comme lui vivait dans un temps où Athènes n'était plus dans sa première enfance mais déjà à l'âge adulte, on ne trouve aucune œuvre ayant quelque parure oratoire et portant la marque d'un vrai orateur. Pourtant il y a lieu de croire que, de nombreuses années auparavant, Pisistrate et Solon, un peu antérieur à Pisistrate, et Clisthène, qui les suivit, ont eu, du moins pour leur siècle, de grandes qualités d'orateur. **28** Quelques années plus tard, comme permettent de s'en rendre bien compte les souvenirs consignés par Atticus, parut Thémistocle, dont la valeur oratoire est aussi bien avérée que la haute intelligence. Après lui vint Périclès, renommé par tant d'autres qualités mais qui le fut surtout par l'éclat de l'éloquence. Cléon, son

(1) L'invention, la disposition, l'élocution, la mémoire et l'action.

tione confirmauerim, siue illa arte pariatur aliqua siue exercitatione quadam siue natura, rem unam esse omnium difficillimam. Quibus enim ex quinque rebus constare dicitur, earum una quaeque est ars ipsa magna per sese. Quare quinque artium concursus maximarum quantam uim quantamque difficultatem habeat existimari potest.

VII **26** Testis est Graecia, quae cum eloquentiae studio sit incensa iamdiuque excellat in ea praestetque ceteris, tamen omnes artes uetustiores habet et multo ante non inuentas solum, sed etiam perfectas, quam haec est [a Graecis] elaborata dicendi uis atque copia. In quam cum intueor, maxime mihi occurrunt, Attice, et quasi lucent Athenae tuae, qua in urbe primum se orator extulit primumque etiam monumentis et litteris oratio est coepta mandari. **27** Tamen ante Periclem, cuius scripta quaedam feruntur, et Thucydidem, qui non nascentibus Athenis, sed iam adultis fuerunt, littera nulla est, quae quidem ornatum aliquem habeat et oratoris esse uideatur. Quamquam opinio est et eum, qui multis annis ante hos fuerit, Pisistratum et paulo seniorem etiam Solonem posteaque Clisthenem multum, ut temporibus illis, ualuisse dicendo. **28** Post hanc aetatem aliquot annis, ut ex Attici monumentis potest perspici, Themistocles fuit, quem constat cum prudentia tum etiam eloquentia praestitisse; post Pericles, qui cum floreret omni genere uirtutis, hac tamen fuit laude clarissimus.

confirmauerim *r* : conferam ueri *F O*[2] *uetus* || illa *O*[1] *G*[2] : ulla *r* || quare : quarum *Kayser* || habeat *G*[2] : habeant *r*.

26 excellat... praestet *r* : excellet... praestat *F O* || a Graecis *secl. Meyer* : ab eis *Piderit*.

28 Attici *L* : Atticis *Lambin et plerique editores.*

contemporain, pour être un citoyen factieux, n'en fut pas moins, le fait est établi, un orateur distingué. **29** Presque du même temps que Cléon sont Alcibiade, Critias, Théramène. Ce qu'était à cette époque le caractère de l'éloquence, c'est surtout par les écrits de Thucydide, leur contemporain, que l'on peut s'en faire une idée. Le style était noble, riche de pensées, très serré pour être concis, et, par sa concision même, parfois un peu obscur.

VIII **30** Dès que l'on eut compris tout l'effet d'un discours fait avec soin et artistement travaillé, alors on vit naître aussi, soudainement, tout un monde de maîtres d'éloquence. Alors Gorgias de Leontini, Thrasymaque de Chalcédoine, Protagoras d'Abdère, Prodicus de Céos, Hippias d'Elis, acquirent une grande réputation. D'autres, à la même époque, se faisaient forts, avec une grande arrogance, d'enseigner comment la cause inférieure (pour employer leur expression) pouvait, à l'aide de la parole, devenir la cause supérieure. **31** C'est à ceux-ci que s'en prit Socrate, qui par certains procédés ingénieux de discussion avait coutume de réfuter leurs théories. Socrate, par ses conversations si pleines de choses, forma une foule de disciples très savants : et c'est à lui qu'on attribue la première idée de la philosophie, non pas de la philosophie qui a pour objet la nature (celle-là est plus ancienne), mais de la philosophie qui traite du bien et du mal et qui donne des principes de conduite et de morale (1). Mais c'est là un genre d'études qui n'a rien à voir avec notre sujet. Laissons donc les philosophes, pour nous en occuper une autre fois, et revenons aux orateurs, d'où nous nous sommes écartés.

32 Tous ceux dont je parlais tout à l'heure étaient déjà dans leur vieillesse, lorsque parut Isocrate, dont la maison fut une sorte d'école ouverte à toute la Grèce et comme un atelier oratoire : il fut un grand orateur et un maître accompli, bien qu'il lui ait manqué de s'être produit au grand jour de la place publique et que ce

(1) Cf. *Tuscul.*, V, 4,10 : *Socrates autem primus philosophiam deuocauit e caelo et in urbibus collocauit et in domus etiam introduxit et coegit de uita et moribus rebusque bonis et malis quaerere.*

Cleonem etiam temporibus illis turbulentum illum quidem ciuem, sed tamen eloquentem constat fuisse. **29** Huic aetati suppares Alcibiades, Crit*i*as, Theramenes ; quibus temporibus quod dicendi genus uiguerit ex Thucydidi scriptis, qui ipse tum fuit, intellegi maxime potest. Grandes erant uerbis, crebri sententiis, compressione rerum breues et ob eam ipsam causam interdum subobscuri.

VIII **30** Sed ut intellectum est quantam uim haberet accurata et facta quodam modo oratio, tum etiam magistri dicendi multi subito exstiterunt. Tum Leontinus Gorgias, Thrasymachus Calchedonius, Protagoras Abderites, Prodicus C*i*us, Hippias El*i*us in honore magno fuit ; aliique multi temporibus eisdem docere se profitebantur, arrogantibus sane uerbis, quemadmodum causa inferior (ita enim loquebantur) dicendo fieri superior posset. **31** His opposuit sese Socrates, qui subtilitate quadam disputandi refellere eorum instituta solebat † uerbis Huius ex uberrimis sermonibus exstiterunt doctissimi uiri primumque tum philosophia, non illa de natura, quae fuerat antiquior, sed haec, in qua de bonis rebus et malis deque hominum uita et moribus disputatur, inuenta dicitur. Quod quoniam genus ab hoc, quod proposuimus, abhorret, philosophos aliud in tempus reiciamus, ad oratores, a quibus digressi sumus, reuertamur.

32 Exstitit igitur iam senibus illis, quos paulo ante

29 Critias *uulg.* : Critas *L* || crebri *F*[2] : crebris *r*.
30 Abderites *F*[2] Quintil. *III*, 1, 10: Abderitas *B M G* Abderita *r* || Prodicus *F* : Prodigus *r* || Cius... Elius *Fleckeisen* : Ceius... Eleius *L* || fuit *r* : fuere (it *suprascriptum*) *B* fuerit *H*.
31 uerbis *L* : acerbius *Madvig* urbanissime *Orelli* urbanius *Vitelli* [uerbis] *Haupt* (*sed quae superest clausula uitiosa est*).
32 Exstitit... fiebat (§ 33) *habet* Rufinus (Orelli, p. 189) ||

soit entre quatre murs qu'il ait développé sa gloire, une gloire où nul autre, selon moi, n'est parvenu depuis. Tout à la fois il composa lui-même beaucoup de brillants écrits et enseigna aux autres l'art d'écrire. Supérieur en toutes choses à ses devanciers, il le fut surtout en ceci : le premier(1) il comprit que même dans la prose il doit y avoir du mètre et une certaine cadence, à la condition toutefois que soient évitées les formes de vers. **33** Avant lui, en effet, il n'existait pas pour les mots ce qu'on pourrait appeler un système d'assemblage ; aucune cadence réglée ne rythmait les phrases. Si, par aventure, cela se rencontrait, on n'y reconnaissait pas un dessein raisonné — après tout, c'est peut-être un mérite ; — c'était plutôt l'effet d'un instinct naturel et du hasard, non l'application d'une méthode rationnelle ou empirique. **34** Car la nature trouve d'elle-même un certain contour de paroles pour embrasser et circonscrire la pensée et celle-ci, quand la chaîne des mots est bien ajustée, se rythme aussi le plus souvent suivant une cadence. C'est que, d'une part, les oreilles se rendent bien compte, à elles toutes seules, des pleins et des vides et que, d'autre part, la respiration, par une nécessité physique, limite l'étendue des phrases, le souffle ne pouvant ni manquer ni même être gêné sans produire un effet très choquant. IX **35** Dans le même temps vécut Lysias. Lui, non plus, ne se produisit pas sur la place publique pour plaider. Mais il écrivit avec une simplicité et une élégance parfaites. On oserait presque dire de lui que c'est déjà l'orateur accompli, si l'orateur de tous points accompli, l'orateur auquel il ne manque absolument rien, n'était, sans contredit, Démosthène. Pour l'invention, il est impossible d'avoir plus de pénétration que Démosthène n'en a montré dans les plaidoyers qu'il a écrits : pas un artifice, si je puis dire, pas une finesse qu'il n'ait imaginés. Pour l'élocution, impossible d'avoir un genre de

(1) Dans l'*Orator* (LII, 175) Cicéron dit qu'avant Isocrate, Gorgias et Thrasymaque avaient eu l'idée du nombre oratoire. Mais ils en avaient fait un emploi arbitraire et abusif. Le mérite d'Isocrate fut de poser des principes et de fixer des règles.

diximus, Isocrates, cuius domus cunctae Graeciae quasi ludus quidam patuit atque officina dicendi ; magnus orator et perfectus magister, quamquam forensi luce caruit intraque parietes aluit eam gloriam, quam nemo meo quidem iudicio est postea consecutus. Is et ipse scripsit multa praeclare et docuit alios ; et cum cetera melius quam superiores, tum primus intellexit etiam in soluta oratione, dum uersum effugeres, modum tamen et numerum quendam oportere seruari. **33** Ante hunc enim uerborum quasi structura et quaedam ad numerum conclusio nulla erat ; aut, si quando erat, non apparebat eam dedita opera esse quaesitam, quae forsitan laus sit; uerum tamen natura magis tum casuque, non *u*mquam aut ratione aliqua aut *ulla* obseruatione fiebat. **34** Ipsa enim natura circumscriptione quadam uerborum comprendit concluditque sententiam, quae cum aptis constricta uerbis est cadit etiam plerumque numerose. Nam et aures ipsae quid plenum, quid inane sit iudicant et spiritu quasi necessitate aliqua uerborum comprensio terminatur ; in quo non modo defici, sed etiam laborare turpe est. IX **35** Tum fuit Lysias, ipse quidem in causis forensibus non uersatus, sed egregie subtilis scriptor atque elegans, quem iam prope audeas oratorem perfectum dicere. Nam plane quidem perfectum et quo*i* nihil admodum desit, Demosthenem facile dixeris. Nihil acute inueniri potuit in

meo quidem *r* : quidem meo *B H M* quidem *om.* Rufin.
33 non umquam aut *Peter* : nonnumquam aut *L* nonnumquam haud Rufin. || aut ulla Rufin. : aut *L.*
34 constricta *F O* : circumscripta *r* || comprensio *F*: -prehensio *r.*
35 quoi *Ellendt* : quo *F O* cui quo G^1 in quo *r* || eis *r* : his B^1 *H.*

style simple, rapide, clair, qui soit en même temps plus châtié, ni, d'autre part, un genre de style élevé, passionné, éclatant soit par la noblesse de l'expression, soit par la majesté des pensées, qui ait jamais été plus sublime. **36** Après lui, ceux qui l'approchent le plus sont Hypéride, Eschine, Lycurgue, Dinarque, Démade (de celui-ci il ne reste pas d'écrits) et plusieurs autres. Car ce fut cette génération qui produisit tout ce groupe; et, selon moi, c'est jusqu'à cette génération que se conserve, avec toute sa sève et toute sa pureté de sang, le type de cette éloquence dont l'éclat est celui de la nature et n'a rien de fardé. **37** En effet, tous ces orateurs étaient vieux, quand Démétrius de Phalère, encore jeune, leur succéda ; Démétrius, le plus savant assurément de toute la série, mais qui, moins formé par la pratique des combats que par les exercices de la palestre, charmait les Athéniens plutôt qu'il ne les enflammait : c'est qu'il était venu braver le soleil et la poussière en sortant non pas d'une tente, comme un soldat, mais des ombrages d'une école, celle du très savant Théophraste. **38** Démétrius fut le premier qui abaissa le ton de l'éloquence (1) ; il lui ôta son nerf et sa vigueur ; il aima mieux paraître agréable que puissant et il le fut en effet, mais d'un agrément propre à imprégner les âmes et non à leur faire violence (2). C'était juste assez pour laisser dans les âmes des auditeurs le souvenir de sa grâce charmante, mais non pour y laisser, comme Eupolis l'a dit de Périclès, avec le sentiment du plaisir, des pointes d'aiguillon.

X **39** Tu vois, Brutus, comme dans la ville même, qui fut la mère et la nourrice de l'éloquence, celle-ci vint tard à la lumière, puisqu'avant la génération de Solon et de Pisistrate personne n'est mentionné comme ayant eu le talent de la parole. Or Solon et Pisistrate, qui sont

(1) Dans l'*Orator* (XXVI, 91) Démétrius de Phalère est représenté comme le type du genre tempéré, intermédiaire entre le genre sublime et le genre simple.

(2) Impossible de rendre le parallélisme *perfunderet* — *perfringeret*.

eis causis quas scripsit, nihil, ut ita dicam, subdole, nihil uersute, quod ille non uiderit ; nihil subtiliter dici, nihil presse, nihil enucleate, quo fieri possit aliquid limatius ; nihil contra grande, nihil incitatum, nihil ornatum uel uerborum grauitate uel sententiarum, quo quicquam esset elatius. **36** Huic Hyperides proximus et Aeschines fuit et Lycurgus et Dinarchus et is, cuius nulla exstant scripta, Demades aliique plures. Haec enim aetas effudit hanc copiam ; et, ut opinio mea fert, sucus ille et sanguis incorruptus usque ad hanc aetatem oratorum fuit, in qua naturalis inesset non fucatus nitor. **37** Phalereus enim successit eis senibus adulescens, eruditissimus ille quidem horum omnium, sed non tam armis institutus quam palaestra. Itaque delectabat magis Athenienses quam inflammabat. Processerat enim in solem et puluerem, non ut e militari tabernaculo sed ut e Theophrasti doctissimi hominis umbraculis. **38** Hic primus inflexit orationem et eam mollem teneramque reddidit et suauis, sicut fuit, uideri maluit quam grauis, sed suauitate ea, qua perfunderet animos, non qua perfringeret, [et] tantum ut memoriam concinnitatis suae, non, quemadmodum de Pericle scripsit Eupolis, cum delectatione aculeos etiam relinqueret in animis eorum a quibus esset auditus.

X **39** Videsne igitur, *Brute*, in ea ipsa urbe, in qua et nata et alta sit eloquentia, quam ea sero prodierit in lucem ? siquidem ante Solonis aetatem et Pisistrati de nullo ut diserto memoriae proditum est. At hi quidem,

38 [et] *secl. Manuzio.*
39 Brute *scripsi* : ut *L* uel *Heusinger.*

des anciens par rapport à l'âge du peuple romain, doivent être considérés comme étant relativement jeunes, si l'on compte les siècles de l'histoire athénienne. Ils fleurirent, il est vrai, au temps du roi Servius Tullius ; mais à ce moment Athènes était beaucoup plus vieille que ne l'est Rome aujourd'hui. Toutefois je ne doute pas que la parole n'ait toujours exercé une grande influence. **40** En effet, dès le temps de la guerre de Troie, Homère n'aurait pas attribué un si grand talent de parole à Ulysse et à Nestor (auxquels il a donné, à l'un la force, à l'autre la douceur), si déjà à ce moment l'éloquence n'avait pas été en honneur; et lui-même, le poète, dans son style, ne se serait pas montré si brillant et si complètement orateur. Sans doute, l'époque d'Homère est incertaine ; il n'en est pas moins vrai qu'il vécut bien des années avant Romulus, puisqu'il n'est pas postérieur au premier (1) Lycurgue, au Lycurgue qui détermina par ses lois le régime de Lacédémone. **41** < Quoi qu'il en soit >, il est avéré que le goût de l'éloquence a existé chez Pisistrate et qu'il a exercé par la parole plus d'action qu'on n'en avait exercé < jusque là >. Pour en finir < avec ces questions de chronologie >, Thémistocle, qui est d'un siècle postérieur à Pisistrate, est par rapport à nous quelqu'un de très ancien, au lieu que par rapport aux Athéniens il n'est pas tellement vieux. Quand il vécut, en effet, la Grèce était à l'apogée de sa puissance et notre cité n'était pas encore depuis bien longtemps affranchie de la domination des rois. Car la terrible guerre des Volsques, à laquelle prit part Coriolan exilé, coïncide presque avec celle des Perses ; — et pareille fut la destinée des deux illustres personnages, **42** puisque tous deux, après avoir tenu une grande place dans leur cité, en furent bannis par l'injustice d'un peuple ingrat, passèrent à l'ennemi et mirent fin, par le suicide, à l'entreprise où leur colère les avait poussés. Je sais bien, Atticus, que chez toi il y a une autre version sur la mort de Coriolan ; mais permets-moi de préférer la tradition du suicide.

(1) Pour le distinguer de l'orateur attique cité § 36.

ut populi Romani aetas est, senes, ut Atheniensium saecula numerantur, adulescentes debent uideri. Nam etsi Seruio Tullio regnante uiguerunt, tamen multo diutius Athenae iam erant, quam est Roma ad hodiernum diem, nec tamen dubito quin habuerit uim magnam semper oratio. **40** Neque enim iam Troicis temporibus tantum laudis in dicendo Ulixi tribuisset Homerus et Nestori, quorum alterum uim habere uoluit, alterum suauitatem, nisi iam tum esset honos eloquentiae ; neque ipse poeta hic tam [idem] ornatus in dicendo ac plane orator fuisset. Cuius etsi incerta sunt tempora, tamen annis multis fuit ante Romulum ; siquidem non infra superiorem Lycurgum fuit, a quo est disciplina Lacedaemoniorum astricta legibus. **41** Sed studium eius generis maiorque uis agnoscitur in Pisistrato. Denique hunc proximo saeculo Themistocles insecutus est, ut apud nos, perantiquus, ut apud Athenienses, non ita sane uetus. Fuit enim regnante iam Graecia, nostra autem ciuitate non ita pridem dominatu regio liberata. Nam bellum Volscorum illud grauissimum, cui Coriolanus exsul interfuit, eodem fere tempore quo Persarum bellum fuit, similisque fortuna clarorum uirorum ; **42** siquidem uterque, cum ciuis egregius fuisset, populi ingrati pulsus iniuria se ad hostes contulit conatumque iracundiae suae morte sedauit. Nam etsi aliter apud te est, Attice, de Coriolano, concede tamen ut huic generi mortis potius adsentiar.

40 eloquentiae *G*[2] : eloquentia *L* ‖ idem *secl. Eberhard* interdum *Stangl.*
42 apud te est *F O* : est apud te *G B H M.*

— XI Comme tu voudras, dit en riant Atticus, puisqu'il est admis que les rhéteurs altèrent à leur gré les faits dans les histoires, pour avoir un récit plus piquant. Ce que tu fais ici pour Coriolan, Clitarque et Stratoclès, avec la même fantaisie, l'ont fait pour Thémistocle. **43** Thucydide, qui était d'Athènes, qui était de très noble famille, qui était un grand esprit et qui de plus était de peu postérieur à Thémistocle, dit seulement qu'il mourut de maladie et fut enterré secrètement en Attique ; il ajoute qu'on le soupçonna de s'être empoisonné. Et c'est ce même Thémistocle, dont nos deux écrivains disent qu'ayant immolé un taureau il en recueillit le sang dans une coupe, le but et tomba mort ! Un pareil trépas leur permit de beaux traits d'éloquence et de pathétique, au lieu que l'autre mort, toute simple, n'offrait aucun prétexte à des effets oratoires. Ainsi donc, puisque cela t'arrange que tout soit pareil chez Thémistocle et chez Coriolan, prends une coupe aussi, je te le permets ; je te fournirai même une victime, afin que Coriolan soit, de tous points, un second Thémistocle.

— **44** Eh bien ! répondis-je, qu'il en soit comme tu voudras ; pour moi, je serai désormais plus circonspect quand je toucherai à l'histoire devant toi, l'historien de nos annales, un auteur dont je puis louer toute la scrupuleuse exactitude.

Presqu'à la même époque <que Thémistocle>, Périclès, dont j'ai parlé plus haut (1), fut le premier qui appliqua à l'éloquence une méthode savante ; non qu'il y eût alors une science de la parole ; mais disciple du physicien (2) Anaxagore, les études abstraites et difficiles qu'il avait faites avaient donné à son esprit une vigueur qu'il lui fut aisé de porter dans les débats judiciaires et politiques. Athènes goûta au plus haut point la douceur de son langage, admira sa richesse d'idées et d'expressions, redouta les terribles éclats de sa véhémence.

(1) Voir § 28.

(2) Ainsi désigné, parce que les premiers philosophes grecs étudiaient surtout la nature (§ 31).

XI At ille ridens : Tuo uero, inquit, arbitratu, quoniam quidem concessum est rhetoribus ementiri in historiis, ut aliquid dicere possint argutius. Ut enim tu nunc de Coriolano, sic Clitarchus, sic Stratocles de Themistocle finxit. **43** Nam quem Thucydides, qui et Atheniensis erat et summo loco natus summusque uir et paulo aetate posterior, tantum *morbo* mortuum scripsit et in Attica clam humatum addidit fuisse suspicionem ueneno sibi consciuisse mortem, hunc isti aiunt, cum taurum immolauisset, excepisse sanguinem patera et eo poto mortuum concidisse. Hanc enim mortem rhetorice et tragice ornare potuerunt ; illa mors uulgaris nullam praebebat materiem ad ornatum. Quare quoniam tibi ita quadrat omnia fuisse *in* Themistocle paria et Coriolano, pateram quoque a me sumas licet ; praebebo etiam hostiam, ut Coriolanus sit plane alter Themistocles.

44 Sit sane, inquam, ut libet, de isto ; et ego cautius posthac historiam attingam te audiente, quem rerum Romanarum auctorem laudare possum religiosissimum.

Sed tum fere Pericles [Xanthippi filius], de quo ante dixi, primus adhibuit doctrinam ; quae quamquam tum nulla erat dicendi, tamen ab Anaxagora physico eruditus exercitationem mentis a reconditis abstrusisque rebus ad causas forenses popularesque facile traduxerat. Huius suauitate maxime hilaratae Athenae sunt, huius ubertatem et copiam admiratae, eiusdem uim dicendi ter-

43 morbo *add. Teuffel ex Thucydide I,* 138 || addidit *r* : tradidit *B H M* || in *add. edit. rom.*
44 Xanthippi filius *secl. Simon* || traduxerat *r* : perduxerat *B H M.*

XII **45** Cette époque fut donc la première qui produisit à Athènes un orateur presque accompli. Ce n'est point en effet quand on fonde les états, ni quand on fait la guerre, ni quand on est entravé et enchaîné par la souveraineté d'un roi, que naît d'ordinaire le goût de l'éloquence. C'est de la paix qu'elle est la compagne, du repos qu'elle est l'amie, d'une société bien régulière qu'elle est, pour ainsi dire, l'élève. **46** Aussi, suivant Aristote, ce fut seulement après l'abolition de la tyrannie en Sicile, quand les procès, longtemps <réglés par les tyrans>, furent de nouveau soumis à des tribunaux réguliers que, chez ce peuple Sicilien, d'une intelligence aiguisée et..., deux hommes, Corax et Tisias, composèrent une théorie de la rhétorique, avec des préceptes. Avant eux personne n'avait, pour parler, une méthode raisonnée, ce qui n'empêchait pas d'ailleurs la plupart des gens de parler avec soin et d'une façon claire. <Toujours d'après Aristote> Protagoras écrivit et tint tout prêts des développements sur de grandes idées générales, ce qu'on appelle aujourd'hui des « lieux communs » ; **47** Gorgias fit de même, en composant par écrit, sur des questions particulières, des développements pour et contre : il estimait que la qualité essentielle de l'orateur était, en parlant pour une chose, de la faire valoir et inversement, en parlant contre, de la déprécier. De même, Antiphon de Rhamnonte eut des recueils analogues de morceaux écrits d'avance, Antiphon, dont nous savons par Thucydide que personne ne plaida jamais une cause capitale mieux qu'il ne fit en se défendant lui-même ; et le jugement de Thucydide est une chose qui compte ! **48** Quant à Lysias, il commença, <dit encore Aristote>, par déclarer qu'il existait une méthode pour apprendre à parler. Ensuite, voyant que Théodore <de Byzance>, quand il s'agissait de préceptes, était assez ingénieux, et, quand il s'agissait de faire des discours, était assez stérile, il se mit à composer des discours pour les autres et repoussa la théorie. Isocrate, lui aussi, nia l'existence de la théorie, mais ce fut au début. Il écrivait alors des discours pour les plaideurs qui en avaient besoin ; seulement en raison de cette

roremque timuerunt. XII **45** Haec igitur aetas prima Athenis oratorem prope perfectum tulit. Nec enim in constituentibus rem publicam nec in bella gerentibus nec in impeditis ac regum dominatione deuinctis nasci cupiditas dicendi solet. Pacis est comes otique socia et iam bene constitutae ciuitatis quasi alumna quaedam eloquentia. **46** Itaque ait Aristoteles, cum sublatis in Sicilia tyrannis res priuatae longo interuallo iudiciis repeterentur, tum primum, quod esset acuta illa gens et † controuersia natura, artem et praecepta Siculos Coracem et Tisiam conscripsisse ; nam antea neminem solitum uia nec arte, sed accurate tamen et descripte plerosque dicere ; scriptasque fuisse et paratas a Protagora rerum illustrium disputationes, quae nunc communes appellantur loci ; **47** quod idem fecisse Gorgiam, cum singularum rerum laudes uituperationesque conscripsisset, quod iudicaret hoc oratoris esse maxime proprium, rem augere posse laudando uituperandoque rursus affligere ; huic Antiphontem Rhamnusium similia quaedam habuisse conscripta ; quo neminem umquam melius ullam orauisse capitis causam, cum se ipse defenderet, [se audiente] locuples auctor scripsit Thucydides ; **48** nam Lysiam primo profiteri solitum artem esse dicendi, deinde, quod Theodorus esset in arte subtilior, in orationibus autem ieiunior, orationes eum scribere aliis coepisse, artem remouisse ; similiter Isocratem

45 nec in bella... nec in imp. *F O*[2] in *bis om. r* || et iam *F*[1] : etiam *L*.

46 Sicilia *G*[2] : Siciliam *L* || descripte *Schmitz* : de scripto *L* || quae *L* : qui *Eberhard*.

47 se audiente *secl. Campe, quod eo tempore Thucydides exsularet.*

pratique, qui était quelque chose comme une infraction < à notre loi > sur « l'emploi d'artifices illicites devant les tribunaux », s'étant vu plusieurs fois traduire en justice, il cessa d'écrire des plaidoyers pour autrui et se consacra entièrement à la composition de traités théoriques.

XIII **49** Tu vois l'éclosion de l'éloquence en Grèce et les sources d'où elle dérive : par rapport à notre chronologie, ces origines sont anciennes, mais par rapport à la chronologie grecque, elles sont d'une date très récente. Car, avant qu'Athènes fît ses délices du bel art de la parole, elle avait déjà accompli bien des choses dignes de mémoire dans la paix et dans la guerre. Le goût de l'éloquence n'était point d'ailleurs commun à la Grèce entière : c'était une chose proprement athénienne. **50** Qui connaît, en effet, de la même époque, l'existence d'un orateur argien ou corinthien ou thébain ? Tout au plus, au sujet d'Epaminondas, qui fut un homme cultivé, peut-on faire quelque conjecture (1). Quant à un orateur lacédémonien, je ne sache pas que jusqu'à nos jours il en ait jamais existé. Du lacédémonien Ménélas, Homère dit qu'il parlait avec agrément mais brièvement. Or la brièveté peut être un mérite dans telle ou telle partie d'un discours (2) : dans l'ensemble de l'œuvre oratoire ce n'est pas un mérite. **51** Hors de la Grèce propre, le goût de l'éloquence se répandit beaucoup et les honneurs prodigués à cet art donnèrent de l'éclat au nom des orateurs. Une fois que, sortie du Pirée, l'éloquence eut été portée au dehors, elle parcourut toutes les îles et voyagea à travers l'Asie entière, si bien qu'au contact d'autres mœurs elle prit un vernis exotique, perdit toute cette pureté de langage, ce qu'on pourrait appeler cette santé, qu'elle avait en Attique, et en vint presque à ne plus savoir parler naturellement. De là naquirent les orateurs Asiatiques, dont l'imagination et l'abondance ne sont certes pas à mépriser, mais dont le style est peu serré et trop redondant. Les Rho-

(1) Voir Cornel. Nepos, *Epam.* 5.

(2) Dans la narration, par exemple, la rhétorique recommande la brièveté (*de Orat.*, II, 80, 326).

primo artem dicendi esse negauisse, scribere autem aliis solitum orationes, quibus in iudiciis uterentur; sed cum ex eo, quia quasi committeret contra legem quo quis iudicio circumueniretur, saepe ipse in iudicium uocaretur, orationes aliis destitisse scribere totumque se ad artes componendas transtulisse.

XIII **49** Et Graeciae quidem oratorum partus atque fontes uides, ad nostrorum annalium rationem ueteres, ad ipsorum sane recentes; nam ante quam delectata est Atheniensium ciuitas hac laude dicendi, multa iam memorabilia et in domesticis et in bellicis rebus effecerat. Hoc autem studium non erat commune Graeciae, sed proprium Athenarum. **50** Quis enim aut Argiuum oratorem aut Corinthium aut Thebanum scit fuisse temporibus illis? nisi quid de Epaminonda docto homine suspicari libet. Lacedaemonium uero usque ad hoc tempus audiui fuisse neminem. Menelaum ipsum dulcem illum quidem tradit Homerus, sed pauca dicentem; breuitas autem laus est interdum in aliqua parte dicendi, in uniuersa eloquentia laudem non habet. **51** At uero extra Graeciam magna dicendi studia fuerunt maximique huic laudi habiti honores illustre oratorum nomen reddiderunt. Nam ut semel e Piraeeo eloquentia euecta est, omnes peragrauit insulas atque ita peregrinata tota Asia est, ut se externis ob*l*ineret moribus, omnemque illam salubritatem Atticae dictionis et quasi sanitatem perderet ac loqui paene dedisceret. Hinc Asiatici oratores, non contemnendi quidem nec celeritate nec copia,

50 libet *O* : licet (*littera* b *suprascripta*)*F* lubet *r* || fuisse neminem *clausula uitiosa*.
51 oblineret *uulg.* : obtineret *O* optineret *r*.

diens sont plus sains et ressemblent davantage aux Attiques. **52** Mais en voilà assez sur les Grecs : peut-être même ces détails n'étaient-ils pas nécessaires.

— Jusqu'à quel point étaient-ils nécessaires, dit Brutus, c'est ce que je ne saurais dire ; mais agréables à coup sûr ils l'ont été pour moi, et, loin de les avoir trouvés trop longs, je les aurais souhaités moins brefs.

— Fort bien, répondis-je ; mais venons maintenant à ceux de nos orateurs sur lesquels il est difficile de savoir autre chose que ce que permettent de soupçonner les données de l'histoire. XIV **53** Peut-on croire que l'intelligence ait manqué au fameux Lucius Brutus, le premier héros de ta race (1) ? lui qui interpréta avec tant de pénétration et de finesse le sens de l'oracle d'Apollon sur le baiser à donner à sa mère (2) et qui, sous le masque de la stupidité, cacha la plus profonde sagesse; lui qui sut chasser un roi très puissant, fils d'un roi très illustre, et, après avoir affranchi la cité de la domination perpétuelle d'un maître, sut lui imposer la contrainte de magistratures annuelles, de lois et de tribunaux ; lui qui ôta le pouvoir à son collègue, pour faire disparaître de la cité le souvenir du nom des rois ; et ce dernier résultat tout au moins n'aurait pas pu être obtenu sans l'action persuasive d'un discours. **54** De même, peu d'années après l'expulsion des rois, quand la plèbe s'était retirée près de l'Anio à trois milles de Rome et avait pris position sur la hauteur qui a reçu le nom de Mont-Sacré, nous voyons Marcus Valerius dictateur apaiser les discordes par sa parole, ce qui lui valut les plus grands honneurs et aussi le surnom de « très grand», donné pour la première fois. Lucius Valerius Potitus n'a pas été non plus, j'imagine, sans exercer quelque action par la parole, lui qui, après

Les origines de l'éloquence à Rome

(1) Flatterie amicale. Le famille de Brutus prétendait à tort descendre du fondateur de la république.

(2) L'oracle avait dit aux fils de Tarquin et à Brutus que le pouvoir serait à qui embrasserait sa mère le premier (Tite-Live, I, 56). Brutus comprit qu'il fallait baiser la terre.

sed parum pressi et nimis redundantes; Rhodii saniores et Atticorum similiores. **52** Sed de Graecis hactenus; etenim haec ipsa forsitan fuerint non necessaria.

Tum Brutus : Ista uero, inquit, quam necessaria fuerint non facile dixerim ; iucunda certe mihi fuerunt neque solum non longa, sed etiam breuiora quam uellem.

Optime, inquam, sed ueniamus ad nostros, de quibus difficile est plus intellegere, quam quantum ex monumentis suspicari licet. XIV **53** Quis enim putet [aut] celeritatem ingeni L. Bruto illi nobilitatis uestrae principi defuisse ? qui de matre sauianda ex oraculo Apollinis tam acute arguteque coniecerit ; qui summam prudentiam simulatione stultitiae texerit ; qui potentissimum regem clarissimi regis filium expulerit ciuitatemque perpetuo dominatu liberatam magistratibus annuis, legibus iudiciisque deuinxerit ; qui collegae suo imperium abrogauerit, ut e ciuitate regalis nominis memoriam tolleret ; quod certe effici non potuisset, nisi esset oratione persuasum. **54** Videmus item paucis annis post reges exactos, cum plebes prope ripam Anionis ad tertium miliarium consedisset eumque montem qui Sacer appellatus est occupauisset, M. Valerium dictatorem dicendo sedauisse discordias eique ob eam rem honores amplissimos habitos et eum primum ob eam ipsam causam Maximum esse appellatum. Ne L. Valerium quidem Potitum arbitror non aliquid potuisse dicendo, qui post decemuiralem inuidiam plebem in patres incitatam legibus et

52 fuerint (*post* forsitan) *F O* : fuerunt *G B H M* .
53 aut *secl. Piderit* || qui de G^2 : que de O^2 *uetus* quae de *F* quem de *r* || collegae *r* : conlege *F*
54 Anionis G^2 : Aneonis *r*.

l'odieuse tyrannie des Décemvirs, alors que la plèbe était soulevée contre les sénateurs, sut, par des lois et des harangues, calmer les esprits. **55** Nous pouvons conjecturer qu'Appius Claudius parlait bien, lui qui sut retenir le sénat déjà chancelant et le détourner de la paix avec Pyrrhus. Nous pouvons en dire autant de Caius Fabricius, qui pour négocier le rachat des prisonniers fut envoyé à Pyrrhus comme le porte-parole de Rome; de Tiberius Coruncanius, qui d'après les commentaires des Pontifes semble avoir été un esprit d'une très haute valeur; de Manius Curius, qui étant tribun du peuple eut raison de l'interroi Appius Caecus, malgré l'éloquence de celui-ci : Appius présidant les Comices et refusant d'accepter, au mépris des lois, un consul plébéien, Curius força les sénateurs de ratifier d'avance l'élection qui serait faite, succès considérable à une époque où la loi Maenia n'existait pas encore. **56** On peut aussi faire quelque conjecture au sujet du talent de Marcus Popilius : étant consul et en même temps prêtre de Carmenta, il reçut, au moment où revêtu du manteau sacerdotal il faisait un sacrifice public, la nouvelle d'un soulèvement de la plèbe contre le sénat ; dans le costume où il se trouvait, avec le manteau sacerdotal, il se présenta devant la multitude et apaisa la sédition, autant par sa parole que par son prestige. Mais que ces personnages aient été expressément qualifiés d'orateurs ou que, d'une façon générale, l'éloquence ait été en ce temps-là l'objet de quelque distinction, cela n'est écrit, que je sache, nulle part ; ce n'est que par conjecture que je suis amené à le penser. **57** Il y a plus pour Caius Flaminius, celui qui, étant tribun de la plèbe, fit passer une loi sur le partage des terres conquises dans la Gaule et dans le Picenum, et qui, étant consul, fut tué à la bataille de Trasimène : il est dit < positivement > que dans les assemblées populaires il avait de l'action par sa parole. Quintus <Fabius> Maximus Verrucosus fut, lui aussi, à cette époque, qualifié d'orateur, ainsi que Quintus Metellus, qui, dans la seconde guerre Punique, fut consul avec Lucius Veturius Philo.

XV Mais le premier Romain que des textes formels et

contionibus suis mitigauerit. **55** Possumus Appium Claudium suspicari disertum, quia senatum iamiam inclinatum a Pyrrhi pace reuocauerit ; possumus C. Fabricium, quia sit ad Pyrrhum de captiuis recuperandis missus orator ; Ti. Coruncanium, quod ex pontificum commentariis longe plurimum ingenio ualuisse uideatur ; *M'* Curium, quod is tribunus plebis interrege Appio Caeco diserto homine comitia contra leges habente, cum de plebe consulem non accipiebat, patres ante auctores fieri coegerit ; quod fu*i*t permagnum nondum lege Maenia lata. **56** Licet aliquid etiam de M. Popili ingenio suspicari, qui cum consul esset eodemque tempore sacrificium publicum cum laena faceret, quod erat flamen Carmentalis, plebei contra patres concitatione et seditione nuntiata, ut erat laena amictus, ita uenit in contionem seditionemque cum auctoritate tum oratione sedauit. Sed eos oratores habitos esse aut omnino tum ullum eloquentiae praemium fuisse, nihil sane mihi legisse uideor; tantummodo coniectura ducor ad suspicandum. **57** Dicitur etiam C. Flaminius, is qui tribunus plebis legem de agro Gallico et Piceno uiritim diuidundo tulerit, qui consul apud Tarsumennum sit interfectus, ad populum ualuisse dicendo. Q. etiam Maximus Verrucosus orator habitus est temporibus illis et Q. Metellus, is qui bello Punico secundo cum L. Veturio Philone consul fuit.

XV Quem uero exstet et de quo sit memoriae prodi-

55 M' *Lambin* : M. *L* || fuit *uulg.* : fuerit *L.*
56 Popili *r* : popilli *F O* || laena *r* : laena (ueste *suprascriptum*) B^1 H^1 || nihil sane mihi *r* : mihi sane nihil *B H M.*
57 diuidundo *F* : diuidendo *r* || et de quo *F O* : de quo *r.*

le témoignage de l'histoire nous signalent comme ayant eu le talent et la renommée d'un homme éloquent est Marcus Cornelius Cethegus. Ennius nous atteste son éloquence et c'est, à mon avis, un témoin digne de foi, étant donné surtout qu'il l'a entendu lui-même et qu'il écrit après la mort de Cethegus, ce qui exclut tout soupçon de complaisance amicale aux dépens de la vérité. **58** Voici donc dans quels termes il parle de lui ; c'est, si je ne me trompe, au livre neuvième des *Annales* (1) :

Un orateur au doux langage, Marcus Cornelius Cethegus, fils de Marcus, est adjoint comme collègue à Tuditanus.

Il l'appelle orateur et lui attribue la douceur du langage; qualité qui, aujourd'hui du moins, n'est pas si commune : car certains de nos orateurs aboient plutôt qu'ils ne parlent. Mais voici le plus bel hommage rendu à l'éloquence:

Par les Romains qui vivaient en ce temps-là et qui étaient ses contemporains il était appelé la fleur exquise du peuple...

et l'expression est juste ; **59** car si l'intelligence est la gloire de l'homme, l'éloquence est la lumière qui fait briller l'intelligence même, et d'un homme supérieur par ce talent les contemporains ont eu parfaitement raison de dire qu'il était la fleur du peuple ;

C'était aussi < dit encore Ennius > la moelle de la persuasion.

C'est la πειθώ des Grecs, cette persuasion dont l'orateur est l'artisan (2), qu'Ennius traduit par le mot *suada*, et Cethegus en est pour lui la moelle : ainsi la déesse « Persuasion », qui, selon l'expression d'Eupolis, avait son siège sur les lèvres de Périclès, cette déesse, notre orateur en

(1) Pour les fragments d'Ennius cités par Cicéron, voir Vahlen, *Enn. reliq.* (Leipzig, 1903), p. 53-54.

(2) Platon dit de l'art oratoire qu'il est « artisan de persuasion » (πειθοῦς δημιουργός, *Gorgias*, p. 453 A).

tum eloquentem fuisse et ita esse habitum, primus est M. Cornelius Cethegus, cuius eloquentiae est auctor et idoneus quidem mea sententia Q. Ennius, praesertim cum et ipse eum audiuerit et scribat de mortuo ; ex quo nulla suspicio est amicitiae causa esse mentitum. **58** Est igitur sic apud illum in nono, ut opinor, annali :

> additur orator Corneliu' suauiloquenti
> ore Cethegus Marcu' *Tuditano* collega
> Marci filius

et oratorem appellat et suauiloquentiam tribuit, quae nunc quidem non tam est in plerisque (latrant enim iam quidam oratores, non loquuntur), sed est ea laus eloquentiae certe maxima :

> is dictust *ollis* popularibus olim
> qui tum uiuebant homines atque aeuum agi*ta*bant,
> flos delibatus populi...

probe uero ; **59** ut enim hominis decus ingenium, sic ingeni ipsius lumen est eloquentia, qua uirum excellentem praeclare tum illi homines florem populi esse dixerunt

> suadai*que* medulla

Πειθώ quam uocant Graeci, cuius effector est orator, hanc suadam appellauit Ennius ; eius autem Cethegum medullam fuisse uult, ut, quam deam in Pericli labris scripsit Eupolis sessitauisse, huius hic medullam nostrum

58 Marcu' Tuditano collega *Schütz* : marcus studio conlegam *L* || dictust ollis *Gronov in* A. Gell., *XII*, 2, 3, dictus *L* || agitabant *Gronov* : agebant *L*.
59 suadai F^2 : suadae F^3 suadat *r* || que *add. uulg.* || labris F^2 : libris *r* || sessitauisse *uulg.* : sesitauisse *L*.

aurait été comme la moelle même. **60** Cethegus a été consul avec Publius Tuditanus pendant la seconde guerre Punique et Marcus Cato a été questeur sous leur consulat (1). Cela ne remonte pas plus qu'à cent quarante ans exactement avant mon consulat (2), et sans le témoignage unique d'Ennius sur cette éloquence, le nom de Cethegus aurait été, par l'effet du temps, comme beaucoup d'autres peut-être, enseveli dans l'oubli. Ce qu'était la langue de cette époque, on peut s'en faire une idée d'après les écrits de Naevius : c'est en effet sous les consuls cités tout à l'heure que les anciens documents d'archives mentionnent la mort de Naevius ; il est vrai que notre ami Varron, si exact dans ses recherches sur l'antiquité, pense qu'il y a erreur de date et fait vivre Naevius plus longtemps. Quant à Plaute, il est mort vingt ans plus tard, sous le consulat de Publius Claudius et de Lucius Porcius, lorsque Caton était censeur.

Caton l'Ancien

61 Ainsi, après Cethegus, dans l'ordre des temps, vient Caton, qui fut consul neuf ans après lui. Pour nous, c'est quelqu'un de très ancien ; pourtant sa mort ne date que du consulat de Lucius Marcius et de Manius Manilius, juste quatre-vingt-six ans avant mon consulat. XVI De plus ancien que Caton je ne connais personne dont les discours écrits méritent d'être cités, à moins que, par hasard, quelqu'un ne trouve du charme à la harangue, signalée plus haut, d'Appius Caecus au sujet de Pyrrhus ou bien à quelques éloges funèbres. **62** Ah ! par exemple ! Des éloges funèbres, on en a ! Les familles les conservaient comme des titres d'honneur et comme des documents, soit pour en faire usage lorsqu'un de leurs membres venait à mourir, soit pour perpétuer le souvenir de la gloire domestique, soit pour faire valoir tout ce qu'on avait de noblesse. Ces éloges funèbres ont d'ailleurs altéré notre histoire. On y trouve consignées beaucoup de choses qui n'ont pas eu

(1) En 550 de Rome, 204 av. J.-C.
(2) En 691/63.

oratorem fuisse dixerit. **60** At hic Cethegus consul cum P. Tuditano fuit bello Punico secundo quaestorque *h*is consulibus M. Cato, modo plane annis CXL ante me consulem; et id ipsum nisi unius esset Enni testimonio cognitum, hunc uetustas, ut alios fortasse multos, obliuione obruisset. Illius autem aetatis qui sermo fuerit ex Naeuianis scriptis intellegi potest. His enim consulibus, ut in ueteribus commentariis scriptum est, Naeuius est mortuus; quamquam Varro noster diligentissimus inuestigator antiquitatis putat in hoc erratum uitamque Naeui producit longius. Nam Plautus P. Claudio L. Porcio, uiginti annis post illos quos ante dixi, consulibus mortuus est, Catone censore.

61 Hunc igitur Cethegum consecutus est aetate Cato, qui annis IX post eum fuit consul. Eum nos ut peruetерem habemus, qui L. Marcio M'Manilio consulibus mortuus est, annis LXXXVI ipsis ante me consulem. XVI Nec uero habeo quemquam antiquiorem, cuius quidem scripta proferenda putem, nisi quem Appi Caeci oratio haec ipsa de Pyrrho et nonnullae mortuorum laudationes forte delectant. **62** Et hercules eae quidem exstant; ipsae enim familiae sua quasi ornamenta ac monumenta seruabant et ad usum, si quis eiusdem generis occidisset, et ad memoriam laudum domesticarum et ad illustrandam nobilitatem suam. Quamquam his laudationibus historia rerum nostrarum est facta mendosior. Multa enim

60 his cons. *uulg.* : is cons. *L.*
61 IX : VIIII *F* G^2 IIIII *H* III III *r* || LXXXVI *M G* F^1 LXXXIII *uel* LXXXIIII *r*.
62 eae quidem F^3 : equidem F^1 eequidem *O* hae quidem *M* equidem *r*.

lieu, de faux triomphes, des consulats dont le nombre est grossi, de fausses généalogies et de < prétendus > passages de patriciens à la plèbe, < imaginés > quand des gens de basse origine se coulaient dans une famille aristocratique portant le même nom : comme si moi, par exemple, je me disais issu de Manius Tullius, qui était patricien et qui fut consul avec Servius Sulpicius dix ans après l'expulsion des rois.

63 Caton a laissé presque autant de discours que l'Attique Lysias, qui, à mon avis, en a laissé beaucoup. (Attique, Lysias l'est bien, puisqu'il est né à Athènes, qu'il y est mort et qu'il y a fait tous les actes de citoyen ; Timée pourtant, comme s'il y avait eu pour lui une loi Licinia et Mucia (1), veut le rendre à Syracuse.) Entre Caton et Lysias il y a aussi comme une certaine ressemblance : tous deux sont fins, élégants, spirituels, rapides. Mais le Grec, plus heureux, jouit de toutes les faveurs. **64** Il a en effet des partisans déclarés, qui préfèrent les formes grêles à l'embonpoint et qui, pourvu que la santé soit bonne, trouvent du charme à la maigreur. Ce n'est pas que Lysias n'ait souvent des muscles, au point qu'on ne peut rien imaginer de plus vigoureux ; mais dans l'ensemble il est à coup sûr trop décharné, ce qui ne l'empêche pas d'avoir ses admirateurs, gens ainsi faits que c'est surtout cette sécheresse qui les enchante. XVII **65** Mais Caton, quel est celui de nos orateurs, de nos orateurs d'aujourd'hui, qui le lise ou même qui le connaisse seulement ? Et cependant, quel homme, grands dieux ! Je laisse de côté le citoyen, le sénateur, le général : c'est de l'orateur qu'il s'agit ici. Qui eut jamais plus de poids dans l'éloge, plus d'âpreté dans la critique, dans les pensées plus de finesse, dans l'exposé des faits et des arguments plus de simplicité ? Les cent cinquante discours et plus, que j'ai pu trouver de lui jusqu'à ce jour et que j'ai lus, sont remplis d'idées et d'expressions brillantes. Qu'on y recueille ce qui est

(1) Loi de 95 av. J.-C., chassant de Rome et renvoyant dans leurs cités respectives les Italiens qui avaient usurpé le titre de citoyen romain. La remarque sur l'origine de Lysias est destinée à amener le parallèle qui suit.

scripta sunt in eis quae facta non sunt, falsi triumphi, plures consulatus, genera etiam falsa et ad plebem transitiones, cum homines humiliores in alienum eiusdem nominis infunderentur genus ; ut si ego me a M' Tullio esse dicerem, qui patricius cum Seruio Sulpicio consul anno decimo post exactos reges fuit.

63 Catonis autem orationes non minus multae fere sunt, quam Attici Lysiae, cuius arbitror plurimas esse ; (est enim Atticus, quoniam certe Athenis est et natus et mortuus et functus omni ciuium munere ; quamquam Timaeus eum quasi Licinia et Mucia lege repetit Syracusas). Et quodam modo est nonnulla in his etiam inter ipsos similitudo ; acuti sunt, elegantes, faceti, breues, sed ille Graecus ab omni laude felicior. **64** Habet enim certos sui studiosos, qui non tam habitus corporis opimos, quam gracilitates consectentur ; quos, ualetudo modo bona sit, tenuitas ipsa delectat. Quamquam in Lysia sunt saepe etiam lacerti sic ut [et] fieri nihil possit ualentius. Verum est certe genere toto strigosior ; sed habet tamen suos laudatores, qui hac ipsa eius subtilitate admodum gaudeant. XVII **65** Catonem uero quis nostrorum oratorum, qui quidem nunc sunt, legit ? aut quis nouit omnino ? At quem uirum, di boni ! mitto ciuem aut senatorem aut imperatorem ; oratorem enim hoc loco quaerimus ; quis illo grauior in laudando ? acerbior in uituperando ? in sententiis argutior ? in docendo edisserendoque subtilior ? Refertae sunt orationes am-

63 lege repetit G^2 : legere petit *L*
64 certos sui *r* : certosui *F O*[1] *uetus* || et *secl. edd.*
65 nostrorum F^2 : nostrum *r* || di F^2 : dii *r*.

digne de remarque et d'éloge : toutes les qualités de l'orateur s'y trouveront. **66** Et son livre des *Origines*, quelle est la fleur d'éloquence, quel est le genre d'éclat qui lui manquent ? Les partisans passionnés lui font défaut, comme ils faisaient défaut, il y a déjà plusieurs siècles, à Philistos de Syracuse (1) et à Thucydide lui-même. Ces deux historiens, avec leurs pensées ramassées sur elles mêmes et qui, par excès de brièveté et de finesse, n'ont pas assez de lumière, sont comme éclipsés par Théopompe (2), par la sublimité de son éloquence en quelque sorte surélevée; Lysias à son tour pâtit du voisinage de Démosthène. De même l'éclat de Caton a été masqué par l'éloquence de nos orateurs plus modernes, comme par l'ombre d'une construction plus haut montée. **67** Mais voyez l'ignorance de nos Romains ! Chez les Grecs ils goûtent ce qui est antique et font leurs délices de cette simplicité qu'ils qualifient d'attique, et cette simplicité, ces mêmes gens ne savent même pas qu'elle existe chez Caton ! Ils veulent être des Hypérides et des Lysias : à la bonne heure ! **68** Mais pourquoi ne veulent-ils pas être des Catons ? Le style attique fait leur joie, disent-ils ; c'est très bien. Mais il serait souhaitable qu'ils en eussent, quand ils l'imitent, non pas seulement le squelette, mais le sang. Sachons-leur gré toutefois de leur intention. D'où vient donc cet engouement pour Lysias et Hypéride, tandis que Caton est complétement ignoré ? Son style est trop vieux et avec certaines rugosités ; c'est qu'alors on parlait ainsi. Changez ce que de son temps il n'a pas pu changer; ajoutez des dispositions métriques et, pour donner aux phrases plus de cohésion, tout en conservant les mêmes mots, assemblez-les, cimentez-les en quelque sorte, toutes choses que même les Grecs des époques anciennes ne savaient pas faire davantage : alors vous ne mettrez personne au-dessus de Caton. **69** Ce qui donne de l'éclat au style,

(1) Historien grec de la fin du cinquième siècle avant notre ère, auteur d'une histoire de la Sicile. C'était un imitateur de Thucydide. Cicéron le qualifie de *pusillus Thucydides* (*ad. Quint. fr.*, II, 13, 4).

(2) Historien un peu postérieur à Philistos, qui avait raconté,

plius centum quinquaginta, quas quidem adhuc inuenerim et legerim, et uerbis et rebus illustribus. Licet ex his eligant ea, quae notatione et laude digna sint ; omnes oratoriae uirtutes in eis reperientur. **66** Iam uero Origines eius quem florem aut quod lumen eloquentiae non habent ? Amatores huic desunt, sicuti multis iam ante saeculis et Philisto Syracusio et ipsi Thucydidi. Nam ut horum concisis sententiis, interdum *aute*m non satis apertis cum breuitate tum nimio acumine, officit Theopompus elatione atque altitudine orationis suae (quod idem Lysiae Demosthenes), sic Catonis luminibus obstruxit haec posteriorum quasi exaggerata altius oratio. **67** Sed e*a* in nostris inscitia est quod hi ipsi, qui in Graecis antiquitate delectantur eaque subtilitate quam Atticam appellant, hanc in Catone n*e* nouerunt quidem. Hyperidae volunt esse et Lysiae ; laudo ; **68** sed cur nolunt Caton*es* ? Attico genere dicendi se gaudere dicunt ; sapienter id quidem ; atque utinam imitarentur nec ossa solum, sed etiam sanguinem ! Gratum est tamen, quod uolunt. Cur igitur Lysias et Hyperides amatur, cum penitus ignoretur Cato ? Antiquior est huius sermo et quaedam horridiora uerba ; ita enim tum loquebantur. Id muta quod tum ille non potuit, et adde numeros et, *ut* aptior sit oratio, ipsa uerba compone et quasi coagmenta, quod ne Graeci quidem ueteres factitauerunt ; iam neminem antepones Catoni. **69** Ornari orationem Graeci putant, si uerborum immutationibus utantur, quos

66 autem non satis apertis *scripsi* : etiam non satis apertis autem *L*.
67 Sed ea *Bake* : sed et *L* || ne *uulg.* : non *L*.
68 Catones *uulg.* : Catonis *L* || ut *add. uulg.*

suivant les Grecs, c'est l'emploi des changements de signification qu'ils appellent « tropes » et de ces tours de pensées et d'expressions qu'ils désignent sous le nom de « figures » (1) : or on ne saurait croire à quel point Caton multiplie ces deux genres d'effets et comme son style en est émaillé. XVIII Je sais bien que cet orateur n'est pas encore assez châtié et qu'il y a lieu de chercher quelque chose de plus parfait ; cela tient à ce que, par rapport à notre temps, il est ancien, et si ancien qu'il n'existe aucun écrit, digne d'être lu, qui remonte à une date antérieure. Mais l'art de la parole est, de tous les arts, celui où l'antiquité est le moins considérée. **70** Parmi les personnes qui ont des regards pour des œuvres d'un ordre moins relevé (2), quelle est celle qui ne se rende compte que les statues de Canachos ont trop de raideur pour reproduire la réalité vivante ; que celles de Calamis, avec de la dureté, sont cependant plus souples que celles de Canachos ; que celles de Myron, si elles n'atteignent pas encore tout à fait la vérité de la nature, sont pourtant des œuvres qu'on n'hésiterait pas à appeler belles ; que plus belles encore sont les statues de Polyclète, véritables chefs-d'œuvre, du moins à ce qu'il me semble. De même en peinture : Zeuxis, Polygnote, Timanthe et les artistes qui n'ont employé que quatre couleurs, sont cités avec éloges pour leur modelé et le trait de leur dessin, au lieu que dans Aétion, Nicomaque, Protogène, Apelle, tout déjà est parfait. **71** Et peut-être en est-il ainsi de toutes choses : le premier essai et la perfection ne sont jamais simultanés et il n'est pas douteux qu'avant Homère il y a eu des poètes, témoin les vers qu'il fait chanter dans les festins

en style oratoire, l'histoire de la Grèce depuis la guerre du Péloponèse jusqu'à Alexandre. Il avait été l'élève d'Isocrate (cf. § 204; *de Orat.*, II, 13, 57 ; Quintil., X, 1, 74).

(1) Sur les figures (figures de mots et figures de pensées) voir *de Oratore*, III, 52, 201 ; *Orator*, 39, 134 ; cf. plus bas § 140.

(2) Cf. § 3 « les arts secondaires ». Il est de bon ton à Rome d'avoir l'air de dédaigner les arts plastiques, ainsi que la poésie. On les considère comme des frivolités, parce qu'ils viennent de la Grèce. Cela n'empêche pas, d'ailleurs, Cicéron de faire souvent des rapprochements entre l'éloquence et les arts.

appellant τρόπους, et sententiarum orationisque formis, quae uocant σχήματα ; non ueri simile est quam sit in utroque genere et creber et distinctus Cato. XVIII Nec uero ignoro nondum esse satis politum hunc oratorem et quaerendum esse aliquid perfectius ; quippe cum ita sit ad nostrorum temporum rationem uetus ut nullius scriptum exstet dignum quidem lectione quod sit antiquius. Sed maiore honore in omnibus artibus quam in hac una dicendi uersatur antiquitas. **70** Quis enim eorum qui haec minora animaduertunt non intellegit Canachi signa rigidiora esse quam ut imitentur ueritatem, Calamidis dura illa quidem, sed tamen molliora quam Canachi ; nondum Myronis satis ad ueritatem adducta, iam tamen quae non dubites pulchra dicere ; pulchriora etiam Polycliti et iam plane perfecta, ut mihi quidem uideri solent ? Similis in pictura ratio est ; in qua Zeuxim et Polygnotum et Timanthem et eorum qui non sunt usi plus quam quattuor coloribus formas et liniamenta laudamus ; at in Aetione, Nicomacho, Protogene, Apelle iam perfecta sunt omnia. **71** Et nescio an reliquis in rebus omnibus idem eueniat ; nihil est enim simul et inuentum et perfectum, nec dubitari debet quin fuerint ante Homerum poetae, quod ex eis carminibus intellegi potest quae apud illum et in Phaeacum et in procorum epulis canuntur. Quid, nostri ueteres uersus ubi sunt ?

69 creber et F^{2} M^{2} : creberet M^{1} crebere F^{1} *G* crebre *r* || hac una *r* : una hac *B H*.

70 pulchriora etiam *F O* : etiam *om. r* || et iam O^{2} : etiam *r* || Zeuxim *F* : Zeusim *O* Zeusum *r*.

71 quisquam superarat *add. Vettori* || nec dicti studiosus erat... ante hunc *Vettori* : nec dicti studiosus quisquam erat ante hunc *L*

des Phéaciens et dans ceux des prétendants. Et, chez nous, où sont nos anciens vers ?

> que jadis les Faunes et les devins chantaient,
> au temps où personne n'avait encore doublé les écueils
> des Muses, où l'on n'était pas encore curieux du bien
> dire, avant le poète que voici...

dit Ennius en parlant de lui-même (1), et, dans sa vanité, il ne dit rien que de vrai : car il en est positivement ainsi, *l'Odyssée* latine de Livius Andronicus étant comme un ouvrage de Dédale (2) et ses pièces de théâtre ne méritant pas d'être lues deux fois. **72** Or ce Livius le premier donna à Rome une pièce de théâtre, sous le consulat de Caius Claudius, fils de Caecus, et de Marcus Tuditanus, précisément un an avant la naissance d'Ennius, cinq cent quatorze ans après la fondation de Rome, suivant le calcul d'Atticus, auquel je m'en rapporte. Car il y a, entre les écrivains, désaccord sur les dates. Selon Accius, c'est sous le cinquième consulat de Quintus Maximus que Livius, prisonnier, a été amené de Tarente à Rome, c'est-à-dire trente ans après la date où Atticus écrit et où je trouve dans les anciens documents qu'il a fait représenter une pièce. **73** Cette représentation, Accius la place onze ans plus tard, sous le consulat de Caius Cornelius et de Quintus Minucius, aux jeux qu'avait voués Salinator, pendant la bataille de Sena, à la déesse de la Jeunesse ; erreur considérable, car Ennius était alors âgé de quarante ans : or, faire de Livius un contemporain d'Ennius, <c'est aboutir à ceci> que l'auteur de la première pièce de théâtre a été sensiblement plus jeune que Plaute et Naevius, qui avaient déjà donné, avant cette date, des pièces de théâtre nombreuses.

XIX **74** Si cette digression, Brutus, te paraît étrangère à l'objet de notre conversation, c'est à Atticus qu'il faut t'en prendre : il m'a communiqué son ardeur à déterminer les générations successives et les dates des personnages illustres.

— Pour ce qui est de moi, dit Brutus, d'abord je prends

(1) Cf. Vahlen, *Enn. rel.*, p. 39.

(2) Artiste légendaire, qui personnifiait les premiers essais de la sculpture et l'enfance de l'art.

... quos olim Fauni uatesque canebant,
cum neque Musarum scopulos *quisquam superarat*
nec dicti studiosus erat......
ante hunc...

ait ipse de se nec mentitur in gloriando; sic enim sese res habet. Nam et Odyssia Latina est [sic in] tamquam opus aliquod Daedali et Liuianae fabulae non satis dignae quae iterum legantur. **72** Atqu*i* hic Liuius [qui] primus fabulam C. Cl*au*dio Caeci filio et M. Tuditano consulibus docuit anno ipso ante quam natus est Ennius, post Romam conditam autem quarto decimo et quingentesimo, ut hic ait, quem nos sequimur. Est enim inter scriptores de numero annorum controuersia. Accius autem a Q. Maximo quintum consule capt*um* Tarento scripsit Liuium annis xxx post quam eum fabulam docuisse et Atticus scribit et nos in antiquis commentariis inuenimus ; **73** docuisse autem fabulam annis post xi C. Cornelio Q. Minucio consulibus ludis *I*u*u*entatis, quos Salinator Senensi proelio uouerat. In quo tantus error Acci fuit, ut his consulibus xl annos natus Ennius fuerit ; quo*i* aequalis fuerit Liuius, minor fuit aliquanto is qui primus fabulam dedit quam ii qui multas docuerant ante hos consules, et Plautus et Naeuius.

XIX **74** Haec si minus apta uidentur huic sermoni,

nec < doctis > dictis studiosus quisquam erat ante hunc *Bergk ac plerique deinceps edd.* || sic in *seclusi* : sic in *L* sic [ut] *uulg.*

72 Atqui *uulg.* : atque *L* || qui *secl. Schütz* || Claudio *uulg.* : Clodio *L* || conditam autem *F O* : autem conditam *r* || decimo *r* : decumo *F O* || Accius *F O*[1] : Atticus(ccius *suprascriptus*) *B*[1] Actius *O*[1] *G* Atticus *H M* || consule *M*[2] *G*[2] : cos *F* consulem *r* || captum *uulg.* : capto *L.*

73 Iuuentatis *Vettori* : luentatis *F O G* luctantis *r* || XL *F O* : XXX *G B H M* || quoi : quod *L* cui <si> *uulg.* || ii *M*[2] : hi *L.*

plaisir à cette espèce de chronologie et puis j'estime que pour l'objet que tu t'es proposé, qui est de caractériser les orateurs selon le temps où ils ont vécu, ce souci d'exactitude est excellent.

— **75** Tu as raison, Brutus, repris-je ; et <pour revenir à ce que je disais> , que n'avons-nous encore les vers qui, suivant ce qu'a écrit Caton dans les *Origines,* étaient, bien des siècles avant lui, chantés dans les festins par chacun des convives à la gloire des grands hommes ? Malgré tout, l'œuvre de l'auteur qu'Ennius met au nombre des devins et des Faunes (1), la *Guerre Punique* a comme le charme d'un ouvrage de Myron. **76** Qu'Ennius soit plus parfait, cela n'est pas contestable. Mais s'il avait pour ce poète le mépris qu'il feint d'avoir, il n'aurait pas, dans toute la série des guerres qu'il raconte, laissé précisément de côté la première guerre Punique, qui fut si acharnée. Je sais bien qu'il justifie son omission en disant : « le sujet a déjà été traité par d'autres en vers ». Oui, sans doute, Ennius, et très bien traité, quoique avec un style moins poli que le tien ! Et tu ne peux pas être d'un autre avis, toi qui as fait à Naevius tant de... <disons> emprunts, si tu en conviens, larcins, si tu n'en conviens pas.

Contemporains de Caton

77 Du temps de Caton, et plus âgés que lui, vécurent Caius Flaminius, Caius Varro, Quintus Maximus, Quintus Metellus, Publius Lentulus, enfin Publius Crassus, qui fut consul avec le premier Africain. Ce Scipion l'Africain ne fut pas, dit-on, incapable de parler. Mais son fils, qui fut le père adoptif du second Africain fils de Paul <Emile> , eût été, s'il avait eu de la santé, parmi les orateurs les plus appréciés : son talent se laisse voir dans de petits discours et surtout dans une histoire écrite en grec d'un style fort agréable. XX **78** Au même groupe appartient Sextus Aelius, l'homme le plus savant de tous dans le droit civil mais capable aussi de parler. Parmi ceux qui étaient plus

(1) Cet auteur est Naevius. Pour la citation d'Ennius (*scripsere,* etc.) cf. Vahlen, p. 38.

Brute, Attico assigna, qui me inflammauit studio illustrium hominum aetates et tempora persequendi.

Ego uero, inquit Brutus, et delector ista quasi notatione temporum et ad id quod instituisti, oratorum genera distinguere aetatibus, istam diligentiam esse accommodatam puto.

75 Recte, inquam, Brute, intellegis. Atque utinam exstarent illa carmina, quae multis saeculis ante suam aetatem in epulis esse cantitata a singulis conuiuis de clarorum uirorum laudibus in Originibus scriptum reliquit Cato! Tamen illius, quem in uatibus et Faunis annumerat Ennius, bell*um* Punicum quasi Myronis opus delectat. **76** Sit Ennius sane, ut est certe, perfectior; qui si illum, ut simulat, contemneret, non omnia bella persequens primum illud Punicum acerrimum bellum reliquisset. Sed ipse dicit, cur id faciat, « scripsere » inquit « alii rem uorsibus »; et luculente quidem scripserunt, etiamsi minus quam tu polite! nec uero tibi aliter uideri debet, qui a Naeuio uel sumpsisti multa, si fateris, uel, si negas, surripuisti.

77 Cum hoc Catone grandiores natu fuerunt C. Flaminius, C. Varro, Q. Maximus, Q. Metellus, P. Lentulus, P. Crassus, qui cum superiore Africano consul fuit. Ipsum Scipionem accepimus non infantem fuisse. Filius quidem eius, is qui hunc minorem Scipionem a Paullo adoptauit, si corpore ualuisset, in primis habitus esset disertus; indicant cum oratiunculae tum historia quaedam Graeca, scripta dulcissime. XX **78** Numeroque

75 annumerat *r* : enumerat *B H M* || bellum Punicum *uulg.* : bello punicum *F* bello punico *r* || Myronis opus delectat *clausula uitiosa.*

jeunes, il y eut Caius Sulpicius Gallus, le plus versé de tous les nobles dans les lettres grecques; il fut classé au nombre des orateurs et eut en outre, pour beaucoup de choses, une culture distinguée et élégante. On commençait déjà à avoir l'habitude d'un langage plus soigné et plus poli : c'est en effet sous la préture de Gallus et aux jeux célébrés par lui en l'honneur d'Apollon qu'Ennius fit représenter sa tragédie de *Thyeste* et mourut, l'année des consuls Quintus Marcius et Cnaeus Servilius. **79** Dans le même temps vécut Tiberius Gracchus, fils de Publius, qui fut consul deux fois et censeur; il reste de lui un discours en grec prononcé chez les Rhodiens; c'était un citoyen qui avait, c'est certain, de l'autorité et aussi de l'éloquence. Publius Scipion Nasica, surnommé Corculum, qui exerça, comme Gracchus, le consulat deux fois et la censure, passe aussi pour avoir été éloquent; c'était le fils du Scipion qui reçut la Mère des dieux (1). On cite encore Lucius Lentulus, qui fut consul avec Caius Figulus; Quintus Nobilior, fils de Marcus, déjà formé par les leçons paternelles à l'étude des lettres, et qui, étant triumvir pour l'établissement d'une colonie, donna le droit de cité romaine à Ennius, l'ancien compagnon de son père dans l'expédition d'Etolie; enfin Titus Annius Luscus, le collègue de ce Quintus Fulvius <Nobilior> , qui ne fut pas, dit-on, sans talent pour la parole. **80** Quant à Lucius Paullus, le père du <second> Africain, sa parole lui permettait de tenir aisément son rôle, celui du premier citoyen de la république.

Laelius, Scipion Emilien et Galba

Caton vivait encore (car il mourut à quatre-vingt-cinq ans et c'est précisément l'année de sa mort qu'il prononça devant le peuple, contre Servius Galba, un discours de la plus grande véhémence, discours qu'il a aussi laissé par écrit) XXI **81** Caton, dis-je, vivait encore, quand fleurirent en même temps beaucoup d'orateurs d'une gé-

(1) *Magna Mater*, la déesse de Pessinonte, dont l'image avait été reçue par Scipion à l'embouchure du Tibre en 204 av. J.-C.

eodem fuit Sex. Aelius, iuris quidem ciuilis omnium peritissimus, sed etiam ad dicendum paratus ; de minoribus autem, C. Sulpicius Gallus, qui maxime omnium nobilium Graecis litteris studuit ; isque et oratorum in numero est habitus et fuit relicuis rebus ornatus atque elegans. Iam enim erat unctior quaedam splendidiorque consuetudo loquendi. Nam, hoc praetore ludos Apollini faciente, cum Thyestem fabulam docuisset, Q. Marcio Cn. Seruilio consulibus, mortem ob*i*t Ennius. **79** Erat eisdem temporibus Ti. Gracchus P. F., qui bis consul et censor fuit, cuius est oratio Graeca apud Rhodios; quem ciuem cum grauem tum etiam eloquentem constat fuisse. P. etiam Scipionem Nasicam, qui est Corculum appellatus, qui item bis consul et censor fuit, habitum eloquentem aiunt, illius qui sacra acceperit filium ; dicunt etiam L. Lentulum, qui cum C. Figulo consul fuit, Q. Nobiliorem M. F. jam patr*io* instituto deditum studio litterarum, qui etiam Q. Ennium, qui cum patre eius in Aetolia militauerat, ciuitate donauit, cum triumui*r* coloniam deduxisset, et T. Annium Luscum huius Q. Fului collegam non indisertum dicunt fuisse. **80** Atque etiam L. Paullus, Africani pater, personam principis ciuis facile dicendo tuebatur.

Et uero etiam tum Catone uiuo (qui annos quinque et octoginta natus excessit e uita, cum quidem eo ipso anno contra Ser. Galbam ad populum summa contentione dixisset, quam etiam orationem scriptam reliquit) XXI **81** sed uiuo Catone minores natu multi uno tem-

78 obit *Bornecque clausulae causa* : obiit *L*.
79 patrio *uulg.* : patre *L* || triumuir *Eberhard*: triumuirum *L*.
80 Et uero *Lambin* : at uero *L*.

nération plus jeune. Aulus Albinus, l'auteur d'une histoire écrite en grec, qui fut consul avec Lucius Lucullus, eut de la culture littéraire et de l'éloquence ; et en même temps que lui tinrent une certaine place Servius Fulvius et Numerius Fabius Pictor (1), qui fut également versé dans le droit, la littérature et l'histoire. Quintus Fabius Labeo mérita à peu près les mêmes éloges. Pour Quintus Metellus (2), celui qui eut quatre fils consulaires, il fut considéré comme un homme des plus éloquents ; il défendit Lucius Cotta, accusé par l'Africain ; il existe de lui plusieurs discours, un entre autres qu'il prononça contre Tiberius Gracchus et qui est résumé dans les *Annales* de Caius Fannius. **82** Lucius Cotta lui-même passa pour un habile praticien. Caius Laelius et Publius l'Africain (3) furent très éloquents : nous avons d'eux des discours qui permettent d'apprécier leur talent oratoire. Mais au milieu de tout ce groupe d'orateurs, qu'il dépasse un peu par l'âge, celui qui sans contredit eut la supériorité de l'éloquence, c'est Servius Galba. Assurément il fut le premier parmi les Romains à savoir faire les opérations qui sont le propre de l'orateur et comme la loi de son œuvre : embellir le sujet par des digressions, charmer l'auditoire, l'émouvoir profondément, donner aux choses une importance qu'elles n'ont pas, manier le pathétique et les idées générales. Mais je ne m'explique pas comment d'un orateur comme celui-là, dont la supériorité oratoire est avérée, les discours sont plus secs et sentent plus le vieux que ceux de Laelius ou de Scipion ou même de Caton. Aussi bien sont-ils tellement réduits qu'ils n'ont presque plus de consistance.

83 Pour ce qui est de Laelius et de Scipion <Emilien>, si la renommée de leur génie veut que l'on ait de tous deux une très haute idée, il n'en est pas moins vrai qu'au

(1) Ce Fabius Pictor (dont j'ai cru pouvoir rétablir le prénom) avait composé des Annales grecques (Cic. *de diuinat.*, I, 21, 43) et un ouvrage sur le droit pontifical (Aulu-Gelle, I, 12, 14).

(2) Surnommé *Macedonicus*. Comme censeur, en 131, il avait prononcé un discours resté célèbre *de prole augenda*, qui existait encore au temps d'Auguste. (Tite-Live, *Epit.* 59 ; Suet., *Aug.* 89).

(3) Il s'agit du second Africain, Scipion Emilien.

pore oratores floruerunt. Nam et A. Albinus, is qui graece scripsit historiam, qui consul cum L. Lucullo fuit, et litteratus et disertus fuit ; et tenuit cum hoc locum quendam etiam Ser. Fuluius et Numerius Fabius Pictor et iuris et litterarum et antiquitatis bene peritus ; Quintusque Fabius Labeo fuit ornatus isdem fere laudibus. Nam Q. Metellus, is cuius quattuor filii consulares fuerunt, in primis est habitus eloquens, qui pro L. Cotta dixit accusante Africano ; cuius et aliae sunt orationes et contra Ti. Gracchum exposita est in C. Fanni annalibus. **82** Tum ipse L. Cotta *est* ueterator habitus, sed C. Laelius et P. Africanus in primis eloquentes, quorum exstant orationes, ex quibus existimari de ingeniis oratorum potest. Sed inter hos aetate paulum his antecedens sine controuersia Ser. Galba eloquentia praestitit ; et nimirum is princeps ex Latinis illa oratorum propria et quasi legitima opera tractauit, ut egrederetur a proposito ornandi causa, ut delectaret animos, *ut* permoueret, ut augeret rem, ut miserationibus, ut communibus locis uteretur. Sed nescio quomodo huius, quem constat eloquentia praestitisse, exiliores orationes sunt et redolentes magis antiquitatem quam aut Laeli *aut* Scipionis aut etiam ipsius Catonis ; itaque exaruerunt, uix iam ut appareant.

83 De ipsius Laeli et Scipionis ingenio quamquam ea est *fama* ut plurimum tribuatur ambobus, dicendi tamen

81 Numerius *scripsi* : nua serius *F* Miaserius O^1 Nuaserals O^2 *uetus* una ser *B H M*.
82 Cotta est *Stangl* : Cottae *L* ‖ ut permou. *uulg.* : aut permou. *L* ‖ aut *add. uulg.*
83 fama *Baiter* : iam *L* ‖ collegiis *r* : collegis *L* ‖ quo de G^2 : quodc *F* quod e *O* quo e *r* ‖ uetustior O^2 M^2 : uenustior *L*.

point de vue de l'éloquence la réputation de Laelius est plus brillante. Pourtant le discours de Laelius sur les collèges sacerdotaux n'est pas supérieur à n'importe lequel des nombreux discours de Scipion. Non que je conteste la valeur du fameux discours de Laelius : on ne peut avoir plus de grâce ni parler de la religion en termes plus augustes. Mais Laelius est beaucoup plus archaïque et plus rude que Scipion et, puisqu'en fait de langage il y a des partis pris différents, je dirai qu'il paraît avoir plutôt du goût pour la manière ancienne et qu'il se sert même volontiers d'un vocabulaire un peu vieilli. **84** Mais les hommes sont ainsi faits qu'ils n'aiment pas voir une même personne exceller dans plusieurs choses à la fois. Si pour le talent militaire personne ne peut songer à une comparaison avec l'Africain (ce qui n'empêche pas de constater que Laelius en a beaucoup montré dans la guerre de Viriathe), pour la vivacité de l'esprit, la culture littéraire, l'éloquence, la philosophie, tout en regardant ces deux hommes comme les premiers des Romains, on regarde volontiers Laelius comme le premier des deux. Et ce n'est pas seulement l'opinion publique qui a fait ce partage de gloire : eux-mêmes paraissent l'avoir fait entre eux. **85** En général, l'esprit de ce temps-là, meilleur en tout le reste, avait encore ceci de plus élevé qu'on était disposé à rendre justice à chacun.

XXII Je me souviens d'avoir, étant à Smyrne, entendu Publius Rutilius Rufus raconter l'histoire suivante : alors qu'il était dans sa première jeunesse, un sénatus-consulte avait chargé les deux consuls (c'étaient, je crois, Publius Scipio et Decimus Brutus) d'informer sur une affaire criminelle particulièrement grave. Comme il y avait eu un massacre dans la forêt de Sila, que des personnes connues avaient été tuées, qu'on accusait non seulement les esclaves de la société fermière qui tenait des censeurs Publius Cornelius et Lucius Mummius l'entreprise de la poix, mais aussi une partie du personnel libre de cette société, le sénat avait voulu que l'instruction et le jugement se fissent par les consuls. **86** La cause des fermiers fut plaidée par Laelius avec sa précision et son élégance accoutumées.

laus est in Laelio illustrior. At oratio Laeli de collegiis non melior quam de multis quam uoles Scipionis ; non quo illa Laeli quicquam sit dulcius aut quo de religione dici possit augustius, sed multo tamen uetustior et horridior ille quam Scipio ; et, cum sint in dicendo uariae uoluntates, delectari mihi magis antiquitate uidetur et libenter uerbis etiam uti paulo magis priscis Laelius. **84** Sed est mos hominum, ut nolint eundem pluribus rebus excellere. Nam ut ex bellica laude aspirare ad Africanum nemo potest, in qua ipsa egregium Viriathi bello reperimus fuisse Laelium, sic ingeni, litterarum, eloquentiae, sapientiae denique, etsi utrique primas, priores tamen libenter deferunt Laelio. Nec mihi ceterorum iudicio solum uidetur sed etiam ipsorum inter ipsos concessu ita tributum fuisse. **85** Erat omnino tum mos, ut in relicuis rebus melior, sic in hoc ipso humanior, ut faciles essent in suum cuique tribuendo.

XXII Memoria teneo Smyrnae me ex P. Rutilio Rufo audiuisse, cum diceret adulescentulo se accidisse, ut ex senatus consulto P. Scipio et D. Brutus, ut opinor, consules de re atroci magnaque quaererent. Nam cum in si*l*ua Si*la* facta caedes esset notique homines interfecti, insimulareturque familia, partim etiam liberi societatis eius quae picarias de P. Cornelio L. Mummio censoribus redemisset, decreuisse senatum, ut de ea re cognoscerent et statuerent consules ; **86** causam pro publicanis accurate, ut semper solitus esset, eleganterque dixisse Laelium ;

85 Smyrnae *uulg.* : myrnae (*littera s suprascripta*) *F* Myrnae *O* murne *H* mirnae *r* || audiuisse *r* : audisse *F* || in silua Sila *Turnèbe* : in siuasita *F* istiuas ita *G B H M* stiuas ita *O*.

L'affaire entendue, les consuls, de l'avis de leur conseil, l'ayant renvoyée à plus ample informé, quelques jours après Laelius plaida une seconde fois, avec beaucoup plus de soin encore et plus d'habileté et, pour la seconde fois, la sentence fut de même ajournée par les consuls. Alors, aux associés, qui venaient de le reconduire chez lui en le remerciant et le priant de ne point se lasser, Laelius dit que ce qu'il avait fait, il l'avait fait pour leur témoigner son estime, avec tout son soin et tout son zèle, mais qu'à son avis Servius Galba, dont l'éloquence avait plus d'âpreté et de fougue, pourrait défendre leur cause avec plus de vigueur et de véhémence : sur l'invitation de Caius Laelius les fermiers portèrent donc leur cause à Galba. **87** Celui-ci, songeant à l'homme qu'il avait à remplacer, ne se décida qu'après des scrupules et des hésitations. Comme s'il eût été un avocat ajourné (1) au surlendemain, il n'eut qu'un jour devant lui pour étudier la cause et disposer ses moyens : il l'y consacra tout entier. Le jour de l'audience, Rutilius, à la prière des associés, se rendit le matin chez Galba, pour le renseigner et l'accompagner au tribunal quand l'heure serait venue. Jusqu'au dernier moment, jusqu'à ce qu'on eût annoncé que les consuls étaient descendus au forum (2), Galba, enfermé loin de tout le monde dans une sorte de réduit (3), prépara son discours, ayant auprès de lui ses esclaves lettrés, auxquels il avait l'habitude de dicter plusieurs choses à la fois. Averti qu'il était temps, il sortit du réduit, le visage en feu, les yeux étincelants, comme un homme qui viendrait de plaider et non de préparer un discours. **88** Rutilius ajoutait, comme un trait à relever, que les secrétaires sortaient avec Galba fortement maltraités ; ce qui lui donnait à penser que Galba était violent et enflammé, non seulement quand il prononçait ses discours, mais encore quand il les préparait.

(1) Cicéron dit « comme si » (*quasi*), parce que l'expression ne s'applique pas proprement à Galba. Ce n'est pas Galba qui a été ajourné au surlendemain (*comperendinatus*) : il n'a pas encore paru dans la cause.

(2) Le forum était en contre-bas des collines où l'on habitait.

(3) *Testudo*, charpente en forme de pyramide au-dessus d'une petite cour isolée.

cum consules re audita « amplius » de consili sententia pronuntiauissent, paucis interpositis diebus iterum Laelium multo diligentius meliusque dixisse iterumque eodem modo a consulibus rem esse prolatam; tum Laelium, cum eum socii domum reduxissent egissentque gratias et ne defatigaretur orauissent, locutum esse ita : se, quae fecisset, honoris eorum causa studiose accurateque fecisse, sed se arbitrari causam illam a Ser. Galba, quod is in dicendo a*spe*rior acriorque esset, grauius et uehementius posse defendi; itaque auctoritate C. Laeli publicanos causam detulisse ad Galbam; **87** illum autem, quod ei uiro succedendum esset, uerecunde et dubitanter recepisse; unum quasi comperendinatus medium diem fuisse, quem totum Galbam in consideranda causa componendaque posuisse; et, cum cognitionis dies esset et ipse Rutilius rogatu sociorum domum ad Galbam mane uenisset, ut eum admoneret et ad dicendi tempus adduceret, usque illum, quoad ei nuntiatum esset consules descendisse, omnibus exclusis commentatum in quadam testudine cum seruis litteratis fuisse, quorum *alii* aliud dictare eodem [a] tempore solitus esset; interim cum esset ei nuntiatum tempus esse, exisse in aedes eo colore et iis oculis, ut egisse causam, non commentatum putaret. **88** Addebat etiam idque ad rem pertinere putabat, scriptores illos male mulcatos exisse cum Galba; ex quo significabat illum non in agendo solum, sed etiam in meditando uehementem atque incensum fuisse. Quid

86 asperior *Moser* (*cf. de Oratore III*, 7, 28) : adhortor *L* (adhortatior O^2) ardentior *Corrado.*
87 alii *add. A. Manuzio* || a *secl. uulg.* || iis *M* : his *r.*
88 mulcatos *F* : mulctatos *r* || die *O* : dis *r.*

Bref, au milieu de la curiosité générale, devant un très nombreux auditoire, en présence de Laelius lui-même, Galba parla et il le fit avec tant de force et tant d'autorité que presque à chaque phrase il souleva des acclamations. Et le résultat fut qu'après beaucoup d'appels à la pitié et de mouvements pathétiques, ce jour-là, les fermiers, aux applaudissements unanimes du public, furent acquittés.

XXIII **89** De ce récit de Rutilius on peut tirer une conclusion : puisque les deux qualités principales de l'orateur sont, l'une de savoir présenter les choses avec précision pour instruire l'auditoire, l'autre d'avoir une action oratoire vigoureuse pour remuer profondément les âmes, et puisque l'effet produit est beaucoup plus grand par celui qui enflamme le juge que par celui qui l'instruit, c'est donc la précision élégante que Laelius avait en partage et c'est la force qu'avait Galba. Cette force justement se manifesta au plus haut degré dans l'affaire que voici : des Lusitaniens ayant été mis à mort par Servius Galba, alors préteur, au mépris, disait-on, de la foi donnée, Lucius Libo, tribun de la plèbe, excitait le peuple et proposait une loi, qui n'était pas autre chose qu'une mesure personnelle contre Galba ; Marcus Cato, alors dans une extrême vieillesse, comme je l'ai déjà dit (1), appuyait la loi et il prononça contre Galba un long discours, qu'il a inséré dans ses *Origines* ; cela précéda sa mort de peu de jours, ou de peu de mois, on ne sait pas bien (2). **90** Galba, dans sa défense, se soumit à tout pour lui-même et, implorant la protection du peuple romain, il lui recommanda, les larmes aux yeux, ses jeunes enfants et surtout le fils de Caius Gallus. La présence de cet orphelin et ses pleurs produisirent une extraordinaire impression de pitié, à cause du souvenir encore récent de son illustre père ; et Galba, ce jour-là, se tira de l'incendie, parce que, pour des enfants, la compassion du peuple avait été émue (ce sont les expressions de Caton) ! Pour ce qui est de Libo lui-même, je constate qu'il n'était pas in-

(1) Voir § 80.

(2) Parce qu'il y avait incertitude sur la date du tribunat de Libo, les uns le plaçant en 150 av. J.-C. et les autres en 149 (Cf. *ad Atticum*, XII, 5, 3).

multa ? magna exspectatione, plurimis audientibus, coram ipso Laelio sic illam causam tanta ui tantaque grauitate dixisse Galbam, ut nulla fere pars orationis silentio praeteriretur ; itaque multis querelis multaque miseratione adhibita socios omnibus approbantibus illa die quaestione liberatos esse.

XXIII **89** Ex hac Rutil*i* narratione suspicari licet, cum duae summae sint in oratore laudes, una subtiliter disputandi ad docendum, altera grauiter agendi ad animos audientium permouendos, multoque plus proficiat is qui inflammet iudicem quam ille qui doceat, elegantiam in Laelio, uim in Galba fuisse. Quae quidem *u*is tum maxime cognita est, cum Lusitanis a Ser. Galba praetore contra interpositam, ut existimabatur, fidem interfectis, *L.* Libone tribuno plebis populum incitante et rogationem in Galbam priuilegi similem ferente, summa senectute, ut ante dixi, M. Cato legem suadens in Galbam multa dixit ; quam orationem in Origines suas rettulit, paucis ante quam mortuus est [an] diebus an mensibus. **90** Tum igitur *nihil* recusans Galba pro sese et populi Romani fidem implorans, cum suos pueros tum C. Galli etiam filium flens commendabat, cuius orbitas et fletus mire miserabilis fuit propter recentem memoriam clarissimi patris ; isque se tum eripuit flamma, propter pueros misericordia populi commota, sicut idem scriptum reliquit Cato. Atque etiam ipsum Libonem non

89 Rutili *Friedrich* : Rutilia *L* || uis tum *uulg.* : ut istum *L* || cognita est *F* cognitast *O* cognita sit *r* || L. Libone *Corrado* : T. Lib *L* || an *secl. Pareus.*
90 nihil *add. Corrado ex* Val. Max. VIII, 1, 2.

capable de parler : les discours qu'on a de lui permettent de juger la chose.

91 Après avoir achevé ces mots, je me reposai un instant. Comment se fait-il donc, dit Brutus, si Galba a eu une pareille puissance oratoire, que les discours qui restent de lui n'en portent aucune trace ? C'est un étonnement que je n'ai pas avec les orateurs qui n'ont pas laissé une seule ligne d'écriture.

— XXIV Ce n'est pas la même raison, Brutus, répondis-je, qui fait qu'on n'écrit pas et qu'on n'écrit pas aussi bien qu'on parle. Nous voyons en effet parmi les orateurs plusieurs catégories : les uns n'ont rien écrit par paresse, afin de n'avoir pas à ajouter le travail du cabinet à celui du forum (car la plupart du temps on écrit les discours après les avoir prononcés (1) et non pour les prononcer). **92** D'autres ne se soucient pas de se perfectionner (on sait en effet que rien n'apprend mieux à bien parler (2) que d'écrire) : le souvenir qui pourrait rester après eux de leur talent les laisse indifférents, persuadés qu'ils sont d'avoir acquis une renommée d'orateur assez grande et qui paraîtra plus grande encore, si la critique ne trouve d'eux aucun écrit où exercer son jugement. D'autres enfin se croient plus capables de bien parler que de bien écrire. C'est ce qui arrive le plus souvent à des hommes très bien doués mais d'une éducation littéraire insuffisante, comme précisément Galba. **93** Peut-être y avait-il chez lui, outre une très grande intelligence, une chaleur d'âme et une sorte de sensibilité naturelle, qui, lorsqu'il parlait, le mettait en feu et faisait que son discours avait du mouvement, de la force et du pathétique; puis, quand, dans une heure de loisir, il avait pris en main sa pointe pour écrire et que toute l'agitation de son âme, comme un vent qui est tombé, ne le portait plus, son discours était languissant. Pareil accident n'arrive pas à ceux qui s'attachent à un genre d'éloquence d'une élégance plus

(1) Cf. *Tuscul.*, IV, 25, 55 : *iam rebus transactis et praeteritis orationes scribimus.*

(2) C'est une idée à laquelle Cicéron tient beaucoup et sur laquelle il revient volontiers. Voir notamment *de Oratore,* I, 33, 150 ; III, 49, 190.

infantem uideo fuisse, ut ex orationibus eius intellegi potest.

91 Cum haec dixissem et paulum interquieuissem : Quid igitur, inquit, est causae, Brutus, si tanta uirtus in oratore Galba fuit, cur ea nulla in orationibus ejus appa- re*a*t ? quod mirari non possum in eis, qui nihil omnino scripti reliquerunt.

XXIV Nec enim est eadem, inquam, Brute, causa non scribendi et non tam bene scribendi quam dixerint. Nam uidemus alios oratores inertia nihil scripsisse, ne domesticus etiam labor accederet ad forensem (pleraeque enim scribuntur orationes habitae jam, non ut habeantur); **92** alios non laborare, ut meliores fiant (nulla enim res tantum ad dicendum proficit quantum scriptio) ; memoriam autem in posterum ingeni sui non desiderant, cum se putant satis magnam adeptos esse dicendi gloriam eamque etiam maiorem uisum iri, si in existimantium arbitrium sua scripta non uenerint ; alios, quod melius putent dicere se posse quam scribere, quod peringeniosis hominibus neque satis doctis plerumque contingit, ut ipsi Galbae ; **93** quem fortasse uis non ingeni solum, sed etiam animi et naturalis quidam dolor dicentem incendebat efficiebatque ut et incitata et grauis et uehemens esset oratio ; dein cum otiosus stilum prenderat motusque omnis animi tamquam uentus hominem defecerat, flaccescebat oratio. Quod *e*is qui limatius dicendi consectantur genus accidere non solet, propterea quod

91 appareat *Lambin* : apparet *L*.
92 melius putent *F O G* : putent melius *B H M*.
93 prenderat *F* : prehenderat *r* || flaccescebat *M*[2] : - sciebat *L* || eis : *uulg.* his *F* is *G*.

simple, par la raison que l'orateur ne perd jamais cette sûreté de pensée qui lui permet d'être, quand il écrit, ce qu'il est quand il parle ; au lieu que la chaleur de l'âme ne dure pas toujours et que, lorsqu'elle s'est apaisée, toute la force et, pour ainsi dire, toute la flamme de l'orateur s'éteint. **94** Voilà pourquoi l'esprit de Laelius paraît encore respirer dans ses discours écrits, tandis que la force de Galba semble avoir disparu.

Contemporains de Galba

XXV Parmi les orateurs d'une certaine valeur il y eut encore les frères Lucius et Spurius Mummius : nous avons de tous deux des discours. Le style de Lucius est simple et antique ; celui de Spurius, sans être le moins du monde plus oratoire, est cependant plus serré : c'est qu'il a été formé à l'école des Stoïciens. Il existe beaucoup de discours de Spurius Albinus. Il en existe aussi des deux Aurelius Orestès, Lucius et Caius, que je vois signalés comme ayant tenu une certaine place parmi les orateurs. **95** Publius Popilius, qui se montra un excellent citoyen, ne fut pas non plus sans talent pour la parole; son fils Caius en eut un véritable. Caius Tuditanus fut, dans toute sa conduite et sa manière de vivre, un homme d'une éducation raffinée, mais son langage surtout eut une réputation d'élégance. Il eut une réputation analogue, celui qui, d'abord victime de la violence de Tiberius Gracchus, réussit enfin à briser le tribun à force de patience, le grand citoyen dont l'attachement à la bonne cause ne se démentit jamais, Marcus Octavius. Mais celui qu'il faut surtout citer, c'est Marcus Aemilius Lepidus, surnommé Porcina, à peu près contemporain de Galba, quoique un peu plus jeune : il eut la réputation d'un très grand orateur et fut aussi, ses discours le montrent, un très bon écrivain. **96** Cet orateur me paraît être le premier parmi les Latins chez qui se soient manifestées les qualités grecques de la phrase sans aspérités et de la construction périodique ; il a même déjà une main, si je puis dire, artiste. Il eut pour auditeurs assidus deux jeunes gens admirablement bien doués, et presque du même

prudentia numquam deficit oratorem, qua ille utens eodem modo possit et dicere et scribere; ardor animi non semper adest, isque cum consedit, omnis illa uis et quasi flamma oratoris exstinguitur. **94** Hanc igitur ob causam uidetur Laeli mens spirare etiam in scriptis, Galbae autem uis occidisse.

XXV Fuerunt etiam in oratorum numero mediocrium L. et Sp. Mummii fratres, quorum exstant amborum orationes ; simplex quidem Lucius et antiquus, Spurius autem nihilo ille quidem ornatior, sed tamen astrictior ; fuit enim doctus *ex* disciplina Stoicorum. Multae sunt Sp. Albini orationes. Sunt etiam L. et C. Aureliorum Orestarum, quos aliquo uideo in numero oratorum fuisse. **95** P. etiam Popilius cum ciuis egregius tum non indisertus fuit ; C. uero filius eius disertus, Gaiusque Tuditanus cum omni uita atque uictu excultus atque expolitus, tum eius elegans est habitum orationis genus. Eodemque in genere est habitus is qui iniuria accepta fregit Ti. Gracchum patientia, ciuis in rebus optimis constantissimus M. Octauius. At uero M. Aemilius Lepidus, qui est Porcina dictus, isdem temporibus fere quibus Galba, sed paulo min*or* natu, et summus orator est habitus et fuit, ut apparet ex orationibus, scriptor sane bonus. **96** Hoc in oratore Latino primum mihi uidetur et leuitas apparuisse illa Graecorum et uerborum comprensio et iam artifex, ut ita dicam, stilus. Hunc studiose duo adulescentes ingeniosissimi et prope aequales

94 ex discipl. *uulg.* : et disc. *L.*
95 ciuis *F G*[2] : cuius *r* || minor *uulg.* : minus *L.*
96 et iam *P. Faber* : etiam *L.*

âge, Caius Carbo et Tiberius Gracchus, dont je parlerai tout à l'heure, quand j'aurai dit quelques mots de ceux qui étaient plus âgés. Quintus Pompeius, en ce temps-là, ne fut pas un orateur dédaigné et c'est ainsi qu'étant un homme nouveau, sans aïeux dont la gloire pût être une recommandation, il s'éleva jusqu'aux plus grands honneurs. **97** A la même époque, Lucius Cassius, qui n'était pas éloquent, eut tout de même beaucoup d'action par sa parole ; et ce ne fut pas, comme d'autres, à un caractère aimable qu'il dut d'être populaire : ce fut à sa rudesse et à sa sévérité. Sa loi sur le mode de scrutin fut longtemps combattue par Marcus Antius Briso, tribun de la plèbe, secondé par le consul Marcus Lepidus ; et, à propos de cette affaire, Scipion l'Africain fut attaqué, parce qu'on croyait qu'il avait usé de son ascendant sur Briso pour le faire changer d'avis. A la même époque encore, les deux Caepio rendaient à leurs clients de grands services par leurs conseils et leurs plaidoyers, mais plus encore par leur influence et leur crédit. De Sextus Pompeius il existe des écrits, dont le style n'est pas trop sec, bien que l'auteur ait un certain air d'archaïsme, et qui sont pleins de raison. XXVI **98** A peu près dans le même temps, Publius Crassus fut, dit-on, un orateur très apprécié : à beaucoup de talent naturel il joignit beaucoup d'étude et trouva même, dans sa propre maison, la tradition de certaines disciplines. Car, d'une part, il avait d'étroites relations d'alliance avec le fameux orateur Servius Galba, dont le fils Caius avait épousé sa fille ; et d'autre part, étant lui-même fils de Publius Mucius (Scaevola) et frère de Publius Scaevola, il tenait de famille la connaissance du droit civil (1). C'était, de plus, le fait est établi, un praticien d'une très grande activité et d'un très grand crédit, très occupé à donner des consultations et à plaider. **99** Aux mêmes générations appartenaient les deux Caius Fannius, fils de Caius et de Marcus (2). Le premier,

(1) Par sa naissance il appartenait à la famille des grands jurisconsultes Scaevola ; il n'était un Crassus que par adoption.

(2) En réalité, il n'y eut qu'un seul Fannius. Sur la foi de renseignements erronés, le personnage a été dédoublé.

C. Carbo et Ti. Gracchus audire soliti sunt ; de quibus iam dicendi locus erit cum de senioribus pauca dixero. Q. enim Pompeius non contemptus orator temporibus illis fuit, qui summos honores homo per se cognitus sine ulla commendatione maiorum est adeptus. **97** Tum L. Cassius multum potuit non eloquentia sed dicendo tamen ; homo non liberalitate, ut alii, sed ipsa tristitia et seueritate popularis ; cuius quidem legi tabellariae M. Antius Briso, tribunus plebis, diu restitit, M. Lepido consule adiuuante ; eaque res P. Africano uituperationi fuit, quod eius auctoritate de sententia deductus Briso putabatur. Tum duo Caepiones multum clientes consilio et lingua, plus auctoritate tamen et gratia subleuabant. Se*x*. Pompei sunt scripta nec nimis extenuata, quamquam ueterum est similis, et plena prudentiae. XXVI **98** P. Crassum ualde probatum oratorem isdem fere temporibus accepimus, qui et ingenio ualuit et studio et habuit quasdam etiam domesticas disciplinas. Nam et cum summo illo oratore Ser. Galba, cuius C. filio filiam suam collocauerat, affinitate sese deuinxerat et, cum esset P. Muci filius fratremque haberet P. Scaeuolam, domi ius ciuile cognouerat. In eo industriam constat summam fuisse maximamque gratiam, cum et consuleretur plurimum et diceret. **99** Horum aetatibus adiuncti C. Fannii, C. M. filii, fuerunt ; quorum Cai filius, qui consul cum Domitio fuit, unam orationem de sociis et nomine Latino contra C. Gracchum reliquit sane et bonam et nobilem.

97 clientes *F O M*[2] : dicentes *r* || Sex. *Madvig* : Sed *L*.
98 industriam constat *F O G* : constat industriam *B H M*.
99 C. M. *r* : c. et m. *H*[1] || filius *FO G* : fannius *r* || C. *add. Iahn*.

le fils de Caius, qui fut consul avec Domitius, n'a laissé qu'un discours, au sujet des alliés et du nom Latin, contre Caius Gracchus : c'est une œuvre excellente et bien connue.

— Quoi ? dit Atticus; le discours dont tu parles est-il bien de Fannius ? Les opinions là-dessus étaient, dans notre enfance, partagées. Suivant les uns, c'était le grammairien Caius Persius qui l'avait écrit, le Persius dont Lucilius dit qu'il était très savant ; suivant les autres, plusieurs nobles y avaient collaboré, chacun dans la mesure de ses facultés.

— **100** C'est, en effet, repris-je, ce que j'ai entendu dire à des personnes âgées ; mais jamais je n'ai pu me résoudre à le croire. Si l'on a élevé ce doute, c'est, je crois, parce que Fannius passait pour avoir été un orateur de valeur moyenne, tandis que ce discours était de beaucoup le meilleur de tous les discours de la même époque. Mais, d'une part, le discours n'a pas du tout le caractère d'une œuvre faite en collaboration : c'est partout le même son de style, la même main. D'autre part, si le discours avait été de Persius, Gracchus n'aurait pas manqué de le reprocher à Fannius, qui lui avait reproché à lui-même d'avoir employé Menelas de Marathos et tous ses autres collaborateurs. D'ailleurs Fannius n'a jamais passé pour un homme incapable de parler : il plaida souvent et, lorsqu'il exerça le tribunat de la plèbe, où il fut dirigé par les conseils de Publius l'Africain, il ne demeura pas dans l'ombre. L'autre Fannius, le fils de Marcus et le gendre de Laelius, eut, dans son caractère et dans son style, quelque chose de plus rude. **101** A l'imitation de son beau-père — que pourtant il n'aimait pas beaucoup, parce que Laelius ne l'avait pas fait entrer au collège des augures et que même il lui avait préféré son autre gendre, Quintus Scaevola, quoique plus jeune, choix dont Laelius s'excusait en disant qu'il n'avait pas donné cette préférence au plus jeune de ses gendres, mais à la plus âgée de ses filles — < comme son beau-père donc >, il avait entendu les leçons de Panaetius. Tout ce qu'il a de talent oratoire se peut très bien juger par l'histoire qu'il a écrite et qui

Tum Atticus : Quid ergo ? estne ista Fanni ? nam uaria opinio pueris nobis erat. Alii a C. Persio litterato homine scriptam esse aiebant, illo quem significat ualde doctum esse Lucilius ; alii multos nobiles quod quisque potuisset in illam orationem contulisse.

100 Tum ego : Audiui equidem ista, inquam, de maioribus natu, sed numquam sum adductus ut crederem ; eamque suspicionem propter hanc causam credo fuisse quod Fannius in mediocribus oratoribus habitus esset, oratio autem uel optima esset illo quidem tempore orationum omnium. Sed nec eiusmodi est ut a pluribus confusa uideatur ; unus enim sonus est totius orationis et idem stilus, nec de Persio reticuisset Gracchus, cum *ei* Fannius de Menelao Maratheno et de ceteris obiecisset, praesertim cum Fannius numquam sit habitus elinguis. Nam et causas defensitauit et tribunatus eius arbitrio et auctoritate P. Africani gestus non obscurus fuit. Alter autem C. Fannius M. filius, C. Laeli gener, et moribus et ipso genere dicendi durior. **101** Is soceri instituto, quem, quia cooptatus in augurum collegium non erat, non admodum diligebat, praesertim cum ille Q. Scaeuolam sibi minorem natu generum praetulisset (cui tamen Laelius se excusans non genero minori dixit se illud, sed maiori filiae detulisse) is tamen instituto Laeli Panaetium audiuerat. Eius omnis in dicendo facultas historia ipsius non ineleganter scripta perspici potest, quae neque nimis est infans neque perfecte diserta. **102** Mucius autem augur quod pro se opus erat ipse dicebat, ut de pecuniis repe-

100 ei *Gruter* : et *L* || Menelao M^1 : menelauo *F O G* menelano *r* || durior. Is *uulg.* : durioris *L.*
101 historia *L* : <ex> historia *uulg.*

ne manque pas d'élégance : elle n'est ni trop dépourvue de style ni vraiment éloquente. **102** Quant à Mucius <Scaevola> l'augure, s'il avait à se défendre, il plaidait lui-même, comme il le fit contre Albucius, qui l'accusait de concussion. Il ne fut pas classé au nombre des orateurs, mais sa profonde connaissance du droit civil et sa haute sagesse en toutes choses le mirent hors de pair. Lucius Caelius Antipater fut, comme vous le savez, un écrivain excellent pour ce temps-là ; habile jurisconsulte, il forma aussi beaucoup de disciples, entre autres Lucius Crassus (1).

Tiberius Gracchus et ses contemporains

XXVII **103** Plût aux dieux que Tiberius Gracchus et Caius Carbo eussent eu en politique la volonté de bien faire autant qu'ils eurent le talent de bien parler ! Assurément personne n'aurait eu une gloire supérieure à la leur. Mais l'un, à cause des violences séditieuses de son tribunat (après le dépit provoqué chez lui par l'affaire de la convention de Numance (2) il était entré en charge exaspéré contre les nobles), fut mis à mort par la république elle-même ; l'autre, <poursuivi> à cause de la perpétuelle inconstance de sa conduite vis-à-vis du peuple, se tua pour se dérober à la sévérité des juges. Tous deux furent de très grands orateurs, et cela, c'est sur le témoignage de nos pères que je le dis : **104** car les discours que nous avons de Carbo et de Gracchus n'ont pas encore dans l'expression l'éclat qu'il faudrait, si le fond en est d'ailleurs nourri de pensées ingénieuses et fortes. Gracchus, par les soins de Cornelia, sa mère, reçut de l'instruction dans son enfance et fut formé aux lettres grecques. Il eut toujours d'excellents maîtres venus de Grèce, entre autres, quand il était déjà dans l'adolescence, Diophanès de Mitylène, l'homme le plus éloquent de la Grèce à cette époque. Mais il eut peu de temps pour développer et manifester son génie. **105** Carbo, qui eut une vie plus longue, se distingua dans un grand nombre de procès criminels et civils. Parmi les connaisseurs qui l'avaient

(1) Le grand orateur, dont il sera question § 143.

(2) Une convention, qu'il avait été obligé de conclure avec les Numantins, avait été annulée par le sénat.

tundis contra T. Albucium. Is oratorum in numero non fuit, iuris ciuilis intellegentia atque omni prudentiae genere praestitit. L. Caelius Antipater scriptor, quemadmodum uidetis, fuit ut temporibus illis luculentus, iuris ualde peritus, multorum etiam ut L. Crassi magister.

XXVII **103** Utinam in Ti. Graccho Gaioque Carbone talis mens ad rem publicam bene gerendam fuisset, quale ingenium ad bene dicendum fuit; profecto nemo his uiris gloria praestitisset. Sed eorum alter propter turbulentissimum tribunatum, ad quem ex inuidia foederis Numantini bonis iratus accesserat, ab ipsa re publica est interfectus; alter propter perpetuam in populari ratione leuitatem morte uoluntaria se a seueritate iudicum uindicauit. Sed fuit uterque summus orator; atque hoc memoria patrum teste dicimus. **104** Nam et Carbonis et Gracchi habemus orationes, nondum satis splendidas uerbis, sed acutas prudentiaeque plenissimas. Fuit Gracchus diligentia Corneliae matris a puero doctus et Graecis litteris eruditus. Nam semper habuit exquisitos e Graecia magistros, in eis iam adulescens Diophanem Mytilenaeum Graeciae temporibus illis disertissimum. Sed ei breue tempus ingeni augendi et declarandi fuit. **105** Carbo, quo*i* uita suppeditauit, est in multis iudiciis causisque cognitus. Hunc qui audierant prudentes homines, in quibus familiaris noster L. Gellius, qui se illi contu-

102 genere praestitit *clausula uitiosa* || Caelius *r* : Coelius *F G*.
103 dicimus F^3 : didicimus *B H M* O^2 G^2 *al.*
104 Diophanem F^2 : diaphanem *L* || Mytilenaeum *uulg.* : mutilenaeum *L* || ei *Lambin* : et *L*.
105 quoi *Friedrich* : quo *L* quoad *Lambin* || fuisse *r* : esse *r G* || commentationibus *uulg.* : commendationibus *L*.

entendu, notre ami Lucius Gellius, qui avait été attaché à la personne de Carbo consul, disait qu'il avait une parole harmonieuse, rapide et assez mordante et que dans son éloquence il y avait de la véhémence unie à beaucoup de charme et d'esprit. Il ajoutait qu'il était actif, laborieux et qu'il était très appliqué à faire des exercices oratoires et à préparer ses discours. **106** Il passa pour le meilleur avocat de son temps et c'est pendant qu'il régnait au forum que les débats judiciaires commencèrent à se multiplier. D'une part, en effet, dans sa jeunesse, furent institués des tribunaux permanents (1), chose jusqu'alors inconnue (car Lucius Piso, tribun de la plèbe, fit le premier passer une loi <sur la façon de juger> les affaires de concussion, sous le consulat de Censorinus et de Manilius; le Piso en question plaida aussi, en même temps qu'il appuya et combattit beaucoup de lois : il a laissé des discours, qui sont oubliés, ainsi que des annales fort sèchement écrites) ; d'autre part les affaires criminelles portées directement devant le peuple (2) exigeaient plus que par le passé l'intervention d'un avocat de profession, à cause du scrutin secret institué par la loi de Lucius Cassius sous les consuls Lepidus et Mancinus.

XXVIII **107** Je citerai aussi ton parent, Decimus Brutus, fils de Marcus, dont son ami le poète Accius a souvent parlé devant moi: sa parole ne manquait pas d'élégance et il était très versé, pour son temps, dans les lettres latines et même grecques. Le même témoignage, Accius le rendait aussi de Quintus Maximus, petit-fils de Paul-Emile; antérieurement à Maximus, il signalait encore celui des Scipions qui, sans être revêtu d'aucune autorité publique, conduisit le mouvement où Tiberius Gracchus fut tué : selon Accius, ce Scipion, qui était en toute chose d'un caractère passionné, avait une parole énergique. **108** Pour continuer l'énumération, Publius Lentulus, le prince du sénat, eut, dit-on, juste ce qu'il

(1) Au début les procès criminels étaient jugés par le peuple. La loi de Piso inaugura en 149 le système des jurys permanents qui furent par la suite au nombre de six (Bouché-Leclercq, *Man. des Inst. rom.*, p. 452).

(2) Celles qui n'étaient pas réservées à l'un des jurys permanents.

bernalem in consulatu fuisse narrabat, canorum oratorem et uolubilem et satis acrem atque eundem et uehementem et ualde dulcem et perfacetum fuisse dicebat; addebat industrium etiam et diligentem et in exercitationibus commen*t*ationibusque multum operae solitum esse ponere. **106** Hic optimus illis temporibus est patronus habitus eoque forum tenente plura fieri iudicia coeperunt. Nam et quaestiones perpetuae hoc adulescente constitutae sunt, quae antea nullae fuerunt (L. enim Piso tribunus plebis legem primus de pecuniis repetundis Censorino et Manilio consulibus tulit; ipse etiam Piso et causas egit et multarum legum aut auctor aut dissuasor fuit, isque et orationes reliquit, quae iam euanuerunt, et annales sane exiliter scriptos) et iudicia populi [quibus aderat Carbo] iam magis patronum desiderabant, tabella data; quam legem L. Cassius Lepido et Mancino consulibus tulit.

XXVIII **107** Vester etiam D. Brutus, M. filius, ut ex familiari eius L. Accio poeta sum audire solitus, et dicere non inculte solebat et erat cum litteris Latinis tum etiam Graecis, ut temporibus illis, eruditus; quae tribue*b*at idem Accius etiam Q. Maximo, L. Pauli nepoti; et uero ante Maximum illum Scipionem, quo duce priuato Ti. Gracchus occisus esset, cum omnibus in rebus uehementem tum acrem aiebat in dicendo fuisse. **108** Tum etiam P. Lentulus ille princeps, ad rem publicam dumtaxat quod opus esset, satis habuisse eloquentiae dicitur; isdemque temporibus L. Furius Philus perbene Latine

106 est patronus *r*: patronus est *H* || quibus aderat Carbo *secl. Eberhard*: populi. Quibus aderat Carbo. *F O* quibus aderat Carbo *r*.
107 tribuebat *Lallemand* : tribuerat *L*.

fallait d'éloquence pour tenir son rôle politique ; à la même époque, Lucius Furius Philus passait pour s'exprimer dans un latin parfaitement pur et en homme plus lettré que les autres orateurs; Publius Scaevola (1) était très solide comme fond et très pénétrant ; un peu plus abondant comme forme mais presque aussi solide comme fond était Manius Manilius. Appius Claudius avait de la facilité, mais un peu trop de feu. On tient encore quelque compte de Marcus Fulvius Flaccus et de Caius Cato, fils de la sœur de l'Africain, tous deux orateurs passables : il existe, il est vrai, des écrits de Flaccus, mais ils n'attestent que son amour pour les lettres. Le rival de Flaccus, Publius Décius, ne fut pas sans quelque talent oratoire, mais, comme sa vie, sa parole était désordonnée. **109** Marcus Drusus, fils de Caius, qui lors de son tribunat brisa Caius Gracchus, son collègue, tribun pour la seconde fois, eut de l'influence par sa parole et par son caractère et presqu'au même niveau on plaçait son frère Caius Drusus. Citons encore ton parent, Brutus, Marcus <Junius> Pennus, qui avec esprit malmena au cours de son tribunat Caius Gracchus, dont il était de peu l'aîné : car sous les consuls Marcus Lepidus et Lucius Orestès <Caius> Gracchus fut questeur et Pennus, tribun. Ce Pennus, était le fils de Marcus <Pennus>, qui fut consul avec Quintus Aelius. Il avait devant lui le plus bel avenir, mais il mourut après son édilité. Quant à Titus Flamininus, que j'ai <encore> vu moi-même, je ne sais rien de lui, si ce n'est qu'il parlait un latin d'une grande correction (2).

XXIX **110** Dans la même énumération figurent les noms de Caius Curio, Marcus Scaurus, Publius Rutilius, Caius Gracchus. Sur Scaurus et Rutilius on pourrait s'en tenir à quelques mots, aucun d'eux n'ayant été un très

(1) Il s'agit du consul de 133, qui fut favorable à Tibérius Gracchus. Il était le frère du Crassus cité au § 98.

(2) Les personnages énumérés ici (§§ 107-110) appartiennent à plusieurs générations. Ils n'ont de commun que d'avoir été mêlés, comme partisans ou adversaires, aux troubles suscités par les deux Gracques. Cicéron reviendra plus loin (§ 125) sur Caius Gracchus.

loqui putabatur litteratiusque quam ceteri ; P. Scaeuola ualde prudenter et acute, paulo etiam copiosius ; nec multo minus prudenter M'. Manilius. Appi Claudi uolubilis, sed paulo feruidior oratio. Erat in aliquo numero etiam M. Fuluius Flaccus et C. Cato, Africani sororis filius, mediocres oratores, etsi Flacci scripta sunt, sed ut studiosi litterarum. Flacci autem aemulus P. Decius fuit, non infans ille quidem, sed ut uita sic oratione etiam turbulentus. **109** M. Drusus C. F., qui in tribunatu C. Gracchum collegam iterum tribunum *fregit*, uir et oratione grauis et auctoritate, eique proxime adiunctus C. Drusus frater fuit. Tuus etiam gentilis, Brute, M. Pennus fac*ete* agitauit in tribunatu C. Gracchum, paulum * aetate antecedens. Fuit enim M. Lepido [et] L. Oreste consulibus quaestor Gracchus, tribunus Pennus, illius Marci filius, qui cum Q. Aelio consul fuit ; sed is omnia summa sperans aedilicius est mortuus. Nam de T. Flaminino, quem ipse uidi, nihil accepi nisi Latine diligenter locutum.

XXIX **110** His adiuncti sunt C. Curio, M. Scaurus, P. Rutilius, C. Gracchus. De Scauro et Rutilio breuiter licet dicere, quorum neuter summi oratoris habuit

108 perbene *F O* : perbelle *B H M*[1] || litteratiusque *r* : -tusque *G B H M* || quam ceteri *r* : quam tum ceteri *H* || oratio. Erat *Friedrich* : oratio erat *L* (*clausula uitiosa*).

109 fregit *Vettori* : fecit *L* || frater *om. B H M G* || etiam *F O*[2] *uetus* : et *r* || facete *Lambin* : facile *L* || C. Gracchum, paulum *uulg.* : paulum C. Gracchum *L* || M. Lepido *F O* : L. Lepido *r* || et *secl. uulg.* || Flaminino *O G* : Flaminio *r*.

110 At *scripsi* : Et *L* et <est> *Stangl* || est ; et in q. laudandis uiris etiamsi... probabilis *scripsi* : erat. In q. laudandis uiris etiamsi... probabiles *L* erat ; in q. laudandi uiri etiamsi... probabiles *Orelli* erant in q. laudandi uiri et uel si... probabiles *Stangl* || oratorium *F H* : oratorum *r* || uidere *G*[2] : uideri *L*.

grand orateur. Mais tous deux ont plaidé dans beaucoup de procès ; or, chez certains personnages qui s'imposent à l'estime, cette activité oratoire, même à défaut d'un talent supérieur, doit être prise en considération. Non pas que Scaurus et Rutilius aient été absolument dénués de talent : c'est seulement le talent spécial de l'orateur qui leur a manqué. En effet, ce n'est pas assez de voir ce qu'il faut dire, si on ne sait pas le dire avec aisance et agrément ; et ceci ne suffit pas encore : ce qu'on dit doit être relevé par le débit, l'expression du visage, le geste. **111** Faut-il ajouter qu'avec cela il importe de connaître les règles ? Sans elles il peut arriver que l'on dise quelque chose de bien par l'effet d'une inspiration naturelle,mais c'est un hasard sur lequel on n'est pas sûr de pouvoir toujours compter. Scaurus, avec son caractère sage et droit, avait un langage d'une gravité souveraine, et une sorte d'autorité naturelle, si bien qu'à l'entendre parler pour un accusé on eût dit non un avocat qui plaide, mais un témoin qui dépose. **112** Cette façon de parler paraissait n'être guère appropriée à des plaidoiries; mais pour les délibérations du sénat, où Scaurus occupait la première place, c'était parfait. Non seulement il donnait l'impression d'une haute sagesse, mais encore, ne faisant pas du tout de phrases, il inspirait la confiance. Ces qualités, il les tenait de la nature ; l'art n'aurait d'ailleurs pas pu les lui donner facilement, bien que même pour cela il y ait, comme tu sais, des préceptes. De Scaurus on a, outre des discours, trois livres adressés à Lucius Fufidius, où il raconte sa vie, livres très profitables, mais que personne ne lit ; et cependant on lit la biographie et l'éducation de Cyrus, ouvrage très beau sans doute, mais moins approprié à nos mœurs et qui en vérité n'est pas préférable à l'auto-panégyrique de Scaurus.

Rutilius et le stoïcisme dans l'éloquence

XXX **113** Fufidius, lui aussi, tint une certaine place parmi les avocats. Quant à Rutilius, sa manière avait quelque chose de chagrin et d'austère. Lui et Scaurus étaient d'un caractère violent et emporté. Aussi tous deux

laudem; *at* uterque in multis causis uersatus *est*; *et* in quibusdam laudandis uiris, etiamsi maximi ingeni non essent, probabil*is* tamen industria; quamquam hïs quidem non omnino ingenium, sed oratorium ingenium defuit. Neque enim refert uidere quid dicendum sit, nisi id queas solute et suauiter dicere. Ne id quidem satis est, nisi id quod dicitur fit uoce, uultu motuque conditius. **111** Quid dicam opus esse doctrina? sine qua etiamsi quid bene dicitur adiuuante natura, tamen id, quia fortuito fit, semper paratum esse non potest. In Scauri oratione, sapientis hominis et recti, grauitas summa et naturalis quaedam inerat auctoritas, non ut causam, sed ut testimonium dicere putares, cum pro reo diceret. **112** Hoc dicendi genus ad patrocinia mediocriter aptum uidebatur, ad senatoriam uero sententiam, cuius erat ille princeps, uel maxime; significabat enim non prudentiam solum sed, quod maxime rem continebat, fidem. Habebat hoc a natura ipsa, quod a doctrina non facile posset, quamquam huius quoque ipsius rei, quemadmodum scis, praecepta sunt. Huius et orationes sunt et tres ad L. Fufidium libri scripti de uita ipsius acta sane utiles, quos nemo legit; at Cyri uitam et disciplinam legunt, praeclaram illam quidem, sed neque tam nostris rebus aptam nec tamen Scauri laudibus anteponendam.

XXX **113** Ipse etiam Fufidius in aliquo patronorum numero fuit. Rutilius autem in quodam tristi et seuero genere dicendi uersatus est. E*rat* uterque natura uehe-

111 recti *r.*: tecti *F*[1] *O G* || cum... diceret: *om. B H M, secl. Schütz.*
113 Erat *Iahn* : et *L.*

ayant demandé en même temps le consulat, non seulement celui qui avait échoué accusa de brigue son heureux compétiteur, mais encore celui-ci, à son tour, qui était Scaurus, après avoir été absous par le tribunal, traduisit Rutilius en justice. Rutilius eut une vie très active et plaida beaucoup ; on lui en savait d'autant plus de gré qu'il avait en même temps le fardeau de nombreuses consultations juridiques. **114** Ses discours sont secs, <mais> avec beaucoup d'idées sur le droit, qui sont remarquables. C'était un homme savant, très versé dans les lettres grecques. Il avait suivi les leçons de Panaetius et réalisait presque le type du sage des Stoïciens, dont la façon de parler est, comme tu sais, très pénétrante et toute déterminée par un art savant, mais sèche et dépourvue de ce qu'il faut pour être au goût d'une assemblée. On connaît le trait caractéristique des philosophes Stoïciens, la haute opinion qu'ils ont d'eux-mêmes : elle se manifesta chez Rutilius avec une fermeté inébranlable. **115** Mis en jugement, malgré sa parfaite innocence, dans un procès qui troubla profondément la république, il pouvait avoir pour avocats les deux hommes les plus éloquents de l'époque, deux consulaires, Lucius Crassus et Marcus Antonius (1) : il ne voulut s'adresser ni à l'un ni à l'autre. Il se défendit lui-même et Caius Cotta, le fils de sa sœur, ajouta quelques mots (il le fit d'ailleurs en véritable orateur, quoiqu'il fût encore fort jeune) ; Quintus Mucius parla aussi, avec sa netteté et son élégance accoutumées, mais sans rien de cette force et de cette abondance qu'exigeaient la nature du procès et l'importance de la cause. **116** En somme, nous avons ici deux types d'orateurs, l'orateur Stoïcien Rutilius et l'orateur vieux style Scaurus : malgré leurs défauts, donnons leur des éloges à tous deux, parce que, grâce à eux, dans notre ville, même ces deux manières de parler n'ont pas été sans un certain mérite oratoire. Je veux qu'au forum, ainsi qu'au théâtre, l'approbation ne soit pas seulement pour les acteurs qui ont un jeu mouvementé et d'exécution difficile, mais qu'elle aille aussi à ceux que l'on appelle

(1) Cf. § 143. Pour Cotta, cf. § 202. Pour Q. Mucius, cf. § 145.

mens et acer. Itaque cum una consulatum petiuissent, non ille solum qui repulsam tulerat accusauit ambitus designatum competitorem, sed Scaurus etiam absolutus Rutilium in iudicium uocauit; multaque opera multaque industria Rutilius fuit, quae erat propterea gratior, quod idem magnum munus de iure respondendi sustinebat. **114** Sunt eius orationes ieiunae; multa praeclara de iure; doctus uir et Graecis litteris erudit*us*, Panaeti auditor, prope perfectus in Stoicis; quorum peracutum et artis plenum orationis genus scis tamen esse exile nec satis populari assensioni accommodatum. Itaque illa, quae propria est huius disciplinae, philosophorum de se ipsorum opinio, firma in hoc uiro et stabilis inuenta est. **115** Qui qu*o*m innocentissimus in iudicium uocatus esset, quo iudicio conuulsam penitus scimus esse rem publicam, cum essent eo tempore eloquentissimi uiri L. Crassus et M. Antonius consulares, eorum adhibere neutrum uoluit. Dixit ipse pro sese et pauca C. Cotta, quod sororis erat filius (et is quidem tamen ut orator, quamquam erat admodum adulescens), *et* Q. Mucius, enucleate ille quidem et polite, ut solebat, nequaquam autem ea ui atque copia quam genus illud iudici et magnitudo causae postulabat. **116** Habemus igitur in Stoicis oratoribus Rutilium, Scaurum in antiquis; utrumque tamen laudemus, quoniam per illos ne haec quidem in ciuitate genera hac oratoria laude caruerunt. Volo enim ut in scaena sic

114 eruditus *uulg.* : - ti *L.*
115 quom *scripsi* : quam *L* quamquam *Lambin* || neutrum uoluit *clausula uitiosa* || et Q. Mucius *Bake* : sed Q. Mucius *L.*
116 sic etiam : *F O G* : sic *B H M* sic [etiam] *Stangl.*

« acteurs calmes », dont le jeu est l'image même de la nature, sans vulgarité choquante.

XXXI **117** Puisque j'ai parlé des Stoïciens, je citerai Quintus Aelius Tubero, petit-fils de Paul Emile, qui vécut à la même époque. Il ne compta en aucune façon parmi les orateurs ; mais dans sa manière de vivre il était austère et se conformait à l'esprit de l'école à laquelle il était attaché. Il en exagérait même un peu la rigueur : c'est ainsi qu'étant triumvir (1) il prononça contre l'autorité de Scipion Emilien son oncle, que les augures ne sont pas dispensés par leur dignité des fonctions de juges. Comme sa façon de vivre, son langage était dur, négligé, plein d'aspérités ; aussi dans la carrière des honneurs ne put-il s'élever aussi haut que ses ancêtres. Ce fut, du reste, un citoyen ferme dans ses opinions et courageux, dont l'opposition fut particulièrement pénible à Tiberius Gracchus, à en juger par un discours de ce tribun contre lui. Il nous reste aussi des discours de Tubero contre Gracchus. Il n'avait pour la parole qu'un talent médiocre, mais il était très savant dans l'art de la discussion.

— **118** Quelle ressemblance, je le vois, dit Brutus, entre nos Stoïciens et ceux de la Grèce ! Ce sont presque tous des gens très avisés dans l'argumentation, qui la construisent conformément à des règles théoriques et sont comme qui dirait des architectes de paroles. S'agit-il non plus d'argumenter, mais simplement de parler, c'est l'indigence même. Le seul que je mette à part, c'est Caton (2), qui, tout Stoïcien accompli qu'il est, ne laisse rien à désirer, selon moi, au point de vue de la grande éloquence, au lieu que je vois Fannius (3) avoir peu d'éloquence, Rutilius n'en avoir pas beaucoup non plus et Tubero n'en avoir pas du tout.

— **119** Cela s'explique, repris-je, Brutus, par la raison que pour les Stoïciens les raisonnements dialectiques

(1) On ne sait de quel triumvirat il est ici question.

(2) Il s'agit, non du vieux Caton, mais de Caton d'Utique, l'oncle de Brutus.

(3) Voir § 101.

etiam in foro non eos modo laudari qui celeri motu et difficili utantur, sed eos etiam quos statarios appellant, quorum sit illa simplex in agendo ueritas, non molesta.

XXXI **117** Et quoniam Stoicorum est facta mentio, Q. Aelius Tubero fuit illo tempore, L. Paulli nepos, nullo in oratorum numero, sed uita seuerus et congruens cum ea disciplina quam colebat, paulo etiam durior (qui quidem in triumuiratu iudicauerit contra P. Africani auunculi sui testimonium, uacationem augures quo minus iudiciis operam darent non habere) sed ut uita sic oratione durus, incultus, horridus ; itaque honoribus maiorum respondere non potuit. Fuit autem constans ciuis et fortis et in primis Graccho molestus, quod indicat Gracchi in eum oratio ; sunt etiam in Gracchum Tuberonis. Is fuit mediocris in dicendo, doctissimus in disputando.

118 Tum Brutus : Quam hoc idem in nostris contingere intellego quod in Graecis, ut omnes fere Stoici prudentissimi in disserendo sint et id arte faciant sintque architecti paene uerborum, idem traducti a disputando ad dicendum inopes reperiantur. Vnum excipio Catonem, in quo perfectissimo Stoico summam eloquentiam non desiderem, quam exiguam in Fannio, ne in Rutilio quidem magnam, in Tuberone nullam uideo fuisse.

119 Et ego : Non, inquam, Brute, sine causa, propterea quod istorum in dialectici omnis cura consumitur, uagum illud orationis et fusum et multiplex non adhibetur genus. Tuus autem auunculus, quemadmodum

117 qui quidem *F O G* : qui *B H M* || triumuiratu *L* : tribunatu *Schütz* || iudicauerit *F O* : - uerat *G B H M*.

sont la préoccupation unique, alors que le beau style, libre d'allures, bien coulant, varié dans sa forme, est chez eux sans emploi. Pour ce qui est de ton oncle, il a pris, comme tu le sais, aux Stoïciens ce qu'il en fallait prendre; mais il a appris à parler, à l'école de ceux qui enseignent à parler, et c'est suivant leur méthode qu'il s'est formé. S'il fallait se borner aux leçons des philosophes, c'est l'enseignement des Péripatéticiens et des Académiciens qui se prêterait le mieux à la formation de l'éloquence. **120** Raison de plus, mon cher Brutus, pour te féliciter de t'être attaché à une secte philosophique, qui dans sa façon d'enseigner et dans les préceptes qu'elle donne unit à la rigueur de la discussion la grâce et l'abondance de l'élocution. Et pourtant, le système que suivent les Péripatéticiens et les Académiciens dans l'exposition de leurs idées ne peut pas suffire à former un orateur parfait, pas plus d'ailleurs qu'on ne peut se passer de lui pour arriver à la perfection. Car si les Stoïciens ont un langage trop serré et trop ramassé pour satisfaire un auditoire populaire, en revanche les autres ont une allure trop libre, une amplitude trop diffuse pour ce que comportent les plaidoyers et les harangues politiques. **121** Quelle langue plus abondante que celle de Platon ? Jupiter, disent les philosophes, s'il parlait grec, parlerait comme lui. Et où trouver plus de nerf que chez Aristote, plus de grâce que chez Théophraste ? On dit que Démosthène avait beaucoup de goût pour Platon, qu'il le lisait souvent, qu'il l'avait même entendu. On le reconnaît au choix et à la noblesse de ses expressions; du reste il le dit lui-même formellement dans une lettre (1). Mais son éloquence, transportée dans la philosophie, paraîtrait, si j'ose dire, trop combative; et celle des philosophes dont je viens de parler semblerait, devant des tribunaux, trop pacifique.

XXXII **122** Continuons maintenant, si vous le voulez bien, la revue des orateurs en marquant leur date et leur degré de mérite.

— Nous ne demandons pas mieux, dit Atticus, et je réponds ici pour Brutus et pour moi.

(1) Cf. *Orator*, 4, 15. La lettre était-elle authentique ? C'est douteux.

scis, habet a Stoicis id quod ab illis petendum fuit ; sed dicere didicit a dicendi magistris eorumque more se exercuit. Quodsi omnia a philosophis essent petenda, Peripateticorum *atque Academicorum* institutis commodius fingeretur oratio. **120** Quo magis tuum, Brute, iudicium probo, qui eorum [id est ex uetere Academia] philosophorum sectam secutus es quorum in doctrina atque praeceptis disserendi ratio coniungitur cum suauitate dicendi et copia ; quamquam ea ipsa Peripateticorum Academicorumque consuetudo in ratione dicendi talis est, ut nec perficere oratorem possit ipsa per sese nec sine ea orator esse perfectus. Nam ut Stoicorum astrictior est oratio aliquandoque contractior quam aures populi requirunt, sic illorum liberior et latior quam patitur consuetudo iudiciorum et fori. **121** Quis enim uberior in dicendo Platone ? Iouem sic [ut] aiunt philosophi, si Graece loquatur, loqui. Quis Aristotele neruosior, Theophrasto dulcior ? Lectitauisse Platonem studiose, audiuisse etiam Demosthenes dicitur, idque apparet ex genere et granditate uerborum ; dicit etiam in quadam epistula hoc ipse de sese. Sed et huius oratio in philosophiam translata pugnacior, ut ita dicam, uide*a*tur et illorum in iudicia pacatior.

XXXII **122** Nunc reliquorum oratorum aetates, si placet, et gradus persequamur.

Nobis uero, *inquit* Atticus, et uehementer quidem, ut pro Bruto etiam respondeam.

119 atque Academicorum *addidi* (*cf* § 120).
120 id... Academia *secl. Lambin.*
121 ut *secl. Schütz* || uideatur *Ernesti* : uidetur *L*
122 inquit *add. uulg.* || putabatur *F O*[2] : - bantur *r.*

— Eh bien ! donc, <repris-je> , presque à la même époque il y eut un très brillant orateur, Curio, dont on peut apprécier le talent par les discours qui restent de lui. Il y en a plusieurs et en particulier le discours pour Servius Fulvius au sujet d'un inceste ; celui-ci est célèbre. Dans notre enfance on le considérait comme le chef-d'œuvre de l'éloquence ; aujourd'hui on le remarque à peine dans la foule des ouvrages qui ont suivi.

— **123** Je sais très bien, dit Brutus, de qui nous vient cette « foule » de nouvelles productions.

— Et moi, répliquai-je, j'entends bien de qui tu parles : il est vrai que j'ai rendu quelque service à la jeunesse en lui apportant une élocution plus magnifique et plus éclatante qu'il n'en avait existé jusque là ; mais peut-être aussi lui ai-je rendu un mauvais service, en ce que les discours des anciens orateurs, depuis qu'on a les miens, ont cessé d'être lus, je ne dis pas par moi (car je les mets au-dessus des miens), mais par le plus grand nombre.

— Compte-moi, reprit Brutus, dans « le plus grand nombre » : je vois toutefois que je dois lire, sur la foi de ton jugement, bien des ouvrages que je dédaignais jusqu'ici.

— **124** Quoi qu'il en soit, dis-je, le discours si vanté de Curio sur l'inceste, dont je parlais tout à l'heure, est puéril en beaucoup d'endroits : les passages sur l'amour, sur les tortures, sur les bruits qui courent, ne sont que des lieux communs vides, supportables toutefois dans un temps où les oreilles romaines n'étaient pas encore façonnées, où la cité n'avait pas encore de culture littéraire. Curio a laissé quelques autres écrits. Il parla souvent et fut parmi les avocats en vue ; aussi suis-je étonné qu'ayant eu à la fois l'âge des honneurs et le prestige de la naissance, il n'ait pas obtenu le consulat.

Caius Gracchus et ses contemporains

XXXIII **125** Mais nous voici enfin en présence d'un homme doué du plus beau génie naturel, d'une activité ardente, et formé dès l'enfance par de savantes leçons : c'est Caius Gracchus. Garde-toi de croire, Bru-

Curio fuit igitur eiusdem aetatis fere sane illustris orator, cuius de ingenio ex orationibus eius existimari potest. Sunt enim et aliae et pro Ser. Fuluio de incestu nobilis oratio. Nobis quidem pueris haec omnium optima putabatur, quae uix iam comparet in hac turba nouorum uoluminum.

123 Praeclare, inquit Brutus, teneo qui istam turbam uoluminum effecerit.

Et ego: Intellego, *inquam, Brute, quem dicas; certe enim et boni aliquid attulimus iuuentuti, magnificentius quam fuerat genus dicendi et ornatius, et nocuimus fortasse, quod ueteres orationes post nostras, non a me quidem (meis enim illas antepono), sed a plerisque legi sunt desitae.

*M*e numera, inquit, in plerisque ; quamquam uideo mihi multa legenda iam te auctore quae antea contemnebam.

124 Atqui haec, inquam, de incestu laudata oratio puerilis est locis multis ; de amore, de tormentis, de rumore loci sane inanes, uerum tamen nondum tritis nostrorum hominum auribus nec erudita ciuitate tolerabiles. Scripsit etiam alia nonnulla et multa dixit et illustri [et] in numero patronorum fuit, ut eum mirer, cum et uita suppeditauisset et splendor ei non defuisset, consulem non fuisse.

XXXIII **125** Sed ecce in manibus uir et praestan-

123 Intellego inquam *Schütz* : inquam intell. *L* inquam *secl. Friedrich* ‖ Me numera *Weidner* : enumera *L*.

124 illustri [et] *scripsi* : inlustri et *L* illustris et *uulg.* ‖ et uita *L*: ei uita *Jahn*.

tus, que personne ait jamais eu une éloquence plus pleine et plus riche.

— C'est tout à fait mon sentiment, dit Brutus, et, parmi les orateurs qui nous ont précédés, il est à peu près le seul que je lise.

— Tu as bien raison, dis-je, Brutus : oui, lis-le, il le faut. C'est un grand préjudice que sa mort prématurée a fait subir à Rome et aux lettres latines. **126** Plût au ciel que l'amour fraternel ne l'eût pas emporté chez lui sur l'amour de la patrie ! Qu'il lui eût été facile, avec un génie comme le sien, s'il eût vécu plus longtemps, d'égaler la gloire de son père ou même celle de son grand père (1) ! Pour l'éloquence du moins, il n'eût pas eu, je crois, son pareil. Il est sublime dans l'expression, profond dans la pensée, d'une gravité imposante dans l'ensemble. La dernière main n'a pas été mise à ses ouvrages : chez lui beaucoup d'ébauches, qui n'ont pas été poussées jusqu'au bout. Il est à lire, cet orateur, oui, Brutus, il est à lire, plus que tout autre, par les jeunes gens. Car il peut non seulement affiner l'esprit, mais encore le nourrir.

127 Après lui, dans l'ordre des temps, vient Caius Galba, fils du fameux Servius qui avait été un homme si éloquent, gendre de Publius Crassus l'orateur et le jurisconsulte (2). Nos pères estimaient son talent ; ils s'intéressaient à lui en mémoire de son père, mais sa marche vers les honneurs fut brusquement arrêtée. Poursuivi en vertu de la loi Mamilia (3), au milieu de l'exaspération contre les partisans de Jugurtha, il se défendit lui-même et fut condamné. Il nous reste la péroraison de son plaidoyer, connue sous le nom d'«épilogue». Elle était si estimée dans notre enfance qu'on nous la faisait apprendre par cœur. Il était membre d'un collège sacerdotal et ce fut la première fois, depuis la fondation de Rome, qu'un personnage de cette qualité fut frappé par un jugement public. XXXIV **128** Publius Scipion, qui mourut dans

(1) Par sa mère il était le petit-fils du premier Africain.

(2) § 98.

(3) Elle punissait les politiques soupçonnés d'avoir pactisé avec Jugurtha (Sall., *Jug.* 40).

tissimo ingenio et flagranti studio et doctus a puero C. Gracchus. Noli enim putare quemquam, Brute, pleniorem aut uberiorem ad dicendum fuisse.

Et ille : Sic prorsus, inquit, existimo atque istum de superioribus paene solum lego.

Immo plane, inquam, Brute, legas censeo. Damnum enim illius immaturo interitu res Romanae Latinaeque litterae fecerunt. **126** Utinam non tam fratri pietatem quam patriae praestare uoluisset ! Quam ille facile tali ingenio, diutius si uixisset, uel paternam esset uel auitam gloriam consecutus ! Eloquentia quidem nescio an habuisset parem neminem. Grandis est uerbis, sapiens sententiis, genere toto grauis ; manus extrema non accessit operibus eius ; praeclare incohata multa, perfecta non plane. Legendus, inquam, est hic orator, Brute, si quisquam alius, iuuentuti. Non enim solum acuere, sed etiam alere ingenium potest.

127 Huic successit aetati *C.* Galba, Serui *il*lius eloquentissimi uiri filius, P. Crassi eloquentis et iuris periti gener. Laudabant hunc patres nostri, fauebant etiam propter patris memoriam ; sed cecidit in cursu. Nam rogatione Mamilia, Iugurthinae coniurationis inuidia, cum pro sese ipse dixisset, oppressus est. Exstat eius peroratio, qui epilogus dicitur ; qui tanto in honore pueris nobis erat, ut eum etiam edisceremus. Hic, qui in collegio sacerdotum esset, primus post Romam conditam iudicio publico est condemnatus. XXXIV **128** P. Scipio, qui est in consulatu mortuus, non multum ille quidem

127 C. *uulg.* : P. *L* || Serui illius *uulg.* : Seruilius *O B H M* serulius *r* || Mamilia *F* : Manilia *r* (*item infra*).

l'exercice du consulat, était peu disert et ne parlait pas souvent, mais il ne le cédait à personne pour la pureté du langage, et il n'avait pas son égal pour l'esprit et la plaisanterie. Son collègue, Lucius Bestia, avait eu dans son tribunat un heureux début de carrière (il avait en effet fait passer une loi pour rétablir dans ses droits de citoyen Publius Popilius, que la violence de Caius Gracchus avait banni de la cité) ; c'était un homme ardent et non sans quelque talent de parole ; son consulat eut malheureusement un triste lendemain. Car la loi haineuse <de Mamilius> frappa, en même temps que Caius Galba le prêtre, quatre consulaires, Lucius Bestia, Caius Cato, Spurius Albinus et enfin Lucius Opimius, ce grand citoyen, qui avait donné la mort à Caius Gracchus et qui, malgré son attitude antérieurement hostile à la démocratie, avait cependant été absous par le peuple : tous ces personnages furent supprimés de la cité par les juges de la réforme de Gracchus. **129** Un homme qui se conduisit dans son tribunat tout autrement que Bestia et qui dans tout le reste de sa vie se montra un mauvais citoyen, Caius Licinius Nerva, ne fut pas incapable de parler. Caius Fimbria, qui vécut presque à la même époque, mais plus longtemps, passe pour avoir eu une parole tout à fait, si je puis dire, bourbeuse (1); il était brusque, mal embouché, en général trop échauffé et trop emporté ; mais son activité, l'énergie de son caractère, son honnêteté lui donnaient de l'autorité dans le sénat ; c'était en même temps un avocat passable, qui n'était pas sans pratique du droit civil, dont la franchise, comme aussi le langage même, prenait toutes les libertés. Nous lisions ses discours dans notre enfance : aujourd'hui c'est à peine si on peut les trouver.

130 Avec de l'intelligence et un langage élégant, Caius Sextius Calvinus eut une santé précaire. Quand la goutte lui laissait quelque relâche, il ne refusait pas une cause, mais cela n'arrivait pas souvent. S'il donnait en tout

(1) Allusion à sa prononciation lourde et pâteuse (*de Oratore* II, 22, 91 : *oris prauitatem et uerborum latitudinem*).

nec saepe dicebat, sed et Latine loquendo cuiuis erat par et omnes sale facetiisque superabat. Eius collega L. Bestia *a* bonis initiis orsus tribunatus (nam P. Popilium ui C. Gracchi expulsum sua rogatione restituit), uir et acer et non indisertus, tristes exitus habuit consulatus. Nam inuidiosa lege [Mamilia quaestio] C. Galbam sacerdotem et quattuor consulares, L. Bestiam, C. Catonem, Sp. Albinum ciuemque praestantissimum L. Opimium, Gracchi interfectorem, a populo absolutum cum is contra populi studium stetisset, Gracchani iudices sustulerunt. **129** Huius dissimilis in tribunatu relicuaque omni uita ciuis improbus C. Licinius Nerua non indisertus fuit. C. Fimbria temporibus isdem fere, sed longius aetate prouectus, habitus est sane, ut ita dicam, lu*t*ulentus [patronus], asper, maledicus, genere toto paulo feruidior atque commotior, diligentia tamen et uirtute animi atque uita bonus auctor in senatu, idem tolerabilis patronus nec rudis in iure ciuili et cum u*erita*te tum etiam ipso orationis genere liber; cuius orationes pueri legebamus, quas iam reperire uix possumus.

130 Atque etiam ingenio et sermone eleganti, ualetudine incommoda C. Sextius Caluinus fuit; qui etsi, cum remiserant dolores pedum, non deerat in causis, tamen id non saepe faciebat. Itaque consilio eius, cum uolebant,

128 a *add. Mueller* || Mamilia quaestio *secl. Peter* : Mamilia [quaestio] *Ernesti* [lege Mamilia] quaestione *uulg.* || Gracchani *F O G* : Gracchum *B H M*.

129 lutulentus *Jahn* : luculentus *L* || patronus *secl. Jahn* || ueritate *scripsi* : uirtute *L*.

130 Atque etiam : atque et acri *Friedrich* acuto etiam *Kayser* atque iam *Piderit* || dedecus *uulg.* : genus *L* uulnus *ed. rom.* dedecus inustum *Lambin.*

temps des conseils à qui voulait, il ne plaidait que lorsque son état le lui permettait. A la même époque vécut Marcus Brutus, la honte de ta famille. Sans respect pour le nom qu'il portait ni pour les vertus d'un père excellent citoyen et grand jurisconsulte, il fit de l'accusation un métier, comme Lycurgue à Athènes (1). Il ne demanda pas les magistratures, mais se montra un accusateur violent et insupportable. Il était manifeste que ce qu'il y avait dans sa race de vertu naturelle avait dégénéré chez lui par l'effet malfaisant d'une perversité réfléchie. **131** Du même temps fut un autre accusateur, mais issu de la plèbe, Lucius Caesulenus, que j'ai entendu dans sa vieillesse, lorsque, poursuivant Lucius Saufeius, il lui réclamait, aux termes de la loi Aquilia, une indemnité... (2) Si j'ai fait mention d'un homme comme celui-là, qui était presque de la dernière condition, c'est que j'estime n'avoir jamais entendu personne qui sût mieux donner aux choses une tournure suspecte et y trouver des griefs. XXXV A citer encore Titus Albucius ; il était instruit dans les lettres grecques, ou plutôt il était presque Grec lui-même. Telle est du moins mon opinion : on peut au reste en juger par ses discours. Il vécut à Athènes dans sa jeunesse ; il en sortit épicurien achevé ; or l'épicurisme est tout ce qu'il y a de moins favorable à l'éloquence.

132 Quintus Catulus était savant, non à la manière des anciens, mais à la nôtre, avec cette restriction cependant qu'il peut y avoir mieux encore. Il avait beaucoup de littérature, une grâce exquise dans la parole, aussi bien que dans les manières et le caractère, une langue d'une pureté irréprochable. Cette pureté se reconnaît dans ses discours, mais surtout dans l'histoire de son consulat et de ses actes, écrite avec une grâce digne de Xénophon et dédiée au poète Furius, son ami. Cet ouvrage n'est

(1) Sur Lycurgue, voir § 36.

(2) Le texte est altéré. Je rétablis le nom de Saufeius, riche chevalier romain, ami d'Atticus (Corn. Nep., *Atticus*, 12). Cicéron le connaissait, et c'est peut-être ce qui explique qu'il ait assisté à l'audience.

homines utebantur, patrocinio, cum licebat. Isdem temporibus M. Brutus, in quo magnum fuit, Brute, *dede*cus generi uestro, qui, cum tanto nomine esset patremque optimum uirum habuisset et iuris peritissimum, accusationem factitauerit, ut Athenis Lycurgus. Is magistratus non petiuit, sed fuit accusator uehemens et molestus, ut facile cerneres naturale quoddam stirpis bonum degenerauisse uitio deprauatae uoluntatis. **131** Atque eodem tempore accusator de plebe L. Caesulenus fuit, quem ego audiui iam senem, cum ab L. Sau*f*eio multam lege Aquilia † de iustitia petiuisset. Non fecissem hominis paene infimi mentionem, nisi iudicarem qui suspiciosius aut criminosius diceret audiuisse me neminem. XXXV Doctus etiam Graecis T. Alb*u*cius uel potius p*a*ene Graecus. Loqu*o*r, ut opinor ; sed licet ex orationibus iudicare. Fuit autem Athenis adulescens, perfectus Epicureus euaserat, minime aptum ad dicendum genus.

132 Iam Q. Catulus non antiquo more, sed hoc nostro, nisi quid fieri potest perfectius, erudit*u*s. Multae litterae, summa non uitae solum atque naturae, sed orationis etiam comitas, incorrupta quaedam Latini sermonis integritas, quae perspici cum ex orationibus eius potest, tum facillime ex eo libro, quem de consulatu et de rebus gestis suis conscriptum molli et Xenophont*i*o genere sermonis misit ad A. Furium poetam, familiarem suum ; qui liber

131 Saufeio *scripsi* : sauelio *L* Sabellio *uulg.* || de iustitia *L* : *secl. Friedrich* damni iniuria *Hotoman* sestertia *fortasse post numeri cuiusdam notationem* || audiuisse *F O G* : audisse *B H M* || Albucius *uulg.* : albitius *L* || paene *uulg.* : poene *F B M* pene *r* || loquor *uulg.* : loquar *L*.
132 eruditus *uulg.* : eruditius *L*. || Xenophontio *Stangl (cf. ad Fam. V, 12. 3)* : - teo O^1 *G* - teio *r*.

d'ailleurs pas plus connu que les trois livres de Scaurus dont j'ai parlé plus haut (1).

— **133** J'avoue, dit Brutus, que je ne connais pas plus ces ouvrages l'un que l'autre ; mais c'est ma faute : il est vrai qu'ils ne me sont jamais tombés entre les mains. A présent je te les emprunterai et de mon côté je rechercherai avec plus d'attention ces sortes d'ouvrages.

— Catulus, <repris-je> , parlait avec pureté, mérite qui n'est pas peu de chose et que la plupart des orateurs négligent. Je ne dirai rien du son de sa voix et du charme de sa prononciation (2), puique tu as connu son fils. Ce fils ne fut pas compté au nombre des orateurs, mais il ne manquait pas de lumières pour opiner dans le sénat, ni d'élégance et de goût dans sa manière de parler. **134** Le père lui-même ne tenait pas le premier rang parmi les avocats. Quand on entendait ceux d'entre eux qui étaient alors en vue, il paraissait leur être inférieur ; mais, quand on l'entendait seul et sans terme de comparaison, non seulement on était satisfait, mais encore on ne voyait rien de mieux à désirer. **135** Quintus Metellus Numidicus et son collègue Marcus Silanus, dans les délibérations politiques, parlaient suffisamment bien pour tenir leur rôle et la dignité consulaire. Marcus Aurelius Scaurus parlait rarement, mais avec goût ; il se distingua surtout par l'élégance et la pureté de sa diction. Aulus Albinus eut comme lui le mérite d'une correction parfaite. Quant à Albinus le flamine, il comptait au nombre des gens sachant parler, ainsi que Quintus Caepio, homme d'énergie et de courage, dont le hasard malheureux d'une guerre (3) fit un accusé et la haine du peuple un coupable (4). XXXVI **136** Alors vécurent aussi Caius et Lucius Memmius, orateurs passables, accusateurs ardents et passionnés. Ils intentèrent beaucoup d'accusations capitales ;

(1) Voir § 112.

(2) Quelques détails dans le *de Officiis*, I, 37, 133.

(3) Chargé d'arrêter l'invasion des Cimbres en Gaule, il avait été mis en déroute. Comme il avait pillé le temple d'Apollon à Toulouse, on l'accusa d'avoir, par ce sacrilège, provoqué le désastre.

(4) La haine du peuple (*inuidia*) venait de ce qu'il avait voulu modifier le système judiciaire de Caius Gracchus.

nihilo notior est quam illi tres, de quibus ante dixi, Scauri libri.

133 Tum Brutus : Mihi quidem, inquit, nec iste notus est nec illi; sed haec mea culpa est, numquam enim in manus inciderunt ; nunc autem et a te sumam et conquiram ista posthac curiosius.

Fuit igitur in Catulo sermo Latinus ; quae laus dicendi non mediocris ab oratoribus plerisque neglecta est. Nam de sono uocis et suauitate appellandarum litterarum, quoniam filium cognouisti, noli exspectare quid dicam. Quamquam filius quidem non fuit in oratorum numero, sed non deerat ei tamen in sententia dicenda cum prudentia tum elegans quoddam et eruditum orationis genus. **134** Nec habitus est tamen pater ipse Catulus princeps in numero patronorum, sed erat talis, ut, cum quosdam audires qui tum erant praestantes, uideretur esse inferior; cum autem ipsum audires sine comparatione, non modo contentus esses, sed melius non quaereres. **135** Q. Metellus Numidicus et eius collega M. Silanus dicebant de re publica quod esset illis uiris et consulari dignitati satis. M. Aurelius Scaurus non saepe dicebat, sed polite ; Latine uero in primis est eleganter locutus. Quae laus eadem in A. Albino bene loquendi fuit. Nam flamen Albinus etiam in numero est habitus disertorum ; Q. etiam Caepio, uir acer et fortis, *quoi* fortuna belli crimini, inuidia populi calamitati fuit. XXXVI **136** Tum etiam C. L. Memmii fuerunt, oratores mediocres, accusatores acres atque acerbi. Itaque in iudicium capitis

133 mediocris *FBHM* : mediocriter *O G*.
135 quoi *scripsi* : qui *L* cui O^2 B^2.

les ; peu d'accusés furent défendus par eux. Spurius Thorius ne fut pas sans valeur comme orateur populaire : c'est grâce à lui que les détenteurs du domaine public furent déchargés, par le paiement d'une redevance, du poids d'une loi irrégulière et d'ailleurs sans effet pratique (1). Marcus Marcellus, père d'Aeserninus, ne compta point parmi les avocats ; il était cependant de ceux qui à de la facilité naturelle joignaient une certaine pratique de la parole ; il en était de même pour son fils, Publius Lentulus (Marcellinus). **137** Lucius Cotta, celui qui ne fut que préteur, était aussi parmi les orateurs passables. Il n'avait pas beaucoup de talent de parole, mais il affectait, dans ses expressions et dans son accent un peu rustique, la recherche et l'imitation de l'archaïsme.

Un mot à propos de ce Cotta, comme aussi à propos de plusieurs autres : je sens que des hommes qui ne sont pas bien éloquents ont été comptés jusqu'ici par moi au nombre des orateurs et que je vais en compter d'autres encore. C'est que mon dessein est de rassembler tous ceux qui par leur rôle dans la cité ont été conduits à faire acte d'orateurs. Ce qu'a été leur montée graduelle <vers l'éloquence>, et combien en toutes choses il est difficile d'atteindre et de réaliser ce qu'il y a de mieux, la simple remarque que voici le fera comprendre. **138** Que d'orateurs en effet déjà cités et que de temps passé à énumérer leurs noms ! et cependant ce n'est qu'après un chemin long et pénible que nous sommes arrivés, tout à l'heure à Démosthène et à Hypéride, maintenant à Antoine et à Crassus. Car ce sont ces deux hommes qui, à mon avis, ont été nos plus grands orateurs : ce sont les premiers qui ont porté la gloire de l'éloquence latine à la hauteur de celle de la Grèce.

Antoine et Crassus

XXXVII **139** Toutes les idées < que pouvait comporter une situation > venaient à l'esprit d'Antoine, et ces idées étaient chacune mises à la place où elles pouvaient le mieux produire

(1) La loi agraire de Ti. Gracchus.

multos uocauerunt, pro reis non saepe dixerunt. Sp. T*h*orius satis ualuit in populari genere dicendi, is qui agrum publicum uitiosa et inutili lege uectigal*i* leuauit. M. Marcellus, Aesernini pater, non ille quidem in patronis, sed et in promptis tamen et non inexercitatis ad dicendum fuit, ut filius eius P. Lentulus. **137** L. etiam Cotta, praetorius, in mediocrium oratorum numero, dicendi non ita multum laude processerat, sed de industria cum uerbis, tum etiam ipso sono quasi subrustico prosequebatur atque imitabatur antiquitatem.

Atque ego et in hoc ipso Cotta et in aliis pluribus intellego me non ita disertos homines et rettulisse in oratorum numerum et relaturum. Est enim propositum colligere eos, qui hoc munere in ciuitate functi sint ut tenerent oratorum locum ; quorum quidem quae fuerit ascensio et quam in omnibus rebus difficilis optimi perfectio atque absolutio ex eo quod dicam existimari potest. **138** Quam multi enim iam oratores commemorati sunt et quam diu in eorum enumeratione uersamur, cum tamen spisse atque uix, ut dudum ad Demosthenem et Hyperidem, sic nunc ad Antonium Crassumque peruenimus ! Nam ego sic existimo hos oratores fuisse maximos et in his primum cum Graecorum gloria Latine dicendi copiam aequatam.

XXXVII **139** Omnia ueniebant Antonio in mentem ; eaque suo quaeque loco, ubi plurimum proficere et ualere possent, ut ab imperatore equites, pedites, leuis armatura, sic ab illo in maxime opportunis orationis partibus

136 Thorius *uulg.* : torius *L* || uectigali *uulg.* : uectigale *L* || inexercitatis *F O G* : exercitatis *B H M*.

leur effet et avoir toute leur valeur ; comme le fait un général avec sa cavalerie, son infanterie, ses troupes légères, il les disposait dans son discours aux points les plus favorables. Sa mémoire était très grande : impossible, à l'entendre, de soupçonner qu'il eût préparé son discours ; c'était toujours une improvisation qu'il avait l'air de faire quand il prenait la parole ; en réalité il était si bien préparé que c'étaient les juges parfois qui semblaient insuffisamment préparés contre les surprises de sa parole. **140** Pour l'élocution, il n'avait pas ce qui constitue le plus haut degré de l'élégance : l'attention scrupuleuse dans le détail de l'expression lui manquait ; non pas qu'il eût un langage sans pureté, mais il lui manquait cette attention spéciale dans l'expression qui distingue l'orateur. Car si le fait de parler correctement le latin est, comme je l'ai dit tout à l'heure (1), un mérite qui doit être pris en grande considération, c'est un mérite qui vaut moins par lui-même que par la rareté de ceux qui y ont tenu : après tout, ce n'est pas une chose si admirable que de savoir le latin ; il faut plutôt dire que c'est une honte de ne pas le savoir ; et pour parler correctement, on n'a pas besoin d'être un bon orateur, il suffit, je pense, d'être un citoyen de Rome. <Quoi qu'il en soit>, dans le choix qu'Antoine faisait de ses mots (et dans ce choix c'était moins l'agrément que la portée du sens qu'il considérait), dans la façon ensuite dont il plaçait ces mots et les liait par la chaîne d'une construction périodique, il n'y avait rien qui ne répondît à un calcul et comme à des règles théoriques. Mais là où il excellait surtout, c'est dans l'art d'embellir les pensées et de leur donner un tour figuré. **141** C'est précisément l'art qui fait la supériorité de Démosthène et qui lui a valu d'être jugé par les critiques le prince des orateurs. Car ce sont les figures (σχήματα) qui font surtout la beauté du discours et c'est moins en donnant du coloris aux mots qu'elles produisent de l'effet qu'en jetant de l'éclat sur les pensées. XXXVIII Antoine joignait à ces grandes qualités une action particulièrement remarquable. L'action a deux parties, le geste et la voix.

(1) Voir § 133.

collocabantur. Erat memoria summa, nulla meditationis suspicio ; imparatus semper aggredi ad dicendum uidebatur ; sed ita erat paratus, ut iudices illo dicente nonnumquam uiderentur non satis parati ad cauendum fuisse. **140** Verba ipsa non illa quidem elegantissimo sermone ; itaque diligenter loquendi laude caruit (neque tamen est admodum inquinate locutus) sed illa quae propri*a* laus oratoris est in uerbis (nam ipsum Latine loqui est illud quidem [est], ut paulo ante dixi, in magna laude ponendum, sed non tam sua sponte quam quod est a plerisque neglectum ; non enim tam praeclarum est scire Latine quam turpe nescire, neque tam id mihi oratoris boni quam ciuis Romani proprium uidetur), sed tamen Antonius in uerbis et eligendis (neque id ipsum tam leporis causa quam ponderis) et collocandis et compre*n*sione deuinciendis nihil non ad rationem et tamquam ad artem dirigebat ; uerum multo magis hoc idem in sententiarum ornamentis et conformationibus. **141** Quo genere quia praestat omnibus Demosthenes, idcirco a doctis oratorum est princeps iudicatus. Σχήματα enim quae uocant Graeci, ea maxime ornant orat*io*n*em eaque non tam in uerbis pingendis habent pondus quam in illuminandis sententiis. XXXVIII Sed cum haec magna in Antonio, tum actio singularis ; quae si partienda est in gestum atque uocem, gestus erat non uerba exprimens sed cum sententiis congruens, manus, humeri, latera, supplosio pedis, status, incessus omnisque motus [cum

140 propria *Lambin* : proprie *L* || est *secl. uulg.* || comprensione *scripsi* : compressione *L*.

141 orationem *Lambin* : oratorem *L* || cum... consentiens *secl. Schütz*.

Le geste d'Antoine n'était pas une traduction plastique des mots, mais répondait aux pensées, auxquelles tout s'ajustait, les mains, les épaules, les hanches, le battement du pied, l'immobilité, les allées et venues, d'une façon générale toute espèce de mouvement. Quant à la voix, elle était soutenue, mais un peu sourde ; il est vrai que ce défaut naturel, par un privilège unique, devenait pour lui un avantage. **142** Cela lui donnait quelque chose de touchant dans les morceaux pathétiques et un accent propre non seulement à inspirer la confiance, mais encore à exciter la pitié. Ainsi on voyait en lui se justifier le mot de Démosthène, qui à la question «quelle est la première qualité de l'orateur ? » répondit « l'action », — « et la seconde ? — « l'action» — «et la troisième ?» — « l'action ». L'action est en effet ce qui atteint le plus profondément les cœurs ; elle les prend, les pétrit, les plie à son gré. Elle fait que l'orateur paraît être ce qu'en effet il veut paraître.

143 A Antoine les uns comparaient, les autres préféraient Lucius Crassus. Sur un point du moins tout le monde était d'accord, c'est que, quand on avait l'un ou l'autre pour défenseur, on ne pouvait pas en désirer un plus habile. Pour moi, malgré toute la valeur que j'attribue, comme je viens de le faire, à Antoine, j'estime qu'il n'a pu y avoir dans le passé rien de plus parfait que Crassus. C'était une gravité souveraine et, avec cette gravité, un esprit d'enjouement et de plaisanterie, de cette plaisanterie fine qui sied à l'orateur et n'a rien du bouffon ; un grand souci de la correction et une élégance attentive mais sans affectation ; dans le développement des idées une netteté d'exposition admirable ; dans les discussions sur le droit civil ou sur l'équité naturelle des arguments et des exemples à profusion. XXXIX **144** Si pour faire naître des conjectures, pour dissiper ou exciter des soupçons Antoine avait un talent incroyable, dans l'art d'interpréter les textes, de définir les termes, de développer les principes de l'équité, Crassus était d'une fécondité sans égale. Il le montra en mainte occasion, mais surtout devant le tribunal des centumvirs, dans l'affaire de Manius Curius. **145** Il trouva tant de choses à dire, contre la lettre

uerbis sententiisque consentiens] ; uox permanens, uerum subrauca natura .Sed hoc uitium huic uni in bonum conuertebat. **142** Habebat enim flebile quiddam in questionibus aptumque cum ad fidem faciendam tum ad misericordiam commouendam ; ut uerum uideretur in hoc illud, quod Demosthenem ferunt ei qui quaesiuisset, quid primum esset in dicendo, actionem, quid secundum idem et idem tertium respondisse. Nulla res magis penetrat in animos eosque fingit, format, flectit talesque oratores uideri facit, quales ipsi se uideri uolunt.

143 Huic alii parem esse dicebant, alii anteponebant L. Crassum. Illud quidem certe omnes ita iudicabant neminem esse, qui horum altero utro patrono cuiusquam ingenium requireret. Equidem quamquam Antonio tantum tribuo quantum supra dixi, tamen Crasso nihil statuo fieri potuisse perfectius. Erat summa grauitas, erat cum grauitate iunctus facetiarum et urbanitatis oratorius, non scurrilis lepos, Latine loquendi accurata et sine molestia diligens elegantia, in disserendo mira explicatio; cum de aequo et bono disputaretur, argumentorum et similitudinum copia. XXXIX **144** Nam ut Antonius coniectura mouenda et sedanda suspicione aut excitanda incredibilem uim habebat, sic in interpretando, in definiendo, in explicanda aequitate nihil erat Crasso copiosius; idque cum saepe alias tum apud centumuiros in M'. Curi causa cognitum est. **145** Ita enim multa tum contra scriptum pro aequo et bono dixit, ut hominem acutissimum Q. Scaeuolam et in iure, in

144 et *scripsi* : aut *L* ‖ centumuiros in M'. Curi *F*[2] *O*[2] *G*[2] : c. u. i. n. (ti *B H M*) m. curi *L*.

d'une pièce écrite, en faveur de l'équité naturelle, que Quintus Scaevola, qui pourtant était extrêmement ingénieux et on ne peut plus ferré sur le droit civil, lequel était le pivot du procès, fut accablé sous le nombre des arguments et des exemples ; et la façon dont ces deux avocats, tous deux du même âge et tous deux consulaires, parlèrent ce jour-là l'un contre l'autre, prétendant défendre chacun les principes du droit civil, fit penser que parmi les orateurs le plus jurisconsulte était Crassus et parmi les jurisconsultes le plus orateur était Scaevola. Celui-ci, avec un esprit très pénétrant pour démêler le vrai et le faux dans une question de droit positif ou naturel, avait un langage d'une précision et d'une brièveté merveilleuses : **146** orateur — soit dit < pour le définir > — merveilleux dans ce genre <spécial> d'interprétations, d'explications, de discussions — là je n'ai jamais vu son pareil ; — mais pour la mise en valeur des idées, pour l'éclat oratoire, pour l'art de la réfutation, critique redoutable plutôt qu'orateur digne d'admiration. XL **147** Mais revenons à Crassus.

— Je croyais, interrompit Brutus, assez bien connaître Scaevola d'après tout ce que j'en avais souvent entendu dire à Caius Rutilius, que je voyais fréquemment chez notre excellent ami Scaevola (1) ; toutefois je ne lui savais pas un aussi grand talent pour la parole. C'est pour moi un plaisir de voir qu'un homme si distingué, un génie si remarquable, a vécu dans notre république

— **148** Sois bien persuadé, repris-je, Brutus, qu'il n'y a rien eu dans notre cité de plus accompli que ces deux hommes. Ces personnages, qui étaient, comme je l'ai dit tout à l'heure (2), l'un le plus éloquent des jurisconsultes, l'autre le meilleur jurisconsulte parmi les hommes éloquents, étaient, sous tous les autres rapports, très différents l'un de l'autre, et cependant < si parfaits l'un et l'autre > qu'on n'eût pas su dire auquel des deux on eût

(1) Parent, mais beaucoup plus jeune, du personnage dont il est ici question. C'est probablement le fils de Scaevola l'Augure (§ 102).

(2) Voir § 145.

quo illa causa uertebatur, paratissimum obrueret argumentorum exemplorumque copia ; atque ita tum ab his patronis aequalibus et iam consularibus causa illa dicta est, cum uterque ex contraria parte ius ciuile defenderet, ut eloquentium iuris peritissimus Crassus, iuris peritorum eloquentissimus Scaeuola putaretur ; qui quidem, cum peracutus esset ad excogitandum quid in iure aut in aequo uerum aut esset aut non esset, tum uerbis erat ad rem cum summa breuitate mirabiliter aptus. **146** Quare sit nobis orator in hoc interpretandi, explanandi, edisserendi genere mirabilis, sic ut simile nihil uiderim ; in augendo, in refellendo magis existimator metuendus quam admirandus orator. XL **147** Verum ad Crassum revertamur.

Tum Brutus : Etsi satis, inquit, mihi uidebar habere cognitum Scaeuolam ex eis rebus quas audiebam saepe ex C. Rutilio, quo utebar propter familiaritatem Scaeuolae nostri, tamen ista mihi eius dicendi tanta laus nota non erat. Itaque cepi uoluptatem, tam ornatum uirum tamque excellens ingenium fuisse in nostra republica.

148 Hic ego : Noli, inquam, Brute, existimare, his duobus quicquam fuisse in nostra ciuitate praestantius. Nam ut paulo ante dixi consultorum alterum disertissimum, disertorum alterum consultissimum fuisse, sic in relicuis rebus ita dissimiles erant inter sese, statuere

145 et iam *M* : etiam *r* || ex. cont. p. ius ciuile *F O G* : ius ciuile ex cont. p. *B H M* || cum summa *F O G* : cum *om.* *B H M*.
146 sic ut *G M* : sicut *r*.
147 inquit *F O G* : *om.* *B H M* || habere G^2 : haberi *L* || eis *uulg.* : his *L* || utebar *uulg.* : utebatur *L*.

mieux aimé ressembler. Crassus était, parmi ceux qui parlaient avec élégance, le plus simple ; Scaevola, parmi ceux qui parlaient avec simplicité, le plus élégant. Crassus à beaucoup d'aménité joignait ce qu'il fallait de sévérité ; Scaevola était d'une grande sévérité, mais sans manquer d'aménité. **149** On pourrait continuer ainsi indéfiniment ; mais je crains de paraître tracer des portraits de fantaisie pour faire un jeu d'esprit. Et cependant c'est la réalité même. La vertu consistant dans un juste milieu, comme l'a dit, mon cher Brutus, votre ancienne Académie (1), Crassus et Scaevola voulaient suivre chacun une certaine ligne intermédiaire <entre l'éloquence et la science du droit> ; mais il leur arrivait d'empiéter un peu sur le talent l'un de l'autre, sans cesser de conserver tout entier chacun son domaine propre.

— **150** Ce que tu viens de dire, reprit Brutus, m'a fait, je crois, bien connaître Crassus et Scaevola ; mais en même temps je pense à toi et à Servius Sulpicius et il me semble qu'entre eux deux et vous deux il y a une certaine ressemblance.

— Comment cela ? répondis-je.

— C'est qu'il me semble, dit-il, que, toi aussi, tu n'as voulu savoir, en fait de droit, que ce qui pouvait suffire à l'orateur et que Sulpicius n'a demandé à l'éloquence que le moyen de défendre facilement le droit ; de plus, ton âge et le sien, comme les âges de Crassus et de Scaevola, concordent ou peu s'en faut.

— XLI **151** De moi, repris-je, il est inutile de parler. Pour Sulpicius, ce que tu en dis est juste et je vais, à mon tour, te dire sur lui mon sentiment. Je ne connais personne qui se soit appliqué avec plus d'ardeur et à l'art oratoire et à l'étude de toutes les sciences libérales. Nous avons fait, dans nos jeunes années, les mêmes exercices.

(1) On distinguait : 1° l'*Académie* tout court, qui était l'école de Platon ; 2° la *Nouvelle Académie*, d'Arcésilas et de Carnéade, qui avait fait dévier vers le scepticisme la doctrine de Platon ; 3° *l'Ancienne Académie*, d'Antiochus d'Ascalon, qui réagissait contre le scepticisme et prétendait revenir à la vraie doctrine de Platon. Brutus était un disciple d'Antiochus.

ut tamen non posses utrius te malles similiorem. Crassus erat elegantium parcissimus, Scaeuola parcorum elegantissimus; Crassus in summa comitate habebat etiam seueritatis satis, Scaeuolae multa in seueritate non deerat tamen comitas. **149** Licet omnia hoc modo; sed uereor ne fingi uideantur haec, ut dicantur a me quodam modo; res tamen sic se habet. Cum omnis uirtus sit, ut uestra, Brute, uetus Academia dixit, mediocritas, uterque horum medium quiddam uolebat sequi : sed ita cadebat ut alter ex alterius laude partem, uterque autem suam totam haberet.

150 Tum Brutus : Cum ex tua oratione mihi uideor, inquit, bene Crassum et Scaeuolam cognouisse, tum de te et de Ser. Sulpicio cogitans esse quandam uobis cum illis similitudinem iudico.

Quonam, inquam, istuc modo?

Quia mihi et tu uideris, inquit, tantum iuris ciuilis scire uoluisse quantum satis esset oratori, et Seruius eloquentiae tantum assumpsisse ut ius ciuile facile posset tueri, aetatesque uestrae, ut illorum, nihil aut non fere multum differunt.

XLI **151** Et ego : De me, inquam, dicere nihil est necesse; de Seruio autem et tu probe dicis et ego dicam quod sentio. Non enim facile quem dixerim plus studi quam illum et ad dicendum et ad omnes bonarum rerum disciplinas adhibuisse. Nam et in eisdem exercitationibus ineunte aetate fuimus et postea una Rhodum ille

149 res se tamen sic habet *r* : res sed tamen sic se habet *F*.
150 posset *uulg.* : possit *L* ||
151 eisdem *uulg.* : iisdem *O M* hisdem *F* || ille etiam *r*: etiam ille *O* || at *scripsi* : et *L*.

Plus tard il partit avec moi pour Rhodes, afin de perfectionner son talent et son instruction. Revenu de ce voyage, il aima mieux, je crois, s'attacher au second des arts pour y être le premier, qu'au premier des arts pour y être le second. Peut-être eût-il pu marcher de pair avec les princes <de l'éloquence> ; mais il eut sans doute une autre ambition, qu'il a d'ailleurs réalisée, celle de dépasser de beaucoup, dans la science du droit civil, non seulement ses contemporains, mais encore tous ses devanciers, d'être ainsi le prince des jurisconsultes.

— **152** Quoi ! dit Brutus, même au-dessus de Quintus Scaevola tu mets notre ami Servius ?

— Parfaitement, repris-je, Brutus. Pour moi, c'est une grande pratique du droit civil que je trouve chez Scaevola, comme chez beaucoup d'autres, au lieu que c'est une théorie qu'il y a eu chez Sulpicius, et chez Sulpicius seul. Cette théorie, il n'y serait pas arrivé par la connaissance seule du droit : il la doit à une autre science, qui lui avait appris à diviser un tout en ses diverses parties, à dégager par une définition une idée cachée, à éclaircir par une interprétation un sens obscur, à voir les équivoques puis à les résoudre, enfin à posséder une règle permettant de déterminer ce qui est vrai et ce qui est faux et de savoir de quelles prémisses on peut ou ne peut pas tirer quelles conséquences (1). **153** Cette science, qui est la plus importante de toutes, il l'a appliquée, comme une lumière, aux questions de droit, qui jusqu'à lui, soit dans les consultations, soit dans les procès, étaient traitées sans méthode logique.

— XLII C'est à la dialectique sans doute que tu fais allusion, dit Brutus.

— C'est bien cela, répondis-je ; mais Sulpicius y a joint encore la connaissance de la littérature et une élégance de style, dont on peut très facilement se faire une idée par ses écrits, auxquels je ne vois rien d'analogue. **154** <Pour le droit>, il a eu deux maîtres très compétents, Lucius Lucilius Balbus et Caius Aquilius Gallus. Gallus était

(1) Résumé des principales opérations de la dialectique. *Cf. de Orat.*, I, 42, 189.

etiam profectus est, quo melior esset et doctior ; at, inde ut rediit, uidetur mihi in secunda arte primus esse maluisse quam in prima secundus. Atque haud scio an par principibus esse potuisset ; sed fortasse maluit, id quod est adeptus, longe omnium non eiusdem modo aetatis, sed eorum etiam qui fuissent in iure ciuili esse princeps.

152 Hic Brutus: Ain tu? inquit, etiamne Q. Scaeuolae Seruium nostrum anteponis ?

Sic enim, inquam, Brute, existimo iuris ciuilis magnum usum et apud Scaeuolam et apud multos fuisse, artem in hoc uno; quod numquam effecisset ipsius iuris scientia, nisi eam praeterea didicisset artem quae doceret rem uniuersam tribuere in partes, latentem explicare definiendo, obscuram explanare interpretando, ambigu*a* primum uidere, deinde distinguere, postremo habere regulam, qua uera et falsa iudicarentur et quae quibus propositis essent quaeque non essent consequentia. **153** Hic enim attulit hanc artem omnium artium maximam quasi lucem ad ea quae confuse ab aliis aut respondebantur aut agebantur.

XLII Dialecticam mihi uideris dicere, inquit.

Recte, inquam, intellegis ; sed adiunxit etiam et litterarum scientiam et loquendi elegantiam, quae ex scriptis eius, quorum similia nulla sunt, facillime perspici potest. **154** Cumque discendi causa duobus peritissimis operam dedisset, L. Lucilio Balbo, C. Aquilio Gallo,

152 ambigua *Lambin* : ambiguam *L*.
153 et loquendi *r* : eloquendi *G* et eloquendi *O*
154 discendi *r* : dicendi *F O*[1].

un homme avisé et formé aux affaires : il lui a pris sa promptitude de décision et son sens pratique dans les plaidoiries et les consultations, mais en y ajoutant le souci de la précision et l'étude attentive. Balbus était un juriste d'une science profonde, mais, au forum et dans son cabinet, d'une circonspection lente à aboutir : Sulpicius a échappé à ce défaut <par sa décision> dans les difficultés à résoudre et les affaires à régler. Ainsi il possède la qualité <particulière> qu'a eue chacun de ses deux maîtres, complétée par la qualité que chacun d'eux n'a pas eue. **155** Crassus me paraît avoir agi plus sagement que Scaevola : car celui-ci acceptait avec empressement les causes qu'on lui apportait, bien qu'il fût comme avocat inférieur à Crassus, au lieu que Crassus refusait de donner des consultations juridiques, pour ne pas se montrer inférieur à Scaevola. Mais Sulpicius a été le plus sage des trois : car, en présence de deux arts qui dans la vie civile et publique pouvaient procurer le plus de gloire et de crédit, il a su dans l'un s'élever au premier rang et à l'autre emprunter juste ce qu'il fallait pour pouvoir défendre le droit civil et soutenir convenablement la dignité d'un consulaire.

— **156** C'était tout à fait mon sentiment, dit Brutus ; car, étant dernièrement à Samos (1), je l'ai entendu souvent et avec beaucoup d'intérêt répondre à mes questions sur notre droit pontifical dans ses rapports avec le droit civil. Aujourd'hui mon opinion se trouve beaucoup mieux affermie, soutenue qu'elle est par ton témoignage et ton jugement En même temps je vois avec plaisir que ni l'égalité que mettent entre vous et l'âge et les honneurs, ni la culture de deux arts voisins et en quelque sorte mitoyens ne donnent lieu à aucun de ces sentiments de jalousie et d'inimitié qui provoquent tant de divisions, et que loin d'altérer votre mutuelle bienveillance elles semblent au contraire l'assurer davantage. Car tel je te vois disposé pour lui, tel il l'est pour toi : c'est la même affection et la même estime, je le sais. **157** Voilà pourquoi je

(1) A son retour d'Asie, où il avait été rejoindre César.

Galli hominis acuti et exercitati promptam et paratam in agendo et in respondendo celeritatem subtilitate diligentiaque superauit, Balbi docti et eruditi hominis in utraque re consideratam tarditatem uicit expediendis conficiendisque rebus ; sic et habet quod uterque eorum habuit et expleuit quod utrique defuit. **155** Itaque, ut Crassus mihi uidetur sapientius fecisse quam Scaeuola (hic enim causas studiose recipiebat, in quibus a Crasso superabatur, ille se consuli *n*olebat, ne qua in re inferior esset quam Scaeuola), sic Seruius *sap*i*entiss*i*me*, cum duae ciuiles artes ac forenses plurimum et laudis haberent et gratiae, perfecit ut altera praestaret omnibus, ex altera tantum assumeret quantum esset et ad tuendum ius ciuile et ad obtinendam consularem dignitatem satis.

156 Tum Brutus : Ita prorsus, inquit, et antea putabam (audiui enim nuper eum studiose et frequenter Sami cum ex eo ius nostrum pontificium, qua ex parte cum iure ciuili coniunctum esset, uellem cognoscere) et nunc meum iudicium multo magis confirmo testimonio et iudicio tuo; simul illud gaudeo, quod et aequalitas uestra et pares honorum gradus et artium studiorumque quasi finitima uicinitas tantum abest ab obtrectatione *et* inuidia, quae solet lacerare plerosque, uti ea non modo non exulcerare uestram gratiam, sed etiam conciliare uideatur. Quali enim te erga illum perspicio, tali illum in te uoluntate iudicioque cognoui. **157** Itaque doleo et illius consilio et tua uoce populum Romanum carere

155 nolebat *uulg.* : solebat *L* || sapientissime *uulg.* : apsentissume *L* || duae H^2 : duo *L*.

156 et *add. uulg.* || inuidia *r* : - diae *M* H^2 || uti *Lambin* : ut in *L*.

m'afflige que de ses lumières et de ton éloquence le peuple Romain soit depuis si longtemps privé ; on ne peut que le déplorer et surtout quand on considère en quelles mains votre rôle, je ne dis pas a régulièrement passé, mais est venu, je ne sais comment, tomber.

— J'avais dit en commençant, interrompit Atticus, qu'on se tairait sur la politique. N'en parlons donc pas. Aussi bien, si nous nous mettons ainsi à déplorer tous nos maux l'un après l'autre, nos plaintes ou plutôt nos gémissements n'en finiront pas.

— XLIII **158** Continuons donc jusqu'au bout, repris-je, et poursuivons l'énumération commencée. Crassus arrivait avec son discours bien préparé ; on l'attendait avec impatience ; on était tout oreilles. Dès son exorde, qui était toujours travaillé avec soin, il répondait à ce qu'on attendait de lui. Peu de mouvements du corps, une voix qu'il ne laissait jamais tomber, pas d'allées et venues, pas beaucoup de battements de pied ; de la véhémence dans le discours, parfois de la colère et un pathétique bien en situation, beaucoup de mots d'esprit toujours avec une haute tenue, enfin, chose difficile, un style à la fois très oratoire et très concis. **159** Dans les répliques, Crassus n'eut pas son pareil. Presque tous les genres de causes lui furent également familiers. De bonne heure il se plaça au premier rang des orateurs. Il accusa Caius Carbo, le grand orateur, quand il était encore très jeune, avec un succès qui valut à son talent non seulement les plus grands éloges, mais une véritable admiration. **160** Il défendit ensuite, à l'âge de vingt-sept ans, la vestale Licinia : dans cette cause il se montra très éloquent, et de son discours il laissa certaines parties par écrit. Dans sa jeunesse il voulut aussi, à propos de la colonie de Narbonne, tâter de la politique démocratique et obtenir, ce qu'il obtint en effet, la mission de conduire la colonie. La harangue prononcée par lui en faveur de la loi existe encore : elle est plus vieille, si je puis dire, que ne le comportait l'âge de l'orateur. Après cela vinrent beaucoup de plaidoiries. Mais son tribunat fit si peu de bruit, que, s'il n'avait pas, au cours de cette magistrature, soupé chez le crieur Gra-

tamdiu, quod cum per se dolendum est tum multo magis consideranti ad quos ista non translata sint, sed nescio quo pacto deuenerint.

Hic Atticus : Dixeram, inquit, a principio, de re publica ut sileremus ; itaque faciamus. Nam si isto modo uolumus singulas res desiderare, non modo querendi, sed ne lugendi quidem finem reperiemus.

XLIII **158** Pergamus ergo, inquam, ad relicua et institutum ordinem persequamur. Paratus igitur ueniebat Crassus, exspectabatur, audiebatur; a principio statim, quod erat apud eum semper accuratum, exspectatione dignus uidebatur. Non multa iactatio corporis, non inclinatio uocis, nulla inambulatio, non crebra supplosio pedis ; uehemens et interdum irata et plena iusti doloris oratio, multae et cum grauitate facetiae ; quodque difficile est, idem et perornatus et perbreuis; **159** iam in altercando inuenit parem neminem. Versatus est in omni fere genere causarum ; mature in locum principum oratorum uenit. Accusauit C. Carbonem eloquentissimum hominem admodum adulescens; summam ingeni non laudem modo, sed etiam admirationem est consecutus. **160** Defendit postea Liciniam uirginem, cum annos XXVII natus esset. In ea ipsa causa fuit eloquentissimus orationisque eius scriptas quasdam partes reliquit. Voluit adulescens in colonia Narbonensi causae popularis aliquid attingere eamque coloniam, ut fecit, ipse deducere. Exstat in eam legem senior, ut ita dicam, quam illa aetas ferebat oratio. Multae deinde causae ; sed ita

157 singulas *r* : istas *B¹ H¹ M¹*(singulas *suprascr.*) || querendi *r*: quaerendi *F G*.

160 illa aetas *r* : aetas illa *O* || bis *secl. Lambin* : *om O*.

nius et si le fait ne nous avait pas été rapporté par Lucilius, nous ne saurions pas qu'il a été tribun du peuple.

— **161** C'est vrai, dit Brutus, mais du tribunat de Scaevola je ne crois pas non plus avoir jamais entendu parler et Scaevola fut pourtant, je pense, le collègue de Crassus.

— Oui, dans toutes les autres charges, repris-je, il fut son collègue ; mais pour le tribunat, il ne l'exerça qu'un an après lui ; c'était Scaevola qui présidait sur les rostres, lorsque Crassus soutint la loi Servilia(1). Je ne parle pas de la censure, où Crassus n'eut pas Scaevola pour collègue, par la raison que cette magistrature ne fut jamais demandée par aucun des Scaevola. Quand Crassus publia le discours que je viens de rappeler et que tu as lu plus d'une fois, je le sais pertinemment, il avait trente-quatre ans et son âge devançait le mien du même nombre d'années : car c'est l'année même de ma naissance qu'il parla pour cette loi et lui-même était né sous le consulat de Quintus Caepio et de Caius Laelius, juste trois ans après Antoine. C'est à dessein que j'ai donné ces dates : on peut voir ainsi à quelle époque l'éloquence latine est arrivée à son premier degré de maturité et se rendre compte que dès ce moment elle a été portée à une perfection à laquelle il était impossible de rien ajouter, à moins que ne parût un homme mieux pourvu d'une éducation philosophique, juridique et historique.

— XLIV **162** Il paraîtra, dit Brutus, cet homme que tu attends, ou plutôt il a déjà paru.

— Je n'en sais rien, répondis-je. De Crassus il existe encore des paroles qu'il a prononcées, étant consul, en faveur de Quintus Caepio : on trouve annexé au plaidoyer de Caepio ce morceau, qui n'est pas assez court pour être qualifié de témoignage à décharge et trop court pour être qualifié de discours. Le dernier en date des discours <publiés> de Crassus est celui qu'il fit comme censeur, à l'âge de quarante-huit ans. Dans tous ces ouvrages il y a un naturel dont aucun artifice n'altère le coloris. Même la construction de la phrase, ce que j'appellerais,

(1) Proposée en 106 par Q. Servilius Caepio (§§ 135, 162, 164) pour réformer le système judiciaire de C. Gracchus.

tacitus tribunatus, ut, nisi in eo magistratu cenauisset apud praeconem Granium idque nobis [bis] narrauisset Lucilius, tribunum plebis nesciremus fuisse.

161 Ita prorsus, inquit Brutus ; sed ne de Scaeuolae quidem tribunatu quicquam audiuisse uideor et eum collegam Crassi credo fuisse.

Omnibus quidem aliis, inquam, in magistratibus, sed tribunus anno post fuit eoque in rostris sedente suasit Seruiliam legem Crassus ; nam censuram sine Scaeuola gessit ; eum enim magistratum nemo umquam Scaeuolarum petiuit. Sed haec Crassi cum edita oratio est, quam te saepe legisse certo scio, quattuor et triginta tum habebat annos totidemque annis mihi aetate praestabat ; *e*is enim consulibus eam legem suasit quibus nati sumus, cum ipse esset Q. Caepione consule natus et C. Laelio, triennio ipso minor quam Antonius. Quod idcirco posui, ut dicendi Latine prima maturitas in qua aetate exstitisset posset notari et intellegeretur iam ad summum paene esse perductam, ut eo nihil ferme quisquam addere posset, nisi qui a philosophia, a iure ciuili, ab historia fuisset instructior.

XLIV **162** Erit, inquit [M.] Brutus, aut iam est iste quem exspectas.

Nescio, inquam. Sed est etiam L. Crassi in consulatu pro Q. Caepione defensione iuncta non breuis ut laudatio, ut oratio autem breuis ; postrema censoris oratio, qua anno duodequinquagesimo usus est. In his omnibus

161 triginta tum *r* : triginta dum*F* || eis *uulg.*: his *L.*
162 M. *secl. Heusinger* || περίοδον *uulg.* : perhiodorum *L* || dispertiebat orationem *uulg.* : dispertibat oratione *L.*

pour rendre le grec περίοδος, le cycle de son évolution, était de peu d'amplitude et de courte durée : un style coupé avec de petits groupes de mots, comme ce que les Grecs appellent κῶλα, voilà ce que Crassus préférait.

— **163** Puisque toi, dit Brutus, tu loues à ce point ces orateurs, je regrette qu'il n'ait pas plu à Antoine d'écrire quelque chose de plus que son tout petit traité sur l'art de parler et à Crassus de laisser par écrit plus de discours. Le public aurait des monuments de leur génie et, nous, nous aurions des leçons d'éloquence. Pour Scaevola, nous connaissons assez bien l'élégance de son style par les discours qu'il a laissés.

— **164** Je repris : < tu parles de leçons > ; justement, dans mon enfance, ce fut comme une leçon d'école que je trouvai dans le fameux discours <de Crassus> en faveur de la loi de Caepio, où d'une part il fait valoir la haute autorité du sénat, dont il soutient à ce moment les intérêts, et d'autre part il cherche à déconsidérer la faction des juges et des accusateurs, dont il lui fallait alors combattre le pouvoir sans blesser les susceptibilités populaires. Dans ce discours il y a beaucoup de gravité, beaucoup de douceur, beaucoup de traits mordants, beaucoup d'esprit. Le texte écrit ne reproduit pas tout ce qui a été dit : on le voit à certains sommaires, indiqués et non développés. Quant à ce qu'on appelle le discours de Crassus censeur contre son collègue Cnaeus Domitius, ce n'est pas, <à vrai dire>, un discours : c'est en quelque sorte une série de têtes de chapitres avec un canevas assez développé. <Tout autre devait être le discours réel> : car la sortie oratoire de Crassus provoqua des acclamations comme jamais on n'en avait entendu. **165** De fait, Crassus excellait aussi dans l'éloquence populaire ; au lieu que le talent oratoire d'Antoine convenait mieux aux tribunaux qu'aux assemblées politiques.

Orateurs secondaires et provinciaux

XLV Ici un mot sur le Domitius qui vient d'être rappelé : bien qu'il n'ait pas été compté parmi les orateurs, j'estime qu'il savait suffi-

inest quidam sine ullo fuco ueritatis color. Quin etiam comprensio et ambitus ille uerborum, si sic περίοδον appellari placet, erat apud illum contractus et breuis, et in membra quaedam, quae κῶλα Graeci uocant, dispertiebat orationem libentius.

163 Hoc loco Brutus : Quandoquidem tu istos oratores, inquit, tanto opere laudas, uellem aliquid Antonio, praeter illum de ratione dicendi sane exilem libellum, plura Crasso libuisset scribere ; cum enim omnibus memoriam sui, tum etiam disciplinam dicendi nobis reliquissent. Nam Scaeuolae dicendi elegantiam satis ex *e*is orationibus quas reliquit habemus cognitam.

164 Et ego : Mihi quidem a pueritia quasi magistra fuit, inquam, illa in legem Caepionis oratio ; in qua et auctoritas ornatur senatus, quo pro ordine illa dicuntur, et inuidia concitatur in iudicum et in accusatorum factionem, contra quorum potentiam populariter tum dicendum fuit. Multa in illa oratione grauiter, multa leniter, multa aspere, multa facete dicta sunt ; plura etiam dicta quam scripta, quod ex quibusdam capitibus expositis nec explicatis intellegi potest. Ipsa illa censoria contra Cn. Domitium collegam non est oratio, sed quasi capita rerum et orationis commentarium paulo plenius. Nulla est enim altercatio clamoribus umquam habita maioribus. **165** Et uero fuit in hoc etiam popularis dictio excellens ; Antoni genus dicendi multo aptius iudiciis quam contionibus.

XLV Hoc loco ipsum Domitium non relinquo. Nam etsi non fuit in oratorum numero, tamen opinor satis

163 eis *uulgo* : his *L.*

samment parler et avait assez d'intelligence pour tenir un rôle de magistrat et le rang d'un consulaire. J'en dirai autant de Caius Caelius : il eut une très grande activité et de très grandes qualités ; en fait d'éloquence, il eut juste ce qu'il fallait, dans les affaires privées pour défendre ses amis, dans les affaires publiques pour soutenir son rang. **166** A la même époque, Marcus Herennius fut compté au nombre des orateurs de valeur secondaire, qui parlaient avec pureté et correction ; malgré cela, lorsqu'un personnage comme Lucius Philippus (1), de la plus haute naissance, fort de toutes ses relations de parenté, de camaraderie, de confraternité, et, de plus, doué de la plus belle éloquence, brigua avec Herennius le consulat, ce fut Herennius qui l'emporta. Dans le même temps il y eut Caius Claudius : sans doute ce fut surtout à sa haute naissance et à son rare crédit qu'il dut sa grande situation ; mais il ne laissait pas cependant d'avoir un certain talent de parole. **167** A peu près contemporain des précédents fut le chevalier romain Caius Titius. A mon sens, il s'est élevé aussi haut qu'a pu le faire un orateur latin sans la connaissance des lettres grecques et sans l'expérience d'une longue pratique. Ses discours ont tant de traits piquants, tant de rapprochements heureux, tant d'urbanité, qu'ils semblent presque avoir été écrits par une main attique. Les mêmes traits piquants se retrouvent dans ses tragédies, où il les a portés assez ingénieusement, mais avec peu de sens tragique. Il avait un imitateur assidu, le poète Lucius Afranius, écrivain très spirituel, éloquent aussi, comme vous le savez, du moins dans ses pièces. **168** Ajoutons Quintus Rubrius Varro, que le sénat déclara ennemi public en même temps que Caius Marius : ce fut un accusateur ardent et passionné. Dans le même genre, à citer encore un orateur tout à fait estimable, mais qui, lui, était instruit dans les lettres grecques, mon parent, Marcus Gratidius, un homme né pour la parole, qui fut tué en

(1) Philippus (§ 173) appartenait à la gens Marcia, qui prétendait remonter à Numa et à Ancus Martius.

in eo fuisse orationis atque ingeni, quo et magistratus personam et consularem dignitatem tueretur ; quod idem de C. Caelio dixerim, industriam in eo summam fuisse summasque uirtutes, eloquentiae tantum quod esset in rebus priuatis amicis eius, in re publica ipsius dignitati satis. **166** Eodem tempore M. Herennius in mediocribus oratoribus Latine et diligenter loquentibus numeratus est; qui tamen summa nobilitate, cognatione, sodalitate, collegio, summa etiam eloquentia, L. Philippum in consulatus petitione superauit. Eodem tempore C Cl*au*dius, etsi propter summam nobilitatem et singularem potentiam magnus erat, tamen etiam eloquentiae quandam mediocritatem afferebat. **167** Eiusdem fere temporis fuit eques Romanus C. Titius, qui meo iudicio eo peruenisse uidetur, quo potuit fere Latinus orator sine Graecis litteris et sine multo usu peruenire. Huius orationes tantum argutiarum, tantum exemplorum, tantum urbanitatis habent, ut paene Attico stilo scriptae esse uideantur. Easdem argutias in tragoedias satis ille quidem acute, sed parum tragice transtulit. Quem studebat imitari L. Afranius poeta, homo perargutus, in fabulis quidem etiam, ut scitis, disertus. **168** Fuit etiam Q. Rubrius Varro, qui a senatu hostis cum C. Mario iudicatus est, acer et uehemens accusator. In eo genere sane probabilis, doctus autem Graecis litteris, propinquus noster, factus ad dicendum, M. Gratidius, M. Antoni perfamiliaris, cuius praefectus cum esset in

165 dignitati *G* : - tatis *F O*[1] *B*[1] *H M*.
166 Claudius *uulg.* : Clodius *L.*
168 uehemens accusator *clausula uitiosa* || pater *A. Manutio*: patrem *L.*

Cilicie (1), où son ami intime Marcus Antonius l'avait emmené comme lieutenant. Ce fut lui qui accusa Caius Fimbria (2) et qui fut le père de Marcus Marius Gratidianus.

XLVI **169** Les villes alliées et le Latium eurent aussi des orateurs : Quintus Vettius Vettianus, du pays des Marses, que j'ai personnellement connu, homme intelligent et, quand il parlait, précis; Quintus et Décimus Valérius, de Sora, mes voisins et mes amis, moins remarquables par leur talent oratoire que par leur profonde connaissance des lettres grecques et latines ; Rusticelius, de Bologne, praticien très exercé, doué d'une grande facilité naturelle. Mais le plus éloquent de tous ceux qui étaient étrangers à Rome fut Titus Betutius Barrus, d'Asculum ; il existe de lui quelques discours tenus à Asculum et l'important discours prononcé à Rome contre Caepio, discours très connu, auquel répondit Caepio (3) avec un discours composé par Aelius; Aelius, en effet, écrivit souvent des discours pour d'autres et ne parla jamais en personne (4). **170** Parmi nos ancêtres, je vois que l'on considérait comme très éloquent un Latin, Lucius Papirius de Frégelles, qui était à peu près du même âge que Tiberius Gracchus, fils de Publius. Du reste, on a encore de lui un discours prononcé dans le sénat en faveur des habitants de Frégelles et des colons latins.

— Toi, dit Brutus, quelle valeur attribues-tu à ces orateurs en quelque sorte étrangers ?

— Quelle valeur ? répondis-je ; mais la même qu'à ceux de Rome, sauf en un point : il manque à leur langage un certain coloris d'urbanité.

— **171** Qu'entends-tu donc, reprit-il, par ce coloris d'urbanité ?

— Je ne saurais le dire, répondis-je ; je sais seulement qu'il en existe un. Tu le sentiras bientôt toi-même, Brutus,

(1) Lors de l'expédition d'Antoine contre les pirates, en 103.

(2) Voir § 129.

(3) Ce n'est pas le Caepio de la loi *Servilia* (voir §§ 161, 162, 164). C'est un autre Servilius Caepio, grand-père maternel de Brutus. Il en sera question plus loin (§ 223).

(4) Voir § 205.

Cilicia est interfectus, qui accusauit C. Fimbriam, M. Mari Gratidiani pater.

XLVI **169** Atque etiam apud socios et Latinos oratores habiti sunt Q. Vettius Vettianus, e Marsis, quem ipse cognoui, prudens uir et in dicendo breuis ; Q. D. Valerii Sorani, uicini et familiares mei, non tam in dicendo admirabiles, quam docti et Graecis litteris et Latinis ; C. Rusticelius Bononiensis, is quidem et exercitatus et natura uolubilis ; omnium autem eloquentissimus extra hanc urbem T. Betutius Barrus Asculanus, cuius sunt aliquot orationes Asculi habitae *et* illa Romae contra Caepionem nobilis sane, quoi [orationi] Caepionis ore respondit Aelius, qui scriptitauit orationes multis, orator ipse numquam fuit. **170** Apud maiores autem nostros uideo disertissimum habitum ex Latio L. Papirium Fregellanum, Ti. Gracchi P. F. fere aetate ; eius etiam oratio est pro Fregellanis colonisque Latinis habita in senatu.

Tum Brutus : Quid tu igitur, inquit, tribuis istis externis quasi oratoribus ?

Quid censes, inquam, nisi idem quod urbanis ? praeter unum, quod non est eorum urbanitate quadam quasi colorata oratio.

171 Et Brutus : Qui est, inquit, iste tandem urbanitatis color.

Nescio, inquam ; tantum esse quendam scio. Id tu Brute, iam intelleges cum in Galliam ueneris ; audies tum

169 Vettius Vettianus *uulg.* : uectius uectianus *L* || Rusticelius *uulg.* : Rusticellus *L* || et illa *Bake, Eberhard* : illa *L* una *Madvig* || quoi *Wilkins* : quo *L* || orationi *seclusi.*
170 eius etiam *F O G* : eius autem *r.*
171 tum *Weidner* : tu *L* || retinnit *Schneider* : retinuit *F O G* recinuit *B H M.*

quand tu seras arrivé en Gaule. Tu y entendras des mots qui ne sont pas d'usage courant à Rome. Mais les mots, on peut les changer ou en perdre l'habitude. Ce qui est plus caractéristique, c'est dans le son de voix de nos orateurs un certain accent et comme un timbre plus distingué. Et cette particularité, ce n'est pas seulement chez les orateurs qu'on la remarque ; elle est chez tous les gens de Rome. **172** Je me souviens d'avoir vu Titus Tinca, de Plaisance, homme très spirituel, faire avec notre ami le crieur Quintus Granius un assaut de verve.

— Le Granius, dit Brutus, dont parle souvent Lucilius ?

— Celui-là même. Tinca n'était pas moins fertile en saillies que Granius, mais Granius avait l'avantage par je ne sais quelle saveur de terroir. Aussi ne suis-je plus étonné de l'aventure arrivée, dit-on, à Théophraste, un jour qu'il demandait à une vieille femme du peuple le prix d'une marchandise. « Etranger, lui dit-elle après avoir répondu à la question, impossible à moins. » Il fut vexé de se voir reconnu pour un étranger, lui qui habitait Athènes depuis longtemps et qui parlait très correctement. C'est ainsi, je pense, que chez nous tous les gens de la ville ont, comme là-bas les gens de l'Attique, un accent particulier. Mais revenons à Rome, c'est-à-dire à nos orateurs.

Philippus, Caesar Strabo et leurs contemporains.

XLVII **173** Des deux plus grands orateurs, Crassus et Antoine, celui qui approchait le plus, c'était Lucius Philippus, mais ce n'est que de loin qu'il en approchait. Bien que personne ne vienne se placer entre eux et lui, je ne lui donnerai cependant ni le second ni le troisième rang. Car je n'appellerais second ou troisième ni dans une course de chars celui qui est encore tout près de la barrière de départ, quand le vainqueur a déjà reçu la palme, ni parmi les orateurs celui qui est si éloigné du premier qu'à peine il semble courir dans la même lice. Cependant Philippus avait des qualités qui, abstraction faite de toute comparaison, pouvaient paraître assez grandes : une extrême indépendance de langage, beaucoup d'esprit, des idées assez abondantes et développées avec facilité.

quidem etiam uerba quaedam non trita Romae, sed haec mutari dediscique possunt ; illud est maius, quod in uocibus nostrorum oratorum retin*n*it quiddam et resonat urbanius. Nec hoc in oratoribus modo apparet, sed etiam in ceteris. **172** Ego memini T. Tincam Placentinum, hominem facetissimum, cum familiari nostro Q. Granio praecone dicacitate certare.

Eon', inquit Brutus, de quo multa Lucilius ?

Isto ipso, sed Tincam non minus multa ridicule dicentem Granius obruebat nescio quo sapore uernaculo ; ut ego iam non mirer illud Theophrasto accidisse quod dicitur, cum percontaretur ex anicula quadam quanti aliquid uenderet et respondisset illa atque addidisset « Hospes, non pote minoris », tulisse eum moleste, se non effugere hospitis speciem, quom aetatem ageret Athenis optimeque loqueretur. Omnium sic, ut opinor, in nostris est quidam urbanorum, sicut illic Atticorum sonus. Sed domum redeamus, id est, ad nostros reuertamur.

XLVII **173** Duobus igitur summis, Crasso et Antonio, L. Philippus proximus accedebat, sed longo interuallo tamen proximus. Itaque eum, etsi nemo intercedebat qui se illi anteferret, neque secundum tamen neque tertium dixerim. Nec enim in quadrigis eum secundum numerauerim aut tertium qui uix e carceribus exierit, cum palmam iam primus acceperit, nec in oratoribus qui tantum absit a primo, uix ut in eodem curriculo

172 quom *F* : quom (cum *supra*) B^1 H^1 M^1 quomodo *O G* ‖ loqueretur. Omnium *L* : loqueretur omnium. *ed. rom*, *Friedrich* (*sed clausula uitiosa est*) ‖ sic ut *uulg.* : sicut *L* ‖ illic *O* M^2 : illis *G* M^1 ille *r*.

Il était surtout initié fort avant pour ce temps-là aux sciences de la Grèce. Dans la dispute ses railleries avaient quelque chose d'acéré et de mordant. **174** A la génération de ceux que je viens de citer se rattache Lucius Gellius, orateur qui n'eut pas beaucoup de succès, bien qu'on eût été incapable de dire ce qui lui manquait. Il n'était pas dépourvu de connaissances, il n'avait pas l'invention lente, il n'ignorait pas l'histoire romaine, il avait une parole suffisamment aisée. Mais son âge l'avait mis en concurrence avec de grands orateurs. Il rendit cependant à ses amis de nombreux et d'utiles services ; sa vie fut si longue qu'il se trouva mêlé à plusieurs générations d'orateurs. **175** Un avocat qui plaidait aussi beaucoup à cette époque, c'est Decimus Brutus, qui fut consul avec Mamercus (1) : c'était un homme savant dans les lettres grecques et latines. Lucius Scipio n'était pas non plus sans talent de parole et Cnaeus Pompeius, fils de Sextus, jouissait de quelque réputation. Quant à Sextus, son frère, il avait appliqué toutes ses facultés, qui étaient très brillantes, à l'étude approfondie du droit civil et à la connaissance parfaite de la géométrie et de la philosophie stoïcienne. De la génération précédente, Marcus Brutus dans le droit...(2) ; et, peu après Brutus, Caius Billienus, déjà grand par la naissance, s'était élevé au premier rang par un genre de mérite à peu près analogue : ce Billienus serait devenu consul, si tombant dans la série des consulats de Marius sa candidature n'avait pas trouvé les voies obstruées (3). **176** Pour Cnaeus Octavius, son éloquence, ignorée avant son consulat, se fit vivement apprécier, quand il fut consul, dans une foule de harangues. Mais laissons là tous les personnages, qui, sans avoir été de véritables orateurs, sont cités simplement pour avoir parlé en public, et revenons à ceux qui sont, au sens propre du mot, des orateurs.

(1) En 77 av. J.-C. Il est cité ici parce qu'avec Philippus et Scipio il marcha, en 100, contre Saturninus.

(2) Le texte est altéré.

(3) Entre 107 et 100 av. J.-C.

esse uideatur. Sed tamen erant ea in Philippo, quae qui sine comparatione illorum spectaret satis magna diceret ; summa libertas in oratione, multae facetiae ; satis creber in reperiendis, solutus in explicandis sententiis ; erat etiam in primis, ut temporibus illis, Graecis doctrinis institutus, in altercando cum aliquo aculeo et maledicto facetus. **174** Horum aetati prope coniunctus L. Gellius non tam uendibilis orator, quamu*is* nescires quid ei deesset. Nec enim erat indoctus nec tardus ad excogitandum nec Romanarum rerum immemor et uerbis solutus satis ; sed in magnos oratores inciderat eius aetas ; multam tamen operam amicis et utilem praebuit, atque ita diu uixit, ut multarum aetatum oratoribus implicaretur. **175** Multum etiam in causis uersa*ba*tur isdem fere temporibus D. Brutus, is qui consul cum Mamerco fuit, homo et Graecis doctus litteris et Latinis. Dicebat etiam L. Scipio non imperite Gnaeusque Pompeius Sex. F. a*li*quem numerum obtinebat. Nam Sex. frater eius praestantissimum ingenium contulerat ad summam iuris ciuilis et ad perfect*a*m geometriae rerum*que* Stoicarum scientiam † in iure et ante hos M. Brutus et paulo post eum C. Billienus homo per se magnus prope simili ratione summus euaserat ; qui consul factus esset, nisi in Marianos consulatus et in eas petitionis angustias incidisset. **176** Cn. autem Octaui eloquentia, quae fuerat

174 quamuis *Jeep* : quam ut *L*.

175 uersabatur isdem *Kayser* : uersaretur. Isdem *L* uersatus est isdem *Stangl* || aliquem *uulg.* : aut (at *supra*) quem *H*[1] at quem *r* || perfectam *uulg.* : -tum *L* || rerumque *scripsi* : rerum *L* et rerum *uulg.* || scientiam... : scientiam iltim in iure et ante hos *H* scientiam itam in iure. et ante hos *r* scientiam. Item in iure eminuerat ante *Prohasel.*

— C'est aussi mon avis, dit Atticus . car dans cette histoire de l'éloquence, il me semble que ce sont les talents et non les bonnes volontés que tu voulais rechercher.

— XLVIII **177** Eh bien ! repris-je, l'enjouement et la finesse des plaisanteries, voilà quelle fut sur ses devanciers et ses contemporains la supériorité de Caius Julius <Caesar Strabo> , fils de Lucius (1). Comme orateur, il n'eut pas la moindre force, mais personne n'eut un langage plus assaisonné d'urbanité, de grâce et de charme. Il existe de lui quelques discours (2), qui peuvent, aussi bien que ses tragédies, donner une idée de sa douceur dépourvue de nerf. **178** Son contemporain Publius Cethegus savait assez bien parler sur la politique : il l'avait en effet étudiée et la connaissait à fond. Aussi dans le sénat son influence égalait-elle celle des consulaires ; dans les causes criminelles il ne comptait pour rien; dans les procès civils <au contraire> il semblait avoir une certaine pratique. Dans les procès civils, Quintus Lucretius Vispillo était un avocat avisé et fort sur le droit. Ofella, lui, réussissait mieux dans les discussions politiques que dans les plaidoiries. Titus Annius, de la tribu Velina, était un homme éclairé et, dans les procès privés, un orateur très estimable. Dans le même genre de causes, un avocat très occupé était Titus Juventius; son débit était lent et presque froid; mais il était retors, habile à prendre l'adversaire au dépourvu ; en outre il ne manquait pas de connaissances et il entendait profondément le droit civil. **179** Un de ses disciples, Publius Orbius, à peu près du même âge que moi, n'était pas très exercé à parler en public ; mais dans la science du droit, il n'était pas inférieur à son maître. Pour Titus Aufidius, qui a vécu jusqu'à une extrême vieillesse, il aspirait à leur ressembler. C'était un homme honnête et irréprochable, mais il parlait trop peu en public; son frère, Marcus Vergilius, ne parlait guère davantage :

(1) Un des interlocuteurs du *de Oralore* (II, 58, 235), où il expose la théorie de la plaisanterie.

(2) Conservés par sa famille. L'un d'eux servit à Jules César, qui lui fit plusieurs emprunts textuels (Sueton., *Caes.* 55).

ante consulatum ignorata, in consulatu multis contionibus est uehementer probata. Sed ab eis qui tantum in dicentium numero non in oratorum fuerunt iam ad oratores reuertamur.

Censeo, inquit Atticus ; eloquentes enim uidebare, non sedulos uelle conquirere.

XLVIII **177** Festiuitate igitur et facetiis, inquam, C. Iulius L. F. et superioribus et aequalibus suis omnibus praestitit oratorque fuit minime ille quidem uehemens, sed nemo umquam urbanitate, nemo lepore, nemo suauitate conditior. Sunt eius aliquot orationes, ex quibus sicut ex eiusdem tragoediis lenitas eius sine neruis perspici potest. **178** Eius aequalis P. Cethegus, cui de re publica satis suppeditabat oratio ; totam enim tenebat eam penitusque cognouerat. Itaque in senatu consularium auctoritatem assequebatur, sed in causis publicis nihil, *in* priuatis satis ueterator uidebatur. Er*a*t in priuatis causis Q. Lucretius Vispillo et acutus et iuris peritus ; nam *Ofel*l*a* contionibus aptior quam iudiciis. Prudens etiam T. Annius Velina et in eius generis causis orator sane tolerabilis. In eodem genere causarum multum erat T. Iuuentius, nimis ille quidem lentus in dicendo et paene frigidus, sed et callidus et in capiendo aduersario uersutus et praeterea nec indoctus et magna cum iuris ciuilis intellegentia. **179** Cuius auditor P. Orbius, meus fere aequalis, in dicendo non nimis exercitatus, in iure autem ciuili non inferior quam magister fuit. Nam T. Aufidius, qui uixit ad summam senectutem, uolebat

178 in *add. uulg.* || Erat *uulg.* : erant *L* || Ofella *uulg.* : a ulia *L*

c'est lui qui, comme tribun de la plèbe, cita en justice Lucius Sylla (1), alors à la tête de l'armée <d'Asie>. Magius, collègue de Vergilius, avait un peu plus d'abondance oratoire. **180** Mais dans la foule des orateurs ou plutôt des parleurs sans instruction, sans politesse et même sans goût que j'ai connus, je n'en vois pas qui aient eu autant de facilité et d'intelligence que Quintus Sertorius de l'ordre sénatorial (2), et Caius Gargonius, de l'ordre équestre. Un homme qui eut aussi une élocution facile et coulante, en même temps qu'une très belle situation de famille et un esprit assez distingué, c'est Titus Junius, fils de Lucius, qui fut tribun, qui accusa et fit condamner pour crime de brigue Publius Sextius, préteur désigné. Il aurait été plus loin dans la carrière des honneurs, s'il n'avait été de complexion délicate et même atteint de maladie.

XLIX **181** Je sens très bien que je m'attarde à mentionner des hommes qui n'ont eu ni la réputation ni le talent d'orateurs et que je passe sous silence des noms anciens qui mériteraient une mention et même des éloges. Mais ce noms me sont inconnus. Quels renseignements en effet l'âge précédent peut-il nous fournir sur des hommes dont aucun texte ne parle, ni témoignages contemporains, ni écrits personnels ? Par contre, parmi les hommes de mon temps, je ne laisse de côté presqu'aucun de ceux que j'ai entendus parler. **182** Car je veux que l'on sache que dans une si grande et si ancienne république, où les plus brillantes récompenses ont toujours été proposées à l'éloquence, tous ont eu l'ambition de parler en public, assez peu ont osé le faire et peu en ont été capables. Toutefois ce que je dirai de chacun fera assez connaître quel est celui que je considère comme un vulgaire parleur et celui qui est pour moi un orateur véritable. Vers le même temps que Julius <Caesar Strabo>, un peu plus jeunes que lui, mais d'âges presque égaux entre eux, parurent

(1) En 87 avant J.-C.

(2) C'est le fameux partisan de Marius, qui, après la victoire de Sylla en 83, se retira en Espagne et y tint en échec, pendant plus de dix ans, les armées romaines.

esse similis horum eratque et bonus uir et innocens, sed dicebat parum ; nec sane plus frater eius M. Vergilius, qui tribunus plebis L. Sullae imperatori diem dixit. Eius collega P. Magius in dicendo paulo tamen copiosior. **180** Sed omnium oratorum siue rabularum, qui et plane indocti *e*t inurbani aut rustici etiam fuerunt, quos quidem ego cognouerim, solutissimum in dicendo et acutissimum iudico nostri ordinis Q. Sertorium, equestris C. Gargonium. Fuit etiam facilis et expeditus ad dicendum et uitae splendore multo et ingenio sane probabili T. Iunius L. F. tribunicius, quo accusante P. Sestius, praetor designatus, damnatus est ambitus ; is processisset honoribus longius, nisi semper infirma atque etiam aegra ualetudine fuisset.

XLIX **181** Atque ego praeclare intellego me in eorum commemoratione uersari, qui nec habiti sint oratores neque fuerint, praeteririque a me aliquot ex ueteribus commemoratione aut laude dignos ; sed hoc quidem ignoratione. Quid enim est superioris aetatis, quod scribi possit de eis de quibus nulla monumenta loquuntur nec aliorum nec ipsorum ? De his autem, quos ipsi uidimus, neminem fere praetermittimus eorum quos aliquando dicentes *au*diuimus. **182** Volo enim sciri in tanta et tam uetere republica, maximis praemiis eloquentiae propositis, omnes cupisse dicere, non plurimos ausos esse,

179 Vergilius *r* : Virgilius *F* || Sullae *F*[2] : Syllae *L*.
180 et *uulg.* : aut *L*.
181 sint... fuerint *r* : sunt... fuerunt *H* sunt...fuerint *H*[1] || audiuimus *Ruhnken* : uidimus *L*.

Caius Cotta, Publius Sulpicius, Quintus Varius, Cnaeus Pomponius, Caius Curio, Lucius Fufius, Marcus Drusus, et Publius Antistius : aucune génération ne fut jamais plus féconde en orateurs. **183** Parmi ceux que je viens de nommer, Cotta et Sulpicius ont certainement, suivant mon sentiment et aussi suivant le sentiment du public, tenu la première place.

Le public et les connaisseurs.

— Comment dis-tu ? interrompit Atticus, « ton sentiment et aussi le sentiment du public » ? Est-ce que, pour approuver ou désapprouver un orateur, le jugement de la foule est toujours d'accord avec celui des connaisseurs ? ou bien n'est-il pas vrai que les uns ont l'agrément de la multitude et les autres celui des gens compétents ?

— Ta question, dis-je, est judicieuse, Atticus ; mais la réponse que tu vas entendre ne sera peut-être pas du goût de tout le monde.

— **184** Que t'importe ? reprit-il, si elle doit être du goût de Brutus que voici.

— Il est vrai, Atticus, repris-je, que dans cette discussion sur le bon ou mauvais succès de l'orateur, c'est surtout ton approbation et celle de Brutus que je voudrais avoir. Mais quand je parle en public, c'est l'approbation du peuple que je veux. Car l'orateur qui par son langage réussit à avoir l'agrément de la multitude, il est impossible qu'il n'ait pas aussi l'agrément des connaisseurs. En effet, ce qu'il y a de bon ou de mauvais dans un discours, je puis, moi, le discerner, si j'ai assez de sens critique et de compétence ; mais ce que vaut l'orateur, cela c'est aux effets produits par sa parole qu'on pourra s'en rendre compte. **185** Les effets à obtenir sont, à mon avis du moins, au nombre de trois : instruire l'auditoire, lui plaire, l'émouvoir vivement. Quelles sont les qualités qui permettent à l'orateur d'obtenir chacun de ces effets, quels sont les défauts qui ou bien l'empêchent de chercher ces effets, ou bien, <quand il les cherche> , le font trébucher et défaillir ? voilà ce qu'un maître de l'art verra. Mais l'effet

potuisse paucos. Ego tamen ita de uno quoque dicam, ut intellegi possit, quem existimem clamatorem, quem oratorem fuisse. Isdem fere temporibus, aetate inferiores paulo quam Iulius, sed aequales propemodum fuerunt C. Cotta, P. Sulpicius, Q. Valerius, Cn. Pomponius, C. Curio, L. Fufius, M. Drusus, P. Antistius, nec ulla aetate uberior oratorum fetus fuit. **183** Ex his Cotta et Sulpicius cum meo iudicio tum omnium facile primas tulerunt.

Hic Atticus : Quomodo istuc dicis, inquit, cum tuo iudicio tum omnium ? Semperne in oratore probando aut improbando uulgi iudicium cum intellegentium iudicio congruit ? an alii probantur *a* multitudine, alii autem ab *e*is qui intellegunt ?

Recte requiris, inquam, Attice ; sed audies ex me fortasse quod non omnes probent.

184 An tu, inquit, id laboras, s*i* huic modo Bruto probaturus es ?

Plane, inquam, Attice, disputationem hanc de oratore probando aut improbando multo malim tibi et Bruto placere ; eloquentiam autem meam populo probari uelim. Etenim necesse est, qui ita dicat ut a multitudine probetur, eundem doctis probari. Nam quid in dicendo rectum sit aut prauum ego iudicabo, si modo is sum, qui id possim aut sciam iudicare ; qualis uero sit orator ex eo quod is dicendo efficiet poterit intellegi. **185** Tria sunt enim, ut quidem ego sentio, quae sint efficienda dicendo ;

182 sciri *uulg.* : scire *L* || P. Antistius G^2 : patistius FO^2 *uetus* G^1 particius O^1 partitius *r*.
183 a *add. uulg.* || eis *uulg.* : his *L*.
184 laboras si *Manuzio* : laborasse *L*.

est-il, oui ou non, obtenu ? L'auditoire est-il dans les dispositions où l'orateur voulait qu'il fût ? Cela, c'est à l'approbation du public et aux applaudissements de la multitude qu'on le voit. Voilà pourquoi, sur la question de savoir si un orateur est bon ou mauvais, il n'y a jamais eu entre les connaisseurs et le peuple divergence d'opinion (1). **186** T'imagines-tu qu'à l'époque où florissaient les orateurs dont j'ai parlé tout à l'heure, il n'y ait pas eu sur les rangs à leur assigner accord entre la foule et les connaisseurs ? Le premier venu, à qui on eût posé cette question : « quel est à Rome l'orateur le plus éloquent ? » ou bien eût hésité entre Antoine et Crassus (2) ou bien eût désigné l'un des deux. Personne, direz-vous, ne leur eût-il donc préféré Philippus, cet orateur d'une éloquence si douce, si grave, si enjouée, cet orateur que moi-même, qui entends peser les mérites de chacun avec une critique raisonnée, j'ai placé immédiatement après les deux autres (3) ? Non certainement; car c'est le privilège du très grand orateur de paraître très grand aux yeux du peuple. **187** Le joueur de flûte Antigénidas (4) a pu dire un jour à un de ses élèves, que le public ne goûtait pas du tout : « Joue pour moi et pour les Muses. » A mon tour, je dirais volontiers à mon ami Brutus que voici, quand il parle, comme cela lui arrive souvent, devant la foule : « Joue pour moi, mon cher Brutus, et <aussi> pour le peuple » : le public sentira les effets de l'éloquence; moi je verrai en plus la raison des effets produits (5). Voici un homme qui parle : l'auditoire ajoute foi à ses paroles, tient pour vrai ce qu'il dit, entre dans sa pensée, l'approuve ; le discours produit la conviction. **188** Toi, le maître de l'art, que veux-tu de plus ?

(1) Tout ce développement est à l'adresse des Néo-Attiques et de Brutus, l'un d'eux. Ceux-ci prétendent être des connaisseurs en fait d'éloquence (*docti, intellegentes*) et régenter l'art oratoire. Cicéron, qui est l'objet de leurs critiques, leur riposte ici : pour l'éloquence, il n'y a qu'un jugement qui compte, celui de la foule. Le succès auprès de la multitude est le critérium souverain.

(2) Pour ces deux orateurs, voir §§ 139 et suiv., 143 et suiv.

(3) Voir § 173.

(4) Musicien thébain du IVe siècle avant J.-C.

(5) Les phrases qui suivent analysent les trois effets de l'éloquence (*docere, delectare, mouere*), qui ont été indiqués au début du § 185.

ut doceatur is apud quem dicetur, ut delectetur, ut moueatur uehementius. Quibus uirtutibus oratoris horum quidque efficiatur aut quibus uitiis orator aut non assequatur haec aut etiam in his labatur et cadat, artifex aliquis iudicabit. Efficiatur autem ab oratore necne, ut ei qui audiunt ita afficiantur, ut orator uelit, uulgi assensu et populari approbatione iudicari solet. Itaque numquam de bono oratore aut non bono doctis hominibus cum populo dissensio fuit. L **186** An censes, dum illi uiguerunt quos ante dixi, non eosdem gradus oratorum uulgi iudicio et doctorum fuisse ? De populo si quem ita rogauisses « Quis est in hac ciuitate eloquentissimus ? » in Antonio et Crasso aut dubitaret aut hunc alius, illum alius diceret. Nemone Philippum, tam suauem oratorem, tam grauem, tam facetum his anteferret, quem nosmet ipsi, qui haec arte aliqua uolumus expendere, proximum illis fuisse diximus ? Nemo profecto ; id enim ipsum est summi oratoris summum oratorem populo uideri. **187** Quare tibicen Antigenidas dixerit discipulo sane frigenti ad populum « Mihi cane et Musis » ; ego huic Bruto dicenti, ut solet, apud multitudinem « Mihi cane et populo, mi Brute », dixerim, ut qui audient quid efficiatur, ego etiam cur id efficiatur intellegam. Credit eis quae dicuntur qui audit oratorem, uera putat, assentitur, probat, fidem facit oratio ; **188** tu artifex quid quaeris amplius ? Delectatur audiens multitudo et ducitur oratione et quasi uoluptate quadam perfunditur ; quid habes quod

185 ei *uulg.* : hi *L.*
186 fuisse diximus *clausula uitiosa.*
187 id efficiatur *FOG* : id *om. B H M* || eis *uulg.* : his *L.*
188 mitigatur *Schütz* : miratur *L.*

L'auditoire est enchanté, séduit, tout pénétré de plaisir. Qu'as-tu à chicaner ? L'auditoire se réjouit, s'attriste, rit, pleure, témoigne de l'intérêt, de l'aversion, du mépris, de l'envie ; il est amené au sentiment de la pitié, de la honte, du repentir ; il s'irrite, il s'adoucit, il espère, il craint ; et ces mouvements se produisent dans la proportion même où s'exerce sur les âmes des assistants la pression des paroles, des pensées, de l'action de l'orateur. Qu'est-il besoin d'attendre qu'un savant critique vienne donner son avis ? A l'approbation de la multitude il est impossible que ne réponde pas l'approbation des savants. Voici la preuve décisive que jamais le jugement du peuple n'a été en désaccord avec celui des savants et des connaisseurs. **189** Parmi la foule des orateurs de toute espèce qui ont existé, en est-il un seul que l'opinion publique ait jugé excellent, sans que les savants aient confirmé cet arrêt ? Du temps de nos pères, quel est le citoyen qui, libre de choisir un défenseur, n'eût pas, sans hésiter un instant, désiré soit Antoine, soit Crassus ? Il y avait beaucoup d'autres avocats et cependant, si l'on pouvait hésiter entre les deux, personne n'eût hésité à choisir l'un des deux. Et dans notre jeunesse, quel homme, libre de son choix et pouvant prendre Cotta ou Hortensius, eût donné la préférence à quelqu'un d'autre ?

— LI **190** Pourquoi, interrompit Brutus, chercher d'autres exemples que le tien ? Ne voyions-nous pas ce que souhaitaient les accusés et ce que pensait Hortensius lui-même ? Lui qui, toutes les fois qu'il partageait avec toi la défense d'une cause (j'en fus souvent témoin), te laissait la péroraison, c'est-à-dire la partie où le rôle de l'éloquence est prépondérant.

— Parfaitement, repris-je, mais, c'était, je crois, la bienveillance qui le conduisait à me faire tous les honneurs. Quant à l'opinion du peuple sur moi, je l'ignore. Mais ce que j'affirme, c'est que, pour ce qui est de tous les autres orateurs, ceux que l'opinion de la multitude a considérés comme les plus éloquents ont été aussi ceux que le jugement des connaisseurs a le plus prisés. **191** Démosthène n'aurait jamais pu dire un mot pareil à celui qu'on rap-

disputes ? Gaudet dolet, ridet plorat, fauet odit, contemnit inuidet, ad misericordiam inducitur, ad pudendum, ad pigendum, irascitur *mitig*atur, sperat timet; haec perinde accidunt ut eorum qui adsunt mentes uerbis et sententiis et actione tractantur. Quid est quod exspectetur docti alicuius sententia ? Quod enim probat multitudo, hoc idem doctis probandum est. Denique hoc specimen est popularis iudici, in quo numquam fuit populo cum doctis intellegentibusque dissensio. **189** Cum multi essent oratores in uario genere dicendi, quis umquam ex his excellere iudicatus est uulgi iudicio, qui non idem a doctis probaretur ? Quando autem dubium fuisset apud patres nostros, eligendi cui patroni daretur optio, quin aut Antonium optaret aut Crassum ? Aderant multi alii ; tamen utrum de his potius, dubitasset aliquis, quin alterum, nemo. Quid ? adulescentibus nobis cum esset Cotta et Hortensius, num quis, quo*i* quidem eligendi potestas esset, quemquam his anteponebat ?

LI **190** Tum Brutus : Quid tu, inquit, quaeris alios ? de te ipso nonne quid optarent rei, quid ipse Hortensius iudicaret uidebamus ? qui cum partiretur tecum causas (saepe enim interfui), perorandi locum, ubi plurimum pollet oratio, semper tibi relinquebat.

Faciebat ille quidem, inquam, et mihi beneuolentia, credo, ductus tribuebat omnia. Sed ego, quae de me populi sit opinio, nescio ; de relicuis hoc affirmo, qui uulgi opinione disertissimi habiti sint, eosdem intellegentium quoque iudicio fuisse probatissimos. **191** Nec enim posset idem Demosthenes dicere, quod dixisse Antimachum

189 quoi *Ellendt* : quo *L.*

porte du célèbre poète Antimaque (1) : celui-ci, devant un auditoire convié par lui, lisait son œuvre, le volumineux poème que vous savez. Abandonné, au milieu de sa lecture, par tout le monde, excepté Platon : « Je n'en continuerai pas moins, dit-il : Platon seul vaut pour moi cent mille auditeurs. » Il avait raison. Un poème, étant quelque chose de raffiné, n'a besoin de plaire qu'à un petit nombre ; un discours, étant fait pour le public, doit entraîner l'adhésion de la foule. Si ce même Platon se fût trouvé tout seul en face de Démosthène abandonné par le reste de l'auditoire, Démosthène n'aurait pas pu dire un mot. **192** Et toi, Brutus ! Pourrais-tu dire un mot, si, par impossible, tu te voyais, comme le fut un jour Curion, abandonné par le public d'une assemblée ?

— Je te le confesserai sans détour, dit-il : dans les affaires même qui dépendent uniquement des juges et où la foule n'a rien à voir, si les gens qui font cercle autour du tribunal venaient à me laisser là, je serais incapable de parler.

— Cela est naturel, repris-je. Une flûte dans laquelle on souffle et qui ne rend aucun son est bonne, pour le musicien, à être jetée. La flûte de l'orateur, si je puis m'exprimer ainsi, ce sont les oreilles du public. Si on souffle en vain dedans, ou bien encore si l'auditeur, comme un cheval insensible, ne répond pas du tout, il ne faut pas pousser plus loin l'effort.

LII **193** Il y a cependant une différence <entre la foule et les connaisseurs>. Il peut arriver que la foule applaudisse un orateur qui ne mérite pas d'être applaudi ; mais si elle le fait, c'est qu'elle manque de point de comparaison. Quand un discours de valeur moyenne ou même mauvais lui fait plaisir, elle est satisfaite ; elle n'a pas l'idée qu'il y ait mieux ; ce qu'on lui donne, bon ou mauvais, elle l'accepte. C'est que les oreilles se laissent prendre par un orateur, même secondaire, pourvu qu'il y ait en lui quelque chose ; et il n'y a rien qui agisse davantage sur les esprits des hommes que l'ordonnance et le ton ora-

(1) Poète alexandrin, auteur d'une épopée indigeste, la *Thébaïde*.

clarum poetam ferunt, qui cum conuocatis auditoribus legeret eis magnum illud quod nouistis uolumen suum, et eum legentem omnes praeter Platonem reliquissent, « Legam » inquit « nihilo minus ; Plato enim mihi unus instar est *centum milium* ». Et recte. Poema enim reconditum paucorum approbationem, oratio popularis assensum uulgi debet mouere. At si eundem hunc Platonem unum auditorem haberet Demosthenes, cum esset relictus a ceteris, uerbum facere non posset. **192** Quid tu, Brute ? possesne, si te, ut Curionem quondam, contio reliquisset ?

Ego vero, inquit ille, ut me tibi indicem, in eis etiam causis in quibus omnis res nobis cum iudicibus est, non cum populo, tamen, si a corona relictus sim, non queam dicere.

Ita se, inquam, res habet ; ut, si tibiae inflatae non referant sonum, abiciendas eas sibi tibicen putet, sic oratori populi aures tamquam tibiae sunt; eae si inflatum non recipiunt aut si auditor omnino tamquam equus non facit, agitandi finis faciendus est.

LII **193** Hoc tamen interest, quod uulgus interdum non probandum oratorem probat, sed probat sine comparatione; cum a mediocri aut etiam *a* malo delectatur, eo est contentus, esse melius non sentit, illud quod est, qualecumque est, probat. Tenet enim aures uel mediocris orator, sit modo aliquid in eo ; nec res ulla plus apud animos hominum, quam ordo et ornatus orationis

191 centum milium *Camerarius* : omnium me illum *L.* || mouere *B*[2] *M*[2] : moueri *L.*
192 possesne si *uulg.* : posses nisi *L.*
193 a *add. uulg.* || delectatur *r* : - tetur *O G*

toire d'un discours. **194** Ainsi quelqu'un du peuple, entendant Quintus Scaevola parler pour Marcus Coponius dans l'affaire dont j'ai parlé plus haut, aurait-il ou attendu ou imaginé quelque chose de plus soigné, de plus élégant, de plus parfait en un mot ? **195** Scaevola cherchait à prouver que Manius Curius, institué héritier pour le cas où son pupille mourrait avant d'être majeur, n'avait rien à réclamer, puisque le dit pupille n'était pas né (1). Que ne dit-il pas sur le respect dû aux testaments, sur les anciennes formules, sur les termes qu'il eût fallu employer pour que l'institution d'héritier fût valable même au cas où l'enfant ne fût pas venu au monde ? **196** A quels pièges, disait-il, le peuple ne serait-il pas exposé, si la lettre des actes n'était pas respectée, si des conjectures allaient rechercher les intentions, si les interprétations d'hommes habiles à parler venaient dénaturer le sens des choses écrites par des gens simples ? **197** Comme il faisait valoir l'autorité de son père, qui avait toujours défendu les droits de la lettre écrite ! Comme il insistait, d'une manière générale, sur la nécessité de maintenir les règles du droit civil ! Tandis que toutes ces idées, habilement et savamment conçues, étaient présentées par Scaevola dans un langage bref, précis, suffisamment oratoire et d'une élégance parfaite, quelqu'un eût-il pu se trouver dans le public pour attendre ou imaginer quelque chose de mieux ? LIII Mais, le tour de Crassus venu, il commença par l'histoire d'un enfant gâté qui, dans une promenade au bord de la mer, avait trouvé une cheville d'aviron et, parce qu'il avait fait cette trouvaille, s'était mis en tête de construire un bateau. Pareillement Scaevola, n'ayant en mains qu'une cheville, l'argument des pièges < possibles> , était parti de là pour bâtir de toutes pièces une

(1) Un testament avait été fait en faveur d'un enfant dont la naissance était présumée, avec cette clause qu'en cas de mort de l'enfant avant sa majorité l'héritage irait à un héritier substitué, au tuteur de l'enfant, Manius Curius. L'enfant n'étant pas né, le tuteur réclama l'héritage. Mais on lui opposa que, la naissance n'ayant pas eu lieu, la clause de la mort avant la majorité n'avait pu être observée.

u alet. **194** Quare quis ex populo, cum Q. Scaeuolam pro M. Coponio dicentem audiret in ea causa de qua ante dixi, quicquam politius aut elegantius aut omnino melius aut exspectaret aut posse fieri putaret ? **195** Cum is hoc probare uellet, M'. Curium, cum ita heres institutus esset, si pupillus ante mortuus esset quam in suam tutelam uenisset, pupillo non nato heredem esse non posse, quid ille non dixit de testamentorum iure, de antiquis formulis, quemadmodum scribi oportuisset, si etiam filio non nato heres institueretur, **196** quam captiosum esse populo, quod scriptum esset neglegi et opinione quaeri uoluntates et interpretatione disertorum scripta simplicium hominum peruertere ? **197** Quam ille multa de auctoritate patris sui, qui semper ius illud esse defenderat ? quam omnino multa de conseruando iure ciuili ? Quae quidem omnia cum perite et scienter *sumpta* breuiter et presse et satis ornate et pereleganter diceret, quis esset in populo, qui aut exspectaret aut fieri posse quicquam melius putaret ? LIII At uero, ut contra Crassus ab adulescente delicato, qui in littore ambulans scalmum repperisset ob eamque rem aedificare nauem concupiuisset, exorsus est, similiter Scaeuolam ex uno scalmo captionis centumuirale iudicium hereditatis effecisse, hoc in illo initio consecutus, multis eiusdem generis sententiis delectauit animosque omnium qui aderant in hilaritatem a seueritate traduxit; quod est unum ex tribus quae

194 posse fieri *F B H M* : fieri posse *O G* .

197 sumpta *scripsi* : tum ita *L* tum [ita] *Friedrich* item *Haupt* || hoc in illo *L* : hoc illo *Orelli* hoc ille *Ellendt* hocce ille *Stangl* || initio, consecutus *r* : initio consecutis *B O* initio, conse-

affaire d'héritage à juger par les Centumvirs. Cette comparaison, poursuivie par Crassus au cours de l'exorde, et une foule de traits du même genre amusèrent l'auditoire et le fit passer du sérieux à la gaieté : c'est là un des trois effets que doit produire, comme je l'ai dit (1), l'orateur. Ensuite Crassus démontra que l'intention du testateur, ainsi que le sens du texte, était ceci : dans le cas où, d'une manière ou d'une autre, il n'existerait point de fils arrivé à majorité, soit qu'aucun fils ne fût né, soit que le fils fût mort avant ce terme, Curius devait hériter. C'était, disait-il, la formule courante ; elle était valable, et toujours elle avait été reconnue comme telle. Cette explication et beaucoup d'autres analogues opéraient la conviction, second devoir de l'orateur. **198** Puis ce fut l'équité naturelle dont Crassus se fit le champion ainsi que du respect dû aux pensées et aux intentions des testaments : que de pièges il y aurait, disait-il, dans la lettre des mots, en toutes choses mais surtout en matière de testaments, si l'on ne tenait pas compte de l'esprit ! Quelle puissance prendrait Scaevola, si personne n'osait plus désormais faire un testament sans avoir pris son avis ! Tout cela présenté avec autorité, avec des exemples à profusion, avec de la variété dans le ton, et aussi avec des traits plaisants et une grâce spirituelle, souleva tant de cris d'admiration et d'applaudissements qu'il sembla qu'on n'eût rien dit en sens contraire. Le troisième devoir de l'orateur était accompli, le dernier du classement, mais, par son importance, le premier. Notre auditeur vulgaire de tout à l'heure qui, après avoir entendu Scaevola seul, l'avait admiré, eût changé d'avis après avoir entendu Crassus ; au lieu que le critique connaisseur et savant, dès le discours de Scaevola, eût eu le sentiment qu'il existait une façon de parler plus riche et plus éclatante. Mais après l'achèvement des plaidoiries, si l'on eût demandé quel était des deux avocats celui qui l'emportait sur l'autre, il est certain que jamais entre la décision du connaisseur et celle de la foule il n'y eût eu désaccord.

LIV **199** En quoi donc consiste la supériorité du

(1) Voir § 185.

dixi ab oratore effici debere. Deinde hoc uoluisse eum qui testamentum fecisset, hoc sensisse, quoquo modo filius non esset qui in suam tutelam ueniret, siue non natus siue ante mortuus, Curius heres ut esset; ita scribere plerosque et id ualere et ualuisse semper. Haec et multa eiusmodi dicens fidem faciebat; quod est ex tribus oratoris officiis alterum. **198** Deinde aequum bonum, testamentorum sententias uoluntatesque tutatus est; quanta esset in uerbis captio cum in ceteris rebus tum in testamentis, si neglegerentur uoluntates; quantam sibi potentiam Scaeuola assumeret, si nemo auderet testamentum facere postea nisi de illius sententia. Haec cum grauiter tum ab exemplis copiose, tum uarie, tum etiam ridicule et fac*et*e explicans, eam admirationem assensionemque commouit, dixisse ut contra nemo uideretur. Hoc erat oratoris officium partitione tertium, genere maximum. Hic ille de populo iudex, qui separatim alterum admiratus esset, idem, audito altero, iudicium suum contemneret; at uero intellegens et doctus, audiens Scaeuolam, sentiret esse quoddam uberius dicendi genus et ornatius. Ab utroque autem, causa perorata, si quaereretur uter praestaret orator, numquam profecto sapientis iudicium a iudicio uulgi discreparet.

LIV **199** Qui praestat igitur intellegens imperito? Magna re et difficili, si quidem magnum est scire, quibus efficiatur amittaturue dicendo illud quicquid est quod aut effici dicendo oportet aut amitti non oportet. Praestat etiam illo doctus auditor indocto quod saepe,

cutis *Madvig* initio constituto *Iahn* || ueniret *F O G* : uenisset *B H M*.

198 tum ab *uulg.* : cum ab *L* || facete *uulg.* : facile *L*

connaisseur sur l'ignorant ? En une chose qui est grande et difficile, puisque c'est une grande chose que de savoir par quels moyens, quand on parle, on produit ou compromet l'effet, quel qu'il soit, qu'il importe de produire ou de ne pas compromettre. Le savant a encore sur l'ignorant cette supériorité, qu'en présence de deux ou plusieurs orateurs également goûtés du peuple, il discerne où se trouve le meilleur genre d'éloquence. Je ne parle pas de ce qui n'est pas goûté du peuple ; car cela ne peut pas non plus être goûté du connaisseur. Au son rendu par les cordes d'une lyre se juge la virtuosité de celui qui les touche : de même à la vibration des âmes se voit le talent de l'orateur à les manier. **200** Voilà pourquoi un homme qui se connaît en éloquence n'a souvent pas besoin, pour se faire une opinion, de s'asseoir et de prêter une oreille attentive : un coup d'œil suffit en passant. Voit-il les juges qui bâillent, qui causent deux à deux et même quelquefois par petits groupes, qui s'informent de l'heure, qui demandent au président de lever l'audience ? il comprend aussitôt qu'il n'y a pas là un orateur capable de faire sur l'esprit des juges ce que fait sur les cordes d'une lyre la main du musicien. Au contraire aura-t-il aperçu en passant les juges la tête levée, les yeux attentifs, comme des gens qu'on instruit d'une affaire et dont le visage même semble indiquer l'adhésion aux paroles dites ? ou bien encore les aura-t-il vus sous le charme, comme un oiseau à qui on siffle un air, et pour ainsi dire suspendus aux lèvres de celui qui parle ? ou bien enfin les aura-t-il vus, ce qui est la chose essentielle, en proie à la pitié, à la haine, à une passion quelconque, et violemment remués dans leurs âmes ? Aura-t-il, dis-je, en passant aperçu ces effets, à coup sûr il comprendra, même sans avoir rien entendu, que c'est un véritable orateur qui parle dans l'affaire et que c'est une œuvre oratoire qui s'accomplit ou qui même est déjà consommée.

Cotta et Sulpicius.

LV **201** Après ces réflexions, dont Brutus et Atticus reconnurent la justesse, je revins à mon sujet. C'est Cotta, dis-je, et Sulpicius qui ont donné lieu à cette digression, après ma phrase où

cum oratores duo aut plures populi iudicio probantur, quod dicendi genus optimum sit intellegit. Nam illud quod populo non probatur ne intellegenti quidem auditori probari potest. Ut enim ex neruorum sono in fidibus quam scienter ei pulsi sint intellegi solet, sic ex animorum motu cernitur quid tractandis his perficiat orator. **200** Itaque intellegens dicendi existimator, non assidens et attente audiens, sed uno aspectu et praeteriens de oratore saepe iudicat. Videt oscitantem iudicem, loquentem cum altero, nonnumquam etiam circulantem, mittentem ad horas, quaesitorem ut dimittat rogantem ; intellegit oratorem in ea causa non adesse, qui possit animis iudicum admouere orationem tamquam fidibus manum. Idem si praeteriens aspexerit erectos intuentes iudices, ut aut doceri de re idque etiam uultu probare uideantur, aut ut auem cantu aliquo sic illos uiderit oratione quasi suspensos teneri, aut, id quod maxime opus est, misericordia, odio, motu animi aliquo perturbatos esse uehementius, ea si praeteriens, ut dixi, aspexerit, si nihil audiuerit, tamen oratorem uersari in illo iudicio et opus oratorium fieri aut perfectum iam esse profecto intelleget.

LV **201** Cum haec disseruissem, uterque assensus est, et ego, tamquam de integro ordiens : Quando igitur, inquam, a Cotta et Sulpicio haec omnis fluxit oratio, cum hos maxime iudicio illorum *omnium* [et illius aetatis] dixissem probatos, reuertar ad eos ipsos ; tum reliquos,

200 de oratore saepe iudicat *clausula uitiosa.*
201 illorum omnium *scripsi* (*cf.* § 183 *omnium*) : illorum hominum *L* || et illius aetatis *seclusi* : ex illius aetatis oratoribus *Iahn.*

j'avais dit qu'ils avaient été surtout appréciés par « le public »(1). C'est donc par eux que je rentrerai en matière ; puis je continuerai la revue des orateurs, comme j'ai commencé. Les bons orateurs (ce sont eux qui nous intéressent) se divisent en deux classes. Les uns ont un style simple et précis ; les autres ont un style élevé et plein. Bien que de ces deux manières la meilleure soit celle qui a le plus d'éclat et de magnificence, cependant tout ce qui excelle dans son genre, si le genre est sain, mérite des éloges. **202** Il y a seulement à faire attention : à côté de la précision, il y a le danger de la maigreur et de la sécheresse ; à côté de la plénitude, celui de l'enflure et du mauvais goût. <Cette distinction faite, je dirai> que Cotta qui au point de vue de l'invention était pénétrant, avait une élocution pure et facile ; s'étant, à cause de sa poitrine délicate, interdit très sagement tout effort un peu violent, il appropriait son style à la faiblesse de son tempérament. Il n'y avait dans ses discours rien qui ne fût pur, rien qui ne fût correct et sain. Ce qu'il y avait de remarquable, c'est qu'à peu près incapable d'efforts oratoires pour subjuguer les esprits des juges et n'usant d'ailleurs jamais de ce genre d'éloquence, il réussissait cependant, par des pesées légères, à conduire ses auditeurs ébranlés au point où les eût violemment emportés Sulpicius. **203** Sulpicius, en effet, parmi tous les orateurs qu'il m'a été donné d'entendre, fut sans contredit le plus pathétique et, pour ainsi dire, le plus tragique. Il avait une voix étendue et en même temps d'un timbre agréable et clair ; son geste et tous ses mouvements étaient pleins de grâce, mais de cette grâce qui convient au forum et n'est pas celle du théâtre. Son éloquence était impétueuse et torrentielle, sans que jamais pourtant le flot se gonflât outre mesure et débordât. C'était Crassus que Sulpicius voulait imiter, tandis que Cotta préférait Antoine. Mais dans Cotta on ne trouvait pas la force d'Antoine et Sulpicius n'avait pas la grâce de Crassus.

— **204** Quel art que l'éloquence ! dit Brutus, puisque voilà deux orateurs, tous deux de premier ordre, qui man-

(1) Voir § 183.

ut institui, deinceps persequar. Quoniam ergo oratorum bonorum (hos enim quaerimus) duo genera sunt, unum attenuate presseque, alterum sublate ampleque dicentium, etsi id melius est quod splendidius et magnificentius, tamen in bonis omnia, quae summa sunt, iure laudantur. **202** Sed cauenda est presso illi oratori inopia et ieiunitas, amplo autem inflatum et corruptum orationis genus. Inueniebat igitur acute Cotta, dicebat pure ac solute ; et ut ad infirmitatem laterum perscienter contentionem omnem remiserat, sic ad uirium imbecillitatem dicendi accommodabat genus. Nihil erat in eius oratione nisi sincerum, nihil nisi siccum atque sanum ; illudque maximum, quod cum contentione orationis flectere animos iudicum uix posset nec omnino eo genere diceret, tractando tamen impellebat ut idem facerent a se commoti quod a Sulpicio concitati. **203** Fuit enim Sulpicius uel maxime *omnium*, quos quidem ego audiuerim, grandis et, ut ita dicam, tragicus orator. Vox cum magna tum suauis et splendida; gestus et motus corporis ita uenustus ut tamen ad forum, non ad scaenam institutus uideretur; incitata et uolubilis, nec ea redundans tamen nec circumfluens oratio. Crassum hic uolebat imitari ; Cotta malebat Antonium, sed ab hoc uis aberat Antoni, Crassi ab illo lepos.

204 O magnam, inquit, artem, Brutus ! siquidem istis, cum summi essent oratores, duae res maxim*a*e altera alteri defuit.

203 omnium *add. uulg.*
204 maximae *uulg.* : - me *L* || animaduertendum est *r* : est *om. B H M* || et lenissimo *F O*[2] *uelus B H* : et lenissimum *G M*[1], E denissimo *O*[1] lentissimo *Vogel* (*ex Quintiliano*, II, 8 11).

quèrent chacun d'une des deux qualités les plus importantes.

—LVI Il faut encore remarquer, à leur occasion, repris-je, que des orateurs peuvent être de premier ordre, sans pour cela se ressembler entre eux. Rien ne diffère tant que Cotta et Sulpicius, et cependant ils l'emportèrent l'un et l'autre sur tous ceux de leur âge. Voilà pourquoi le devoir d'un maître habile est d'étudier les dispositions particulières de chacun de ses disciples et de se guider là-dessus dans son enseignement, à la façon de ce qu'on raconte d'Isocrate, qui, devant la vivacité extrême de Théopompe et l'extrême placidité d'Ephore, employait, disait-il, avec l'un le frein, avec l'autre l'éperon. **205** Sous le nom de Sulpicius on a des discours, mais qui ont été, à ce qu'on croit, écrits après sa mort par Publius Cannutius, mon contemporain, l'homme le plus éloquent, selon moi, hors du sénat. De la main de Sulpicius il n'existe aucun discours ; et je l'ai souvent entendu dire qu'il n'avait pas l'habitude d'écrire et qu'il ne le pouvait pas. Quant au discours intitulé « Défense de Cotta accusé de par la loi Varia », il fut composé, à la prière de Cotta, par Lucius Aelius <Stilo>. Aelius fut un homme d'un rare mérite, un chevalier romain des plus distingués, également très versé dans les lettres grecques et latines, connaissant en érudit le passé de Rome, tant au point de vue des institutions que des faits, connaissant aussi très bien nos vieux auteurs. C'est de lui que notre ami Varron a reçu la tradition de cette science, qu'il a poussée plus loin et qu'avec son très grand talent et son savoir universel il a présentée dans des ouvrages plus étendus et plus brillants. **206** Aelius travailla aussi la philosophie stoïcienne; mais pour l'éloquence il ne la travailla jamais et il ne fut pas un orateur. Ce qui ne l'empêchait pas d'écrire des discours destinés à être prononcés par d'autres : témoin ceux qu'il composa pour Quintus Metellus, fils de Lucius, pour Quintus Caepio, pour Pompeius Rufus. Ce n'est pas que ce dernier n'ait fait lui-même ceux dont il se servit pour sa propre défense, mais ce ne fut pas sans se faire aider par Aelius. **207** Je le sais pour avoir eu les

LVI Atque in his oratoribus illud animaduertendum est, posse esse summos qui inter se sint dissimiles. Nihil enim tam dissimile quam Cotta Sulpicio, et uterque aequalibus suis plurimum praestitit. Quare hoc doctoris intellegentis est uidere quo ferat natura sua quemque, et ea duce utentem sic instituere, ut Isocratem in acerrimo ingenio Theopompi et lenissimo Ephori dixisse traditum est, alteri se calcaria adhibere, alteri frenos.
205 Sulpici orationes, quae feruntur, eas post mortem eius scripsisse P. Cannutius putatur, aequalis meus, homo extra nostrum ordinem meo iudicio disertissimus. Ipsius Sulpici nulla oratio est, saepeque ex eo audiui, cum se scribere neque consuesse neque posse diceret. Cottae pro se lege Varia quae inscribitur, eam L. Aelius scripsit Cottae rogatu. Fuit is omnino uir egregius et eques Romanus cum primis honestus idemque eruditissimus et Graecis litteris et Latinis, antiquitatisque nostrae et in inuentis rebus et in actis scriptorumque ueterum litterate peritus ; quam scientiam Varro noster acceptam ab illo auctamque per sese, uir ingenio praestans omnique doctrina, pluribus et illustrioribus litteris explicauit.
206 Sed idem Aelius Stoicus *stud*uit, orator autem nec studuit umquam nec fuit. Scribebat tamen orationes, quas alii dicerent, ut Q. Metello *L.* f., ut Q. Caepion*i*, ut Q. Pompeio Rufo, quamquam is etiam ipse scripsit eas

205 Cannutius *uulg.* : Cānutius *B* H^1 M^2 O^2 Canutius *r* || consuesse *F* : consueuisse *r*.

206 Stoicus studuit *scripsi* : Stoicus uoluit *L* Stoicus <esse> uoluit *uulg.* Stoicum <se> uoluit *Stangl* || Metello L. f. *scripsi* : Metello f. *L*, Metello <Balearici> f. *Lambin* || Caepioni *uulg.* : Caepione *L.*

manuscrits sous les yeux, alors que jeune homme j'étais chez Aelius, dont je suivais les leçons avec beaucoup d'assiduité. Quant à Cotta, qui était lui-même un très grand orateur et pas le moins du monde dénué de sens, je m'étonne qu'il ait voulu faire passer pour siens des discours aussi pauvres que ceux d'Aelius.

LVII Aucun orateur de l'âge de Cotta et Sulpicius n'avait place à côté d'eux. Pomponius est celui qui me plaisait le plus ou, pour mieux dire, qui me déplaisait le moins. En tous cas, dans les grandes causes, à part les orateurs dont j'ai parlé plus haut, il n'y avait place pour personne : Antoine, le plus recherché de tous, acceptait volontiers les affaires qu'on lui apportait ; Crassus, un peu moins facile, ne les refusait pourtant pas. Quand on n'avait ni l'un ni l'autre pour avocat, on recourait presque toujours à Philippus ou à Caesar : après, c'est à Cotta et à Sulpicius qu'on allait. Ainsi, à eux six, ces avocats avaient toutes les causes importantes. Il est vrai qu'il n'y avait pas alors autant de procès que de nos jours, et l'usage n'existait pas, comme aujourd'hui, de faire défendre une même cause par plusieurs avocats. L'usage est, d'ailleurs, des plus mauvais. **208** Il nous faut répondre en effet à des orateurs que nous n'avons pas entendus, <chose doublement fâcheuse>, d'abord parce que ce qu'ils ont dit nous est souvent rapporté inexactement, ensuite parce qu'il importe beaucoup que je voie de mes propres yeux de quel air mon adversaire soutient ses affirmations et surtout quelle impression elles produisent sur l'auditoire. Mais le plus grand défaut de cet usage, c'est qu'au lieu d'avoir, comme il le faudrait, une défense unique formant un tout, on voit <dans un nouveau discours> l'affaire reprendre du commencement, après un premier discours qui l'a déjà épuisée. **209** Or la défense d'une cause, quelle qu'elle soit, ne comporte naturellement qu'une seule entrée en matière et qu'une seule conclusion, et toutes les autres parties du plaidoyer, comme les membres d'un corps organisé, doivent être mises chacune à sa place pour avoir tout leur effet et toute leur importance. Enfin, s'il est difficile, dans un discours qui dure longtemps,

quibus pro se est usus, sed non sine Aelio. **207** His enim scriptis etiam ipse interfui, cum essem apud Aelium adulescens eumque audire perstudiose solerem. Cottam autem miror, summum ipsum oratorem minimeque ineptum Aelianas leues oratiunculas uoluisse existimari suas.

LVII His duobus eiusdem aetatis annumerabatur nemo tertius ; sed mihi placebat Pomponius maxime, uel dicam minime displicebat. Locus erat omnino in maximis causis praeter eos, de quibus supra dixi, nemini; propterea quod Antonius, qui maxime expetebatur, facilis in causis recipiendis erat; fastidiosior Crassus, sed tamen recipiebat. Horum qui neutrum habebat, confugiebat ad Philippum fere aut ad Caesarem ; *post* Cotta Sulpicius*que* expetebantur. Ita ab his sex patronis causae illustres agebantur; neque tam multa quam nostra aetate iudicia fiebant ; neque hoc, quod nunc fit, ut causae singulae defenderentur a pluribus, quo nihil est uitiosius. **208** Respondemus *e*is quos non audiuimus; in quo primum saepe aliter est dictum aliter ad nos relatum; deinde magni interest coram uidere me quemadmodum aduersarius de quaque re asseueret, maxime autem quemadmodum quaeque res audiatur. Sed nihil uitiosius quam, cum unum corpus debeat esse defensionis, nasci de integro causam, cum sit ab altero perorata. **209** Omnium enim causarum unum est

207 scriptis *L om. O*[1] : scribendis *Lambin* scribentibus *Kraffert* || post Cotta Sulpiciusque *scripsi* : Cotta Sulpicius *L* secundum Philippum et Caesarem Cotta et Sulp. *Lambin* tum Cotta et Sulp. *Piderit* rarius Cotta et Sulp. *Eberhard*.
208 eis *uulg.* : his *L*

de ne pas laisser échapper un mot qui soit en contradiction avec ce qu'on a déjà dit, combien n'est-il pas plus difficile encore de ne pas contredire quelquefois celui qui a parlé avant nous ? Mais il faut beaucoup plus de travail pour plaider une cause entière que pour n'en plaider qu'une partie ; et puis on se fait plus d'amis en plaidant plusieurs causes à la fois. Voilà pourquoi cet usage a été facilement accepté.

Caius Scribonius Curio

LVIII **210** Toutefois, après Sulpicius et Cotta, quelques-uns donnaient la troisième place à Curio, peut-être parce qu'il avait l'expression assez brillante et ne parlait pas mal du tout le latin, par l'effet, je crois, d'une pratique domestique ; car il n'avait absolument aucune culture littéraire. Mais c'est une chose de grande importance que le langage des personnes que l'on entend chaque jour à la maison, avec qui l'on s'entretient dès l'enfance, le langage des pères, des pédagogues, des mères aussi. **211** Nous pouvons lire les lettres de Cornélie, mère des Gracques : il en résulte avec évidence que ses fils ont été formés moins par les tendres attentions que par le pur langage de leur mère. J'ai plus d'une fois entendu causer Laelia, fille de Caius Laelius : on la voyait tout imprégnée de l'élégance de son père (1). J'en dis autant des deux Mucia, ses filles (2), dont j'ai connu la manière de parler, ainsi que des deux Licinia, ses petites filles, que moi du moins j'ai entendues l'une et l'autre, et dont l'une, la femme de Scipion, a été, je crois, entendue par toi aussi, Brutus, quelquefois.

— En effet, dit Brutus, et avec d'autant plus de plaisir qu'elle était la fille de Lucius Crassus.

— **212** Et Crassus, repris-je, le fils de cette même Licinia, que l'orateur adopta par son testament, qu'en penses-tu ?

(1) Voir § 83. Laelia avait épousé Q. Mucius Scaevola l'Augure (§ 101), dont Cicéron suivit les leçons (§ 306).

(2) L'une d'elles était la femme du grand orateur L. Licinius Crassus (§ 143).

naturale principium, una peroratio ; relicuae partes, quasi membra suo quaeque loco locata, suam et uim et dignitatem tenent. Cum autem difficile sit in longa oratione non aliquando aliquid ita dicere ut sibi ipse non conueniat, quanto difficilius cauere ne quid dicas quod non conueniat eius orationi qui ante te dixerit. Sed quia et labor multo maior est totam causam quam partem dicere et quia plures ineuntur gratiae, si uno tempore dicas pro pluribus, idcirco hanc consuetudinem libenter asciuimus.

LVIII **210** Erant tamen quibus uideretur illius aetatis tertius Curio, quia splendidioribus fortasse uerbis utebatur, et quia Latine non pessime loquebatur, usu, credo, aliquo domestico ; nam litterarum admodum nihil sciebat. Sed magni interest quos quisque audiat cotidie domi, quibuscum loquatur a puero, quemadmodum patres, paedagogi, matres etiam loquantur. **211** Legimus epistulas Corneliae matris Gracchorum ; apparet filios non tam *in* gremio educatos quam in sermone matris. Auditus est nobis Laeliae C. F. saepe sermo. Ergo illam patris elegantia tinctam uidimus, et filias eius Mucias ambas, quarum sermo mihi fuit notus, et neptes Licinias, quas nos quidem ambas, hanc uero Scipionis etiam tu, Brute, credo, aliquando audisti loquentem.

Ego uero ac libenter quidem, inquit Brutus, et eo libentius, quod L. Crassi erat filia.

212 Quid Crassum, inquam, illum censes, istius Lici-

209 sibi ipse : sibi ipsum *Lambin* tibi ipse non conuenias *Ernesti* || ante te *F O B M* : te *om. G H*.
211 in *add. uulg.* || C. *om. F O*¹ *post* Laeliae.

— Ce fut, dit-on, un homme d'un très grand talent, répondit Brutus ; quant à Scipion < son frère et > mon collègue (1), il me paraît avoir un bon langage dans sa conversation et dans ses discours.

— Tu le juges bien, mon cher Brutus, repris-je. C'est qu'il est d'une race qui a ses racines dans la sagesse même. Nous avons déjà cité ses deux aïeuls, Scipion (2) et Crassus, ainsi que ses trois bisaïeuls, Quintus Metellus, le père des quatre fils (3), Publius Scipio, qui simple citoyen arracha la république à la tyrannie de Tiberius Gracchus (4), enfin Quintus Scaevola l'augure, aussi renommé par son extrême politesse que par sa haute science juridique (5). **213** Quant à ses deux trisaïeuls, de quel éclat leurs noms ne brillent-ils pas ? L'un est Publius Scipio, surnommé Corculum, qui fut deux fois consul (6) ; l'autre est le plus sage des hommes, Caius Laelius.

— Oh! la belle et féconde race, dit Brutus, où, de même que sur un arbre se greffent des rejetons d'espèce différente, se sont entées et... plusieurs variétés de sagesse.

LIX Pour en revenir à Curio, s'il est permis de le citer à côté de si grands noms, j'imagine que, bien que resté orphelin de bonne heure, il se trouva, grâce aux dispositions prises par son père, dans un milieu domestique accoutumé à un langage pur. J'en suis d'autant plus convaincu que, de tous ceux qui ont eu quelque réputation oratoire, je n'en ai pas connu un seul qui fût, dans toutes les parties des connaissances libérales, aussi peu instruit, aussi inculte. **214** Il ne connaissait aucun poète, n'avait lu aucun orateur, n'avait aucune notion historique ; il ne savait ni le droit public, ni le droit privé et civil. Je sais bien qu'il en a été de même pour d'autres orateurs, même de grands orateurs, que nous avons vus peu pourvus

(1) Au moment où ces lignes sont écrites, ce Scipion est avec Caton en Afrique, à la tête d'une armée Pompéienne.

(2) Le mari de Licinia (§ 211). Crassus est le grand orateur (§ 143).

(3) Metellus Macedonicus. Cf. § 81.

(4) Voir § 107.

(5) Voir §§ 101, 102, 306.

(6) Consul en 162 av. J.-C. et 155. Cf. § 79.

niae filium, Crassi testamento qui fuit adoptatus ?

Summo iste quidem dicitur ingenio fuisse, inquit ; et uero hic Scipio, collega meus, mihi sane bene et loqui uidetur et dicere.

Recte, inquam, iudicas, Brute. Etenim istius genus est ex ipsius sapientiae stirpe generatum. Nam et de duobus auis iam diximus, Scipione et Crasso, et de tribus proauis, Q. Metello, cuius quattuor filii, P. Scipione, qui ex dominatu Ti. Gracchi priuatus in libertatem rem publicam uindicavit, Q. Scaeuola augure, qui peritissimus iuris idemque percomis est habitus. **213** Iam duorum abauorum quam est illustre nomen, P. Scipionis qui bis consul fuit, qui est Corculum dictus, alterius omnium sapientissimi, C. Laeli !

O generosam, inquit, stirpem et tamquam in unam arborem plura genera, sic in istam domum multorum insitam atque † inluminatam sapientiam !

LIX Similiter igitur suspicor, ut conferamus parua magnis, Curionis, etsi pupillus relictus est, patrio fuisse instituto puro sermone assuefactam domum ; et eo magis hoc iudico, quod neminem ex his quidem, qui aliquo in numero fuerunt, cognoui in omni genere honestarum artium tam indoctum, tam rudem. **214** Nullum ille poetam nouerat, nullum legerat oratorem, nullam memoriam antiquitatis collegerat ; non publicum ius, non priuatum et ciuile cognouerat. Quamquam hoc quidem fuit etiam in aliis et magnis quidem oratoribus, quos

212 Ti. *om. F* || percomis *L* : perconus *M*[2].
213 inluminatam *L* : innatam *Schütz* inseminatam *Stangl*, insinuatam *maluerim*.
214 hoc *uulg.* : hic *F* id *r*.

de ces connaissances, témoin Sulpicius et Antoine. Mais au moins il y avait une chose qu'ils possédaient bien pour l'avoir étudiée à fond, c'est l'art oratoire. Des cinq parties si connues dont cet art se compose (1), il n'en était aucune où l'un ou l'autre d'entre eux fût complètement insuffisant; <ce qui se conçoit> , car il suffirait que l'une quelconque d'entre elles clochât tout à fait pour qu'on ne pût pas être un orateur. **215** Toutefois chacun avait sa partie où il était meilleur que dans le reste. Antoine savait trouver ses moyens, les préparer, les mettre à leur place et les garder dans sa mémoire, mais sa meilleure partie était l'action. Sur ces divers points, il était tantôt égal, tantôt supérieur à Crassus. Crassus, lui, l'emportait dans l'élocution, qui était plus brillante. Ni de Sulpicius, ni de Cotta, ni d'aucun bon orateur, on ne peut dire qu'une quelconque des cinq parties leur ait fait absolument, totalement défaut. **216** Aussi l'exemple de Curio est-il tout à fait significatif : il permet de dire qu'aucune qualité, à elle seule, ne fait plus valoir l'orateur que l'éclat et la richesse de l'élocution. En effet, il était, dans l'invention, sans promptitude, dans la disposition, sans ordre. LX Restent les deux parties, l'action et la mémoire : or dans l'une et l'autre il excitait des rires et des moqueries. Il se remuait d'une façon que Caius Julius (2) caractérisa d'une formule définitive le jour où, le voyant se balancer de tout son corps à droite et à gauche, il demanda : « A-t-on jamais plaidé dans une barque ? » Il y eut aussi un mot de Cnaeus Sicinius, personnage méprisable, mais d'une verve très amusante (c'est même la seule chose qu'il eût d'un orateur). **217** Un jour que, comme tribun de la plèbe, il avait introduit devant l'assemblée (3) les consuls Curio et Octavius et entendu un long discours de Curio à côté d'Octavius, lequel était assis, enveloppé de bandages, et à cause de sa goutte, couvert d'onguents : « Jamais, dit-il, Octavius, tu ne pourras assez remercier ton collègue ; car

(1) Voir § 25.

(2) Caesar Strabo, le spirituel orateur (§ 177).

(3) En 76 av. J.-C. Comme présidents des *concilia plebis*, les tribuns introduisaient les magistrats et leur donnaient ou retiraient la parole.

parum his instructos artibus uidimus, ut Sulpicium, ut Antonium. Sed ei tamen unum illud habebant dicendi opus elaboratum ; idque cum constaret ex quinque notissimis partibus, nemo in aliqua parte earum omnino nihil poterat. In quacumque enim una plane clauderet, orator esse non posset. **215** Sed tamen alius in alia excellebat magis ; reperiebat quid dici opus esset, et quomodo praeparar*i* et quo loco locari, memoriaeque ea comprendebat Antonius ; excellebat autem actione ; erantque ei quaedam ex his paria cum Crasso, quaedam etiam superiora ; at Crassi magis nitebat oratio. Nec uero Sulpicio neque Cottae dicere possumus neque cuiquam bono oratori rem ullam ex illis quinque partibus plane atque omnino defuisse. **216** Itaque in Curione hoc uerissime iudicari potest, nulla re una magis oratorem commendari quam uerborum splendore et copia. Nam cum tardus in cogitando tum in struendo dissipatus fuit. LX Relicua duo sunt, agere et meminisse ; in utroque cachinnos irridentium commouebat. Motus erat is quem et Iulius in perpetuum notauit, cum ex eo in utramque partem toto corpore uacillante quaesiuit : « Quis loque*re*tur e luntre ? » et Cn. Sicinius homo impurus, sed admodum ridiculus neque aliud in eo orratoris simile quicquam ; **217** is cum tribunus plebis Curionem et Octauium consules produxisset Curioque multa dixisset sedente Cn. Octauio collega, qui deuinctus erat fasciis et multis medica-

215 praeparari *uulg.* : - are *L* || erantque *F* : erant *r* || ex his *r* : ex is *F*.

216 in struendo *F* : in instruendo *r* || quis *L* (*habet* QUINTIL. XI, 3, 129) : quid *Campe*, *Stangl* || loqueretur *uulg.* : loquetur *L* || eluntre *F G M* : cluntre O^1 cliintre *B H* e lintre O^2 in luntre QUINTIL. || Sicinius *F O G* : siccinius *B H M*.

s'il ne s'était pas démené à son ordinaire, les mouches aujourd'hui t'auraient dévoré sur place. » Pour ce qui est de la mémoire, Curio en était si dépourvu qu'il lui arrivait, après avoir annoncé trois divisions, d'en ajouter une quatrième ou de ne plus retrouver la troisième. Un jour que dans une cause privée fort importante j'avais plaidé pour Titinia, cliente de Cotta, son tour étant venu de parler contre moi en faveur de Servius Naevius, il oublia tout à coup tout ce qu'il avait à dire ; la faute en était, disait-il, aux philtres et aux sortilèges de Titinia. **218** Voilà de grandes preuves d'une mémoire infidèle. Mais ce qu'il y a de plus honteux, c'est que même en écrivant il oubliait ce que sa main venait de tracer un instant plus tôt. On en voit un exemple dans le livre (1) où il se représente sortant du sénat et causant avec notre ami Pansa et Curio son fils (2) : César consul avait présidé la séance et le point de départ de la conversation était une question du fils, curieux de savoir ce qui avait été fait au sénat. Au milieu d'une foule d'invectives contre César et au cours de la discussion qui s'élève entre les interlocuteurs, à la façon des ouvrages dialogués, Curio oublie que la conversation a été placée précisément à l'issue d'une séance du sénat qu'il a dite présidée par César consul, et il reproche à ce même César des choses que celui-ci n'a faites que l'année d'après et les années suivantes comme gouverneur de la Gaule.

— LXI **219** Etrange oubli, dit Brutus avec étonnement, surtout dans un ouvrage écrit ! Ne même pas s'apercevoir, à la lecture, de la bévue commise !

— Mais n'est-ce pas, dis-je, Brutus, le comble de l'absurdité, du moment qu'il entendait faire les critiques qu'il a faites, de ne pas placer la date de son dialogue postérieurement aux faits dont il voulait parler. Mais il est sujet à des absences totales : c'est ainsi qu'il lui arrive de déclarer, dans le même ouvrage, qu'avec un consul comme César il ne met pas les pieds au sénat, et c'est

(1) Sans doute un pamphlet contre César, dont Curio était un adversaire acharné (Sueton., *Caes.* 9, 49, 50, 52).

(2) Voir § 280.

mentis propter dolorem artuum delibutus, « Numquam » inquit « Octaui, collegae tuo gratiam referes ; qui nisi se suo more iactauisset, hodie te istic muscae comedissent. » Memoria autem ita fuit nulla, ut aliquotiens, tria cum proposuisset, aut quartum adderet aut tertium quaereret ; qui in iudicio priuato uel maximo, cum ego pro Titinia Cottae perorauissem, ille contra me pro Ser. Naeuio diceret, subito totam causam oblitus est idque ueneficiis et cantionibus Titiniae factum esse dicebat. **218** Magna haec immemoris ingeni signa, sed nihil turpius, quam quod etiam in scriptis obliuiscebatur quid paulo ante posuisset ; ut in eo libro, ubi se exeuntem e senatu et cum Pansa nostro et cum Curione filio colloquentem facit, cum senatum Caesar consul habuisset, omnisque ille sermo ductus *est* e percontatione fili quid in senatu esset actum ; in quo multis uerbis cum inueheretur in Caesarem Curio disputatioque esset inter eos, ut est consuetudo dialogorum, cum sermo esset institutus senatu misso, quem senatum Caesar consul habuisset, reprendit eas res quas idem Caesar anno post et deinceps reliquis annis administrauisset in Gallia.

LXI **219** Tum Brutus admirans : Tantamne fuisse obliuionem, inquit, in scripto praesertim, ut ne legens quidem umquam senserit quantum flagiti commisisset ?

Quid autem, inquam, Brute, stultius quam, si ea uituperare uolebat quae uituperauit, non eo tempore instituere sermonem cum illarum rerum iam tempora

218 facit cum *r* : facit. Cum *F* cum... habuisset *secl. Ernesti* || ductus <est> *Baiter*: ductus *L* ducitur *uulg.* || administrauisset *r* : - uit *M*.

sous le consulat même de César et au sortir du sénat qu'il fait cette déclaration. Si la faculté qui est le dépôt de toutes les parties de l'intelligence était si peu sûre chez lui que même dans un ouvrage écrit il ne se souvenait pas de ce qu'il avait dit quelques lignes plus haut, il n'y a pas le moins du monde à s'étonner que, parlant d'abondance, le fil de ses idées lui échappât très souvent. **220** Aussi, bien qu'il ne fût pas avare de ses services et qu'il eût la passion de parler en public, très peu de causes lui étaient confiées. Mais, comme orateur, tant que vécurent les gens de sa génération, on le plaçait immédiatement après les meilleurs, en raison de cette pureté de langage dont j'ai parlé plus haut, et de la rapidité facile et en quelque sorte coulante de sa parole. C'est pourquoi j'estime que, malgré tout, ses discours méritent d'être regardés. Sans doute ils sont un peu traînants ; mais ils peuvent fortifier dans les autres et nourrir une qualité qu'il a possédée, nous le reconnaissons, à un degré notable, qualité dont la vertu est si grande que, seule et à l'exclusion de tout autre mérite, elle a permis à Curio de faire figure d'orateur. Mais revenons à notre sujet.

Orateurs secondaires contemporains de Curio.

LXII **221** Aux noms qui appartiennent à cette génération il faut joindre Caius Carbo, fils de l'orateur fameux (1) : il n'avait pas beaucoup d'invention, mais on le comptait cependant comme orateur. Son élocution était noble; il avait de la facilité et une manière naturellement imposante. Quintus Varius avait plus de ressources d'invention, avec autant de facilité dans l'élocution; il avait de plus une action animée et puissante et un style qui ne manquait ni d'abondance ni d'élégance : on n'eût pas hésité à le qualifier d'orateur véritable (2). Cnaeus Pomponius était fort de ses poumons puissants, d'une véhémence entraînante, violent, âpre, agressif. **222** Bien loin après eux venait Lucius Fufius, qui, cependant, à la suite de

(1) Voir § 103, 107.

(2) Ce Varius fut l'auteur de la loi *Varia* (91 av. J.-C.), qui frappa les membres les plus influents de l'aristocratie (§ 105, 304).

praeterissent ? Sed ita totus errat ut in eodem sermone dicat in senatu*m* se Caesare consule non accedere, e*t* id dicat ipso consule exiens e senatu. Iam qui hac parte animi, quae custos est ceterarum ingeni partium, tam debilis esset, ut ne in scripto quidem meminisset quid paulo ante posuisset, huic minime mirum est ex tempero dicenti solitam effluere mentem. **220** Itaque cum ei nec officium deesset et flagraret studio dicendi, perpaucae ad eum causae deferebantur. Orator autem, uiuis eius aequalibus, proximus optimis numerabatur propter uerborum bonitatem, ut ante dixi, et expeditam ac profluentem quodam modo celeritatem. Itaque eius orationes aspiciendas tamen censeo. Sunt illae quidem languidiores, uerum tamen possunt augere et quasi alere id bonum quod in illo mediocriter fuisse concedimus ; quod habet tantam uim ut solum sine aliis in Curione speciem oratoris alicuius effecerit. Sed ad instituta redeamus.

LXII **221** In eodem igitur numero eiusdem aetatis C. Carbo fuit, illius eloquentissimi uiri filius ; non satis acutus orator, sed tamen orator numeratus est. Erat in uerbis grauitas et facile dicebat et auctoritatem naturalem quandam habebat oratio. Acutior Q. Varius rebus inueniendis nec minus uerbis expeditus ; fortis uero actor et uehemens et uerbis nec inops nec abiectus, et quem plane oratorem dicere auderes. Cn. Pomponius lateribus pugnans, incitans animos, acer, acerbus, criminosus. **222** Multum ab his aberat L. Fufius ; tamen ex accusatione M'. Aquili diligentiae fructum ceperat. Nam

219 senatum *uulg* : - tu *L* || et *Lambin* : sed *L*.
220 uiuis eius aequalibus *L* : uiuis eius <aetatis> aeq *Friedrich* uiuis etiam aeq. *Stangl* a suis aeq. *Piderit*.

l'accusation portée contre Manius Aquilius, avait recueilli le fruit de son zèle. Pour ce qui est de Marcus Drusus, ton grand oncle, orateur écouté, mais seulement lorsqu'il parlait sur les affaires publiques, de Lucius Lucullus, qui, en plus, avait de l'esprit ; de ton père, Brutus, qui aux qualités des précédents ajoutait une connaissance profonde du droit public et privé ; de Marcus Lucullus ; de Marcus Octavius, fils de Cnaeus, dont le caractère et la parole eurent assez d'influence pour faire abroger par les votes du peuple assemblé en foule la loi Sempronia sur les distributions de blé ; de Cnaeus Octavius, fils de Marcus ; de Marcus Caton le père ; de Quintus Catulus le fils ; <pour ce qui est, dis-je, de tous ces personnages>, retirons-les du champ de bataille, j'entends par là l'éloquence judiciaire, pour les installer dans les citadelles de l'Etat, où ils ont ce qu'il faut pour rendre des services. **223** Au même poste je mettrais Quintus Caepio, si par excès d'attachement à l'ordre équestre il n'eût rompu avec le sénat. Cnaeus Carbo, Marcus Marius et plusieurs autres, tout à fait indignes de se faire entendre à des oreilles délicates, sont, parmi les orateurs que j'ai connus, ceux qui étaient le mieux faits pour les assemblées tumultueuses. Dans le même genre, je puis citer, en anticipant sur l'ordre des temps (1), Lucius Quinctius, qui n'est pas loin de nous, ainsi que <Lollius> Palicanus, plus fait encore pour avoir l'oreille de la multitude ignorante.

224 Et puisque nous en sommes venus à citer les orateurs de cette espèce, de tous les révolutionnaires qui vinrent après les Gracques, le plus éloquent parut être Lucius Appuleius Saturninus. Toutefois, c'était plutôt son air, ses gestes, la façon dont il se drapait dans sa toge, que la richesse de son élocution et la qualité de son invention qui faisaient impression sur la foule. Le plus méchant des hommes qui aient jamais existé fut, sans contredit, Caius Servilius Glaucia ; mais c'était un orateur plein d'idées, très avisé et surtout plaisant. Malgré la bassesse de sa condition et l'opprobre de sa vie, il aurait été élu

(1) Quinctius (tribun en 74) et Palicanus (tribun en 71) sont plus jeunes que la série qui précède.

M. Drusum, tuum magnum auunculum, grauem oratorem, ita dumtaxat cum de re publica diceret, L. autem Lucullum etiam acutum, patremque tuum, Brute, iuris quoque et publici et priuati sane peritum, M. Lucullum, M. Octauium, Cn. F., qui tantum auctoritate dicendoque ualuit, ut legem Semproniam frumentariam populi frequentis suffragiis abrogauerit, Cn. Octauium M. F., M. Catonem patrem, Q. etiam Catulum filium abducamus ex acie, id est a iudiciis, et in praesidiis rei publicae, cui facile satisfacere possint, collocemus.
223 Eodem Q. Caepionem referrem, nisi nimis equestri ordini deditus a senatu dissedisset. Cn. Carbonem, M. Marium et ex eodem genere complures, minime dignos elegantis conuentus auribus, aptissimos cognoui turbulentis contionibus. Quo in genere, ut in his perturbem aetatum ordinem, nuper L. Quinctius fuit; aptior etiam Palicanus auribus imperitorum.

224 Et quoniam huius generis facta mentio est, seditiosorum omnium post Gracchos L. Appuleius Saturninus eloquentissimus uisus est; magis specie tamen et motu atque ipso amictu capiebat homines quam aut dicendi copia aut mediocritate prudentiae. Longe autem post natos homines improbissimus C. Seruilius Glaucia, sed peracutus et callidus cum primisque ridiculus. Is ex summis et fortunae et uitae sordibus in praetura consul factus esset, si rationem eius haberi iudicatum esset; nam et plebem tenebat et equestrem ordinem beneficio legis deuinxerat. Is praetor eodem die,

223 senatu dissedisset *clausula uitiosa* || contionibus *uulg.* : cognitionibus *L.*

consul avant la fin de sa préture, si on eût jugé que sa candidature fût recevable : car il tenait la plèbe dans sa main, et l'ordre équestre, au profit duquel il avait fait voter une loi, lui était étroitement attaché. Il était préteur lorsqu'il fut tué, par mesure de salut public, le même jour que le tribun de la plèbe Saturninus, sous le consulat de Marius et de Flaccus. Cet homme ressemblait beaucoup à l'Athénien Hyperbolos, dont la perversité a été flétrie par les poètes attiques de la vieille comédie. **225** Après eux vint Sextus Titius, beau parleur, non sans invention, mais ayant dans son action si peu de tenue et tant de laisser aller qu'on inventa une espèce de mimique, à laquelle on donna son nom ; tant il importe d'éviter, dans le geste ou dans la parole, tout ce qui pourrait prêter à une parodie ridicule. LXIII Mais nous voilà remontés à une époque un peu plus reculée ; revenons à celle dont nous avons déjà dit quelque chose.

Antistius, Sisenna, débuts d'Hortensius.

226 Donc, à la génération de Sulpicius se rattache Publius Antistius, praticien très estimable. Il avait gardé le silence plusieurs années, s'étant vu l'objet, lorsqu'il parlait, des dédains et même des risées du public. Ce fut seulement lors de son tribunat que, combattant les prétentions irrégulières de Caius Julius <Caesar> au consulat et défendant la cause de la légalité, il remporta son premier succès, succès d'autant plus grand que dans cette cause, que soutenait avec lui son collègue le fameux orateur Sulpicius, c'était lui Antistius qui apportait les arguments les plus nombreux et les plus pénétrants. Aussi, à partir de son tribunat, fut-il chargé de beaucoup d'affaires ; puis un jour vint où toutes celles qui avaient de l'importance lui furent confiées. **227** Il trouvait ses moyens avec sagacité ; il les disposait avec art ; sa mémoire était sûre; son vocabulaire n'était pas sans doute très oratoire, mais n'était pas non plus trop familier; son élocution était très aisée et courait avec rapidité; dans ce qu'on pourrait appeler sa tenue générale. elle ne manquait pas d'une certaine grâce ; l'action clochait

quo Saturninus tribunus plebis, Mario et Flacco consulibus publice est interfectus ; homo simillimus Atheniensis Hyperboli, cuius improbitatem ueteres Atticorum comoediae notauerunt. **225** Quos Sex. Titius consecutus *est*, homo loquax sane et satis acutus, sed tam solutus et mollis in gestu, ut saltatio quaedam nasceretur, cui saltationi Titius nomen esset. Ita cauendum est ne quid in agendo dicendoue facias, cuius imitatio rideatur. LXIII Sed ad paulo superiorem aetatem reuecti sumus; nunc ad eam de qua aliquantum sumus locuti reuertamur.

226 Coniunctus igitur Sulpici aetati P. Antistius fuit, rabula sane probabilis, qui multos cum tacuisset annos neque contemni solum, sed irrideri etiam solitus esset, in tribunatu primum, contra C. Iuli illam consulatus petitionem extraordinariam, ueram causam agens, est probatus ; et eo magis, quod eandem causam cum ageret eius collega ille ipse Sulpicius, hic plura et acutiora dicebat. Itaque post tribunatum primo multae ad eum causae, deinde omnes, maxim*ae* quaecumque erant deferebantur. **227** Rem uidebat acute, componebat diligenter, memoria ualebat ; uerbis non ille quidem ornatis utebatur, sed tamen non abiectis ; expedita autem erat et perfacile currens oratio ; et erat eius quid*am* tamquam habitus non inurbanus ; actio paulum cum uitio uocis tum etiam ineptiis claudicabat. Hic tempo-

225 est *add. Iahn* || solutus *FOGM*: dissolutus B^1 *H* || reuecti *r* : reiecti O^1 *G*.
226 maximae *uulg.* : maxime *L*.
227 quidam *A. Manuzio* : quidem *L* || eis *uulg.* : his *L* || Sullae F^2 : Syllae *L* || etiam magis : etiam autem magis *F O*.

un peu, la voix étant mauvaise et le geste maladroit. Son beau temps fut dans la période comprise entre le départ et le retour de Sylla, où il n'y eut plus ni lois ni aucune dignité dans la république. Il avait d'autant plus de succès que le forum était à peu près vide d'orateurs : Sulpicius avait péri (1), Cotta était absent (2), ainsi que Curio (3). Il ne subsistait des avocats de cette génération que Carbo et Pomponius, et il n'était pas difficile à Antistius de les surpasser l'un et l'autre.

LXIV **228** Plus jeune que les précédents, mais immédiatement après eux, venait Lucius Sisenna, homme instruit et adonné aux plus nobles études, parlant purement le latin (4), versé dans la politique, et d'un esprit assez enjoué, mais peu laborieux et ne pratiquant pas assez comme avocat. Placé par son âge entre Sulpicius et Hortensius, il ne pouvait songer à rivaliser avec son aîné, et devant le cadet il était impossible de ne pas s'effacer. La mesure de son talent, on l'a tout entière dans l'histoire qu'il a écrite. Supérieure, sans contredit, à toutes celles qui l'ont précédée, elle laisse voir cependant combien elle est loin de la perfection et comme il s'en faut encore que ce genre d'écrits ait dans les lettres latines l'éclat qu'il doit avoir.

Hortensius était extrêmement jeune quand il commença de paraître, et, comme un chef-d'œuvre de Phidias, son génie n'eut qu'à se montrer pour être applaudi. **229** Ce fut sous le consulat de Crassus et de Scaevola, et devant ces consuls eux-mêmes, qu'il parla pour la première fois au forum ; et non seulement les auditeurs, mais encore et surtout les consuls, dont la compétence < en fait d'art oratoire > était alors sans égale, l'accompagnèrent de leurs applaudissements. Il avait à ce moment dix-neuf ans. Comme il est mort sous le consulat de Lucius Paullus et de Caius Marcellus, on voit qu'il a compté parmi les

(1) Tué comme partisan de Marius, après l'entrée à Rome de Sylla et de son armée en 88 av. J.-C.

(2) Exilé en 90 de par la loi Varia (§ 205, 211).

(3) Légat de Sylla en Asie.

(4) Sauf les réserves qui seront faites § 259.

poribus floruit *e*is quibus inter profectionem reditumque L. Sullae sine iure fuit et sine ulla dignitate res publica ; hoc etiam magis probabatur, quod erat ab oratoribus quaedam in foro solitudo. Sulpicius occiderat, Cotta aberat et Curio ; uiuebat e relicuis patronis eius aetatis nemo praeter Carbonem et Pomponium, quorum utrumque facile superabat.

LXIV **228** Inferioris autem aetatis erat proximus L. Sisenna, doctus uir et studiis optimis deditus, bene Latine loquens, gnarus rei publicae, non sine facetiis, sed neque laboris multi nec satis uersatus in causis ; interiectusque inter duas aetates Hortensi et Sulpici nec maior*em* consequi poterat et minori necesse erat cedere. Huius omnis facultas ex historia ipsius perspici potest, quae cum facile omnes uincat superiores, tum indicat tamen quantum absit a summo quamque genus hoc scriptionis nondum sit satis Latinis litteris illustratum.

Nam Q. Hortensi admodum adulescentis ingenium, ut Phidiae signum, simul aspectum et probatum est. **229** Is L. Crasso Q. Scaeuola consulibus primum in foro dixit et apud hos ipsos quidem consules, et cum eorum qui adfuerunt, tum ipsorum consulum, qui omnes intellegentia anteibant, iudicio discessit probatus. Vndeuiginti annos natus erat eo tempore, est autem L. Paullo C. Marcello consulibus mortuus ; ex quo uidemus eum in patronorum numero annos quattuor et quadraginta fuisse. Hoc de oratore paulo post plura dicemus ; hoc

228 maiorem *uulg.* : maioris *L* || Nam Q. *O G*[2] : nam. q : *F* namque *r* || perspici *r* : percipi *F*.

avocats pendant quarante-quatre ans. Ce qu'il a été comme orateur, je le dirai bientôt plus en détail. Ici j'ai seulement voulu l'intercaler au milieu des générations diverses d'orateurs avec lesquelles il s'est rencontré. Au reste, tous ceux dont la carrière a été un peu longue ont dû nécessairement se trouver comme lui, au cours de leur vie, en concurrence avec des hommes beaucoup plus âgés qu'eux-mêmes et avec d'autres quelque peu plus jeunes. Accius (1) rapporte que, sous les mêmes édiles, Pacuvius et lui-même ont fait jouer une pièce, Pacuvius ayant quatre-vingts ans et lui trente. **230** De même, Hortensius n'appartient pas seulement à la génération des gens de son âge : il se relie également à ma génération, ainsi qu'à la tienne, Brutus, en même temps qu'il se relie à celle de l'âge qui précéda le sien. Vois en effet : d'abord, du vivant de Crassus, il a l'habitude déjà de parler au forum ; puis, avant la mort d'Antoine, son talent prend de jour en jour plus de force ; puis, lorsque Philippus déjà vieux plaide pour les biens de Cnaeus Pompeius, il est avec lui dans cette affaire et, malgré sa jeunesse, il a le premier rôle ; puis, dans le groupe des orateurs que j'ai rattachés à la génération de Sulpicius sans peine il se fait sa place ; puis le voilà au milieu de ceux de son âge, Marcus Piso, Marcus Crassus Cnaeus Lentulus, Publius Lentulus Sura, qu'il laisse bien loin derrière lui ; puis c'est moi qu'il rencontre, moi qui suis alors un jeune homme et qui ai huit ans de moins que lui, et pendant bien des années il tient en haleine mon émulation dans la poursuite d'une même gloire ; puis enfin c'est toi, dont il est le collaborateur, comme je l'ai été souvent moi aussi, dans la défense d'Appius Claudius, peu de temps avant sa mort.

LXV **231** Tu vois, Brutus, comment nous sommes arrivés jusqu'à toi et combien d'orateurs s'intercalent entre nos débuts dans l'éloquence et les tiens. Parmi ces orateurs, comme j'ai résolu de ne nommer dans cet entretien aucun vivant, de peur que votre curiosité ne me force à dire ce que je pense de chacun, je ne citerai que ceux qui ne sont plus.

(1) Le poète tragique ; voir § 72

autem loco uoluimus *eius* aetatem in disparem oratorum aetatem includere. Quamquam id quidem omnibus usu uenire necesse fuit, quibus paulo longior uita contigit, ut et cum multo maioribus natu quam essent ipsi et cum aliquanto minoribus compararentur; et Accius isdem *a*edilibus ait se et Pacuuium docuisse fabulam, quo*m* ille octoginta, ipse triginta annos natus esset. **230** Sic Hortensius non cum suis aequalibus solum, sed et mea cum aetate et cum tua, Brute, et cum aliquanto superiore coniungitur; siquidem et Crasso uiuo dicere solebat; et magis iam etiam uigebat cum * Antonio; et Philippo iam sene pro Cn. Pompei bonis dicente, in illa causa adulescens cum esset, princeps fuit; et in eorum quos in Sulpici aetate posui numerum facile peruenerat; et suos inter aequales M. Pisonem, M. Crassum, Cn. Lentulum, P. Lentulum Suram longe praestitit; et me adulescentem nactus octo annis minorem quam erat ipse, multos annos in studio eiusdem laudis exercuit; et tecum simul, sicut ego pro multis, sic ille pro Appio Claudio dixit, paulo ante mortem.

LXV **231** Vides igitur, ut ad te oratorem, Brute, peruenerimus, tam multis inter nostrum tuumque initium dicendi interpositis oratoribus; ex quibus, quoniam in hoc sermone nostro statui neminem eorum qui uiuerent nominare, ne uos curiosius eliceretis ex me quid de quoque iudicarem, eos qui iam sunt mortui nominabo.

229 eius *add. ante* aetatem *Margraff*, *post* aet. *H. Estienne* ‖ aetatem *secl. Schütz ante* in ‖ aetatem *om. O ante* includere ‖ aedilibus *uulg.* : edilibus *O G* et edibus *F* edibus *r* ‖ quom *Ellendt* quo *L*.

230 cum Antonio et *Madvig* : Antonio et cum *L*.

231 eliceretis *uulg.* : eligeretis *L* ‖ eis *uulg.* : iis *M* his *r* ‖ ii *F* *O*[2] *uetus G* : ut *O*[1] is *r*.

— Non, interrompit Brutus, la raison que tu donnes n'est pas celle qui te détermine à ne rien vouloir dire des vivants.

— Quelle est donc, repris-je, la vraie raison ?

— Tu crains, j'imagine, que par une indiscrétion de notre part ce que tu dis ici ne transpire et que ne se fâchent ceux que tu auras passés sous silence.

— Eh quoi ! dis-je, vous ne pourrez donc pas vous taire?

— Pour nous, reprit-il, rien de plus facile ; mais je crois que tu aimes mieux te taire toi-même, que mettre notre discrétion à l'épreuve.

— **232** Je t'avouerai franchement, mon cher Brutus, repris-je, que je ne pensais pas que cet entretien dût nous conduire jusqu'à nos jours ; mais j'ai été entraîné de telle sorte par la succession chronologique que me voilà arrivé jusqu'aux plus jeunes du temps présent.

— Eh bien ! donc, dit Brutus, introduis dans ton énumération ceux que tu voudras ; ensuite revenons à toi et à Hortensius.

— Pardon, repris-je, à Hortensius ! De moi, c'est d'autres qui parleront, s'il y en a qui le veulent.

— Non, non, dit Brutus. Tout ce que tu as dit m'a naturellement beaucoup intéressé, mais cela me paraît un peu long, parce que je suis impatient d'entendre parler de toi. Ce n'est pas, au reste, le détail de tes perfections oratoires que je veux; tout le monde les connaît et moi mieux que personne ; les degrés par lesquels tu as passé et en quelque sorte la progression de ton éloquence, voilà ce que je suis curieux de connaître.

— **233** Il sera fait comme tu veux, repris-je, du moment que ce n'est pas mon talent que tu me demandes d'exposer au jour, mais l'histoire de mon travail. Toutefois, je citerai auparavant, si tu veux bien, quelques noms et je commencerai par Marcus Crassus, qui était de l'âge d'Hortensius. LXVI L'éducation avait peu fait pour enrichir son esprit, la nature encore moins. Ce fut à son travail et à son activité, ainsi qu'à son zèle pour ses clients et à l'emploi qu'il faisait de son crédit pour le succès de leur cause, qu'il dut d'être, pendant quelques années, parmi les

Tum Brutus : Non est, inquit, ista causa quam dicis, quam ob rem de eis qui uiuunt nihil uelis dicere.

Quaenam igitur, inquam, est ?

Vereri te, inquit, arbitror ne per nos hic sermo tuus emanet et ii tibi suscenseant quos praeterieris.

Quid ? uos, inquam, tacere non poteritis ?

Nos quidem, inquit, facillime ; sed tamen te arbitror malle ipsum tacere quam taciturnitatem nostram experiri.

232 Tum ego : Vere tibi, inquam, Brute, dicam. Non me existimaui in hoc sermone usque ad hanc aetatem esse uenturum ; sed ita traxit ordo aetatum orationem, ut iam ad minores etiam peruenerim.

Interpone igitur, inquit, si quos uidetur ; deinde redeamus ad te et ad Hortensium.

Immo uero, inquam, ad Hortensium ; de me alii dicent si qui uolent.

Minime uero, inquit ; nametsi me facile omni tuo sermone tenuisti, tamen is mihi longior uidetur, quod propero audire de te ; nec uero tam de uirtutibus dicendi tuis, quae cum omnibus tum certe mihi notissimae sunt, quam quod gradus tuos et quasi processus dicendi studeo cognoscere.

233 Geretur, inquam, tibi mos, quoniam me non ingeni praedicatorem esse uis, sed laboris mei. Verum interponam, ut placet, alios et a M. Crasso, qui fuit aequalis Hortensi, exordiar.

LXVI Is igitur mediocriter a doctrina instructus, angustius etiam a natura, labore et industria, et quod

232 tibi inquam *F O G* : inquam tibi *B H M*.

principaux avocats de Rome. Son discours présentait une langue correcte, des expressions sans bassesse, des arguments disposés avec soin. Mais nulles fleurs, nul éclat dans le style ; beaucoup de chaleur dans la pensée, mais peu dans la voix, si bien que tout était débité à peu près de même et d'un ton uniforme. Son contemporain et ennemi personnel, Caius Fimbria, n'eut pas l'occasion de se démener bien longtemps. Cet homme, qui ne disait rien sans crier et qui parlait une assez bonne langue, mais avec une sorte d'impétuosité torrentielle, se livrait à de telles fureurs, qu'on se demandait avec étonnement à quoi pouvait bien penser le peuple pour laisser à un pareil forcené une place parmi les orateurs.

234 Cnaeus Lentulus, par son action, donnait l'impression d'un talent de parole très supérieur à celui qu'il avait en réalité. Il n'avait pas beaucoup de vivacité d'esprit, bien que son visage et sa physionomie le fissent croire ; il n'avait pas non plus une élocution abondante, bien qu'en cela encore il fît illusion ; mais par des pauses, des exclamations, par une voix douce et harmonieuse (1) ....il savait si bien....en prononçant son discours que ce qui lui manquait passait inaperçu. Ainsi, comme Curio, qui, sans autre mérite qu'une certaine richesse d'élocution, avait pu tenir un rang parmi les orateurs, **235** Cnaeus Lentulus, médiocre dans toutes les autres parties de l'éloquence, couvrait ses défauts par l'action, où il excellait. On en peut dire à peu près autant de Publius Lentulus, qui avait l'invention lente et l'élocution pauvre, mais chez qui cette faiblesse était masquée par les dehors d'une belle prestance, d'un geste plein d'art aussi bien que de grâce naturelle, d'une voix charmante et qui portait. Il n'eut en un mot pour lui que l'action, dans tout le reste étant encore inférieur à <son frère> Cnaeus. LXVII **236** Marcus Piso dut tout à l'étude et de tous les orateurs qui l'avaient précédé

(1) Le texte est en mauvais état et l'on a en vain essayé de le corriger. Le sens n'est pas douteux. L'action oratoire comportant l'emploi de la voix et du geste (§ 141), la partie altérée doit se rapporter aux gestes, aux attitudes, aux mouvements de l'orateur.

adhibebat ab obtinendas causas curam etiam et gratiam, in principibus patronis aliquot annos fuit. In huius oratione sermo Latinus erat, uerba non abiecta, res compositae diligenter ; nullus flos tamen neque lumen ullum ; animi magna, uocis parua contentio, omnia fere ut similiter atque uno modo dicerentur. Nam huius aequalis et inimicus C. Fimbria non ita diu iactare se potuit ; qui omnia magna uoce dicens, uerborum sane bonorum cursu quodam incitato, ita furebat tamen, ut mirarere tam alias res agere populum, ut esset insano inter disertos locus.

234 Cn. autem Lentulus multo maiorem opinionem dicendi actione faciebat, quam quanta in eo facultas erat ; qui cum esset nec peracutus, quamquam et ex facie et ex uultu uidebatur, nec abundans uerbis, etsi fallebat in eo ipso, sic interuallis, exclamationibus, uoce suaui et canora, † admirando irridebat calebat in agendo, ut ea quae deerant non desiderarentur. Ita, tamquam Curio copia nonnulla uerborum, nullo alio bono, tenuit oratorum locum, **235** sic Lentulus ceterarum uirtutum dicendi mediocritatem actione occultauit, in qua excellens fuit ; neque multo secus P. Lentulus, cuius et excogitandi et loquendi tarditatem tegebat formae dignitas, corporis motus plenus et artis et uenustatis, uocis et suauitas et magnitudo ; sic in hoc nihil praeter actionem fuit, cetera etiam minora quam in superiore. LXVII **236** M. Piso quicquid habuit habuit ex disciplina maximeque

234 admirando irridebat calebat *L* : admirando irridendo latebat *Lambin* admirantes irretiebat <et sic> calebat *Schütz* ad mirandum illiciebat <ita> calebat *Madvig* admirando <ore> d[illegible]ebat calebat *Friedrich*, *alii alia*.
235 neque multo *F* : nec m. *r*.

aucun n'eut des sciences de la Grèce une connaissance plus profonde (1). Il tenait de la nature un genre de finesse que l'art avait aiguisé, consistant en discussions de mots, discussions adroites et ingénieuses, quoique trop vives souvent ou quelquefois trop froides, discussions, par moments aussi, spirituelles. Il ne put pas longtemps soutenir le travail du forum : d'abord il n'avait pas la santé nécessaire ; puis les sottises et les absurdités, que, nous autres orateurs, nous sommes obligés d'avaler, lui étaient intolérables et il les rejetait avec une impatience qu'on attribuait à une humeur chagrine et qui peut-être n'était que la révolte d'un délicat et la libre expression de son dégoût. Après avoir eu dans sa jeunesse un certain éclat, il fut de moins en moins apprécié, jusqu'au jour où, le procès des Vestales lui ayant fourni l'occasion d'un grand succès, il se trouva comme rappelé dans l'arène ; dès ce moment il s'y maintint, aussi longtemps qu'il put soutenir la fatigue du travail. Dans la suite autant il retrancha de son effort, autant il perdit de sa gloire. **237** Publius Murena, doué d'un talent médiocre, mais riche de connaissances historiques, aimant les lettres et les cultivant avec quelque succès, eut une grande activité et fut très occupé. Caius Censorinus, assez instruit dans la littérature grecque, développait le plan de ses discours avec aisance et ne manquait pas de grâce dans son action, mais était paresseux et n'aimait pas l'air du forum. Lucius Turius, qui avait peu de talent naturel mais qui travaillait beaucoup, parlait de son mieux et souvent. Aussi, ne lui manqua-t-il, pour être consul, que le suffrage d'un petit nombre de centuries. **238** Caius Macer ne jouit jamais d'aucune considération, mais ce fut un avocat qui n'eut guère son pareil pour l'activité. Si sa vie, ses mœurs, sa physionomie n'eussent tout à fait décrédité son talent, il se fût fait un plus grand nom parmi les avocats. Son vocabulaire n'était pas riche, sans pour cela être pauvre. Son style n'était pas très soigné, sans être toutefois complètement négligé. Sa voix, son geste, son

(1) C'est lui qui dans le Ve livre du *de Finibus* expose la doctrine d'Aristote.

ex omnibus, qui ante fuerunt, Graecis doctrinis eruditus fuit. Habuit a natura genus quoddam acuminis, quod etiam arte limauerat, quod erat in reprendendis uerbis uersutum et sollers, sed saepe stomachosum, nonnumquam frigidum, interdum etiam facetum. Is laborem [quasi cursum] forensem diutius non tulit, quod et corpore erat infirmo et hominum ineptias ac stultitias, quae deuorandae nobis sunt, non ferebat iracundiusque respuebat siue morose, ut putabatur, siue ingenuo liberoque fastidio. Is cum satis floruisset adulescens, minor haberi est coeptus postea. Deinde ex uirginum iudicio magnam laudem est adeptus et ex eo tempore quasi reuocatus in cursum tenuit locum tam diu quam ferre potuit laborem; postea quantum detraxit ex studio, tantum amisit ex gloria. **237** P. Murena mediocri ingenio, sed magno studio rerum ueterum, litterarum et studiosus et non imperitus, multae industriae et magni laboris fuit. C. Censorinus Graecis litteris satis doctus, quod proposuerat explicans expedite, non inuenustus actor, sed iners et inimicus fori. L. Turius paruo ingenio sed multo labore, quoquo modo poterat, saepe dicebat ; itaque *ei* paucae centuriae ad consulatum defuerunt. **238** C. *Ma*cer auctoritate semper eguit, sed fuit patronus propemodum diligentissimus. Huius si uita, si mores, si uultus denique non omnem commendationem ingeni euerteret, maius nomen in patronis fuisset. Non erat abundans, non inops tamen ; non ualde nitens, non plane horrida oratio ; uox, gestus et omnis actio sine lepore ; at in

236 quasi cursum *secl. Jahn*
237 ei *uulg* : et *L.*
238 C. Macer *uulg.* : Cancer *L.*

action tout entière étaient sans grâce ; mais à l'invention des moyens et à leur disposition il apportait une application admirable, dont je ne vois pas que quelqu'un ait jamais dépassé le souci et l'effort. Mais cette application, on l'eût plus volontiers qualifiée d'artifice de praticien que de perfection oratoire. Bien que Macer se fît quelquefois aussi écouter dans des procès criminels, c'était surtout dans les procès civils qu'il était le plus en vue.
LXVIII **239** Vient ensuite Caius Piso, orateur d'une action calme et d'une abondance familière. Il ne manquait pas du tout d'invention, mais il n'en avait pas autant que son visage et ses jeux de physionomie le faisaient croire. Manius Glabrio, du même âge que lui, avait été formé par les excellentes leçons de Scaevola, son grand-père ; mais sa paresse et son indifférence arrêtèrent ses progrès. Lucius Torquatus avait une diction élégante, une grande sûreté de jugement, et dans l'ensemble une urbanité parfaite. Mon contemporain, Pompée, était un homme né pour toutes les grandes choses et il se serait fait dans l'éloquence un plus grand nom, si l'ambition d'une plus grande gloire ne l'avait pas détourné vers les exploits de la guerre. Il avait une certaine richesse d'élocution, un sens juste des choses à dire et une action soutenue par l'éclat d'une belle voix et la haute noblesse du geste.
240 Un autre de mes égaux en âge, Décimus Silanus, le mari de ta mère, Brutus, avait peu d'étude mais une certaine vivacité d'esprit et une certaine facilité d'expression. Quintus Pompeius, fils d'Aulus, celui qui fut surnommé le Bithynique, de deux ans, je crois, plus âgé que moi, était passionné pour l'éloquence, très instruit, extraordinairement laborieux et actif. Je puis le savoir ; car nous l'eûmes, Marcus Piso et moi, non seulement pour ami, mais pour compagnon de nos études et exercices oratoires. Son action ne faisait pas assez valoir ses paroles : si celles-ci avaient une certaine abondance, celle-là avait trop peu de grâce. **241** Publius Autronius, du même âge que lui, avait une voix forte et perçante et point d'autre mérite. Lucius Octavius de Réate avait déjà beaucoup plaidé, quand il mourut, encore jeune ; il apportait

inueniendis componendisque rebus mira accuratio, ut non facile in ullo diligentiorem maioremque cognouerim, sed eam ut citius ueteratoriam quam oratoriam diceres. Hic etsi etiam in publicis causis probabatur, tamen in priuatis illustriorem obtinebat locum. LXVIII **239** C. deinde Piso statarius et sermonis plenus orator, minime ille quidem tardus in excogitando, uerumtamen uultu et simulatione multo etiam acutior quam erat uidebatur. Nam eius aequalem M'. Glabrionem bene institutum aui Scaeuolae diligentia socors ipsius natura neglegensque tardauerat. Etiam L. Torquatus elegans in dicendo, in existimando admodum prudens, toto genere perurbanus. Meus autem aequalis Cn. Pompeius, uir ad omnia summa natus, maiorem dicendi gloriam habuisset, nisi eum maioris gloriae cupiditas ad bellicas laudes abstraxisset. Erat oratione satis amplus, rem prudenter uidebat ; actio uero eius habebat et in uoce magnum splendorem et in motu summam dignitatem.
240 Noster item aequalis D. Silanus, uitricus tuus, studi ille quidem habuit non multum, sed acuminis et orationis satis. Q. Pompeius A. F., qui Bithynicus dictus est, biennio quam nos fortasse maior, summo studio dicendi multaque doctrina, incredibili labore atque industria ; quod scire possum ; fuit enim mecum et cum M. Pisone cum amicitia tum studiis exercitationibusque coniunctus. Huius actio non satis commendabat orationem ; in hac enim satis erat copiae, in illa autem leporis parum.
241 Erat eius aequalis P. Autronius uoce peracuta

239 aui *uulg.* : aut *L* || toto genere *L* : *an* genere toto ? *ob clausulam Bornecque* || bellicas laudes *L* : *an* laudes bellicas ? *ob clausulam Bornecque* || oratione *r* : orator *H*.

cependant à ses discours plus d'audace que de préparation. Caius Staienus, qui s'était adopté lui-même et de Staienus s'était fait Aelius, avait une éloquence enflammée, fougueuse, forcenée; et, comme ce genre, qui plaisait à beaucoup, avait du succès, il serait arrivé aux honneurs si, en train de commettre un acte criminel, il n'avait été pris sur le fait et puni par la justice et les lois. LXIX **242** Dans le même temps parurent les frères Caepasius, Caius et Lucius, qui durent à leur grande activité, eux des hommes sans naissance et soudainement sortis de l'ombre, de devenir rapidement questeurs : ils avaient une façon de parler provinciale et grossière. Joignons ici, pour n'avoir l'air d'oublier aucune voix parlante, Caius Cosconius Calidianus, qui, sans aucun talent d'invention, étalait devant le public tout ce qu'il avait de faconde, attirant autour de lui la multitude et provoquant de grands applaudissements. C'est ce que faisait aussi Quintus Arrius, qui fut comme le second de Marcus Crassus. Cet homme est un exemple instructif de la situation qu'on peut se faire à Rome en se mettant avec complaisance à la disposition d'une foule de gens, en les servant dans leurs ambitions ou leurs périls. **243** C'est par là que, né dans une condition basse, Arrius était parvenu aux honneurs, à la fortune, à la considération, et s'était même fait, sans instruction ni talent naturel, une certaine place parmi les avocats. Mais comme ces athlètes sans expérience, qui, dans leur désir des couronnes Olympiques, devant les coups de poing et les assauts tiennent bon, mais sous les rayons du soleil souvent ne tiennent pas, Arrius, après avoir eu dans sa carrière toutes les chances et tous les succès, après avoir même soutenu l'effort de grandes affaires, ne put tenir, l'année que vous savez (1), contre la réforme des plaidoiries, qui fut pour lui comme un soleil trop vif.

— **244** En vérité, dit alors Atticus, c'est dans la lie que tu puises et cela depuis longtemps déjà. Je ne disais

(1) Allusion à une loi de l'année 52 av. J.-C., qui avait limité la durée des plaidoiries et par conséquent imposé aux avocats un effort de concentration et de brièveté.

atque magna nec alia re ulla probabilis, et L. Octauius Reatinus, qui cum multas iam causas diceret, adulescens est mortuus (is tamen ad dicendum ueniebat magis audacter quam parate), et C. Staienus, qui se ipse adoptauerat et de Staieno Aelium fecerat, feruido quodam et petulanti et furioso genere dicendi ; quod quia multis gratum erat et probabatur, ascendisset ad honores, nisi in facinore manifesto deprensus poenas legibus et iudicio dedisset. LXIX **242** Eodem tempore C. L. Caepasii fratres fuerunt, qui multa opera, ignoti homines et repentini, quaestores celeriter facti sunt, oppidano quodam et incondito genere dicendi. Addamus huc etiam, ne quem uocalem praeterisse uideamur, C. Cosconium Calidianum, qui nullo acumine eam tamen uerborum copiam, si quam habebat, praebebat populo cum multa concursatione magnoque clamore. Quod idem faciebat Q. Arrius, qui fuit M. Crassi quasi secundarum. Is omnibus exemplo debet esse quantum in hac urbe polleat multorum obcedire tempori multorumque uel honori uel periculo *in*seruire. **243** His enim rebus, infimo loco natus, et honores et pecuniam et gratiam consecutus, etiam in patronorum, sine doctrina, sine ingenio, aliquem numerum peruenerat. Sed ut pugiles inexercitati, etiamsi pugnos et plagas, Olympiorum cupidi, ferre possunt, solem tamen ferre non possunt, sic ille, cum omni iam fortuna prospere functus labores etiam magnos excepisset, illius iudicialis anni seueritatem quasi solem non tulit.

244 Tum Atticus : Tu quidem de faece, inquit, hauris idque iamdudum, sed tacebam ; hoc uero non putabam

242 periculo inseruire *Bornecque* : p. seruire *L clausula uitiosa.*

rien, mais je ne croyais pas que tu en viendrais jusqu'à descendre aux Staienus et aux Autronius.

— Je ne suppose pas, repris-je, que tu m'attribues des complaisances intéressées, puisque ceux dont je parle sont morts. L'ordre chronologique, que je suis, me fait nécessairement rencontrer des noms connus et des souvenirs contemporains. D'autre part je veux, en allant chercher partout les noms de ceux qui ont osé prendre la parole devant la foule, faire voir bien clairement que les orateurs vraiment dignes de mémoire sont en très petit nombre, et que ceux mêmes qui, à un titre quelconque, ont pu être qualifiés d'orateurs ne sont pas si nombreux. Mais revenons à notre sujet.

LXX **245** Titus Torquatus, fils de Titus, formé à Rhodes par les leçons de Molon (1) et doué par la nature d'une élocution facile et coulante, qui, s'il eût vécu, l'aurait porté au consulat après la suppression de la brigue, eut plus de talent pour la parole que d'inclination à parler. Ainsi cette condition de l'éloquence, le goût de la pratique, lui manqua ; mais quand il le fallait, il savait prêter son concours à ses amis dans leurs procès et dire son mot dans les délibérations du sénat. **246** Marcus Pontidius, mon compatriote < d'Arpinum > , plaida une multitude de causes privées ; il avait une grande volubilité et n'était pas inintelligent dans ses plaidoyers, ou plutôt il était mieux que pas inintelligent ; mais il s'échauffait quand il parlait et se livrait souvent à des accès violents d'impatience et de colère, au point de quereller non seulement son adversaire, mais même, chose plus étonnante, le juge lui-même, que l'orateur doit au contraire chercher à amadouer. Marcus Messalla, plus jeune que moi, n'était pas du tout pauvre d'élocution, mais n'avait pas dans ses expressions beaucoup d'éclat ; du reste intelligent, pénétrant, en garde contre les pièges, étudiant ses causes avec soin, ordonnant bien ses moyens, très laborieux, très actif et mêlé à beaucoup d'affaires. **247** Les deux Metellus, Celer et Nepos, qui n'étaient pas

(1) Voir § 312, 316.

te usque ad Staienos et Autronios esse uenturum. Non puto, inquam, existimare te ambitione me labi, quippe de mortuis ; sed ordinem sequens in memoriam notam et aequalem necessario incurro. Volo autem hoc perspici, omnibus conquisitis qui in multitudine dicere ausi sint, memoria quidem dignos perpaucos, uerum qui omnino nomen habuerint, non ita multos fuisse. Sed ad sermonem institutum reuertamur.

LXX **245** T. Torquatus T. F. et doctus uir ex Rhodia disciplina Molonis et a natura ad dicendum satis solutus atque expeditus, cui si uita suppeditauisset sublato ambitu consul factus esset, plus facultatis habuit ad dicendum quam uoluntatis. Itaque studio huic non satis fecit ; officio uero nec in suorum necessariorum causis nec in sententia senatoria defuit. **246** Etiam M. Pontidius municeps noster multas priuatas causas actitauit, celeriter sane uerba uoluens nec hebes in causis uel dicam plus etiam quam non hebes, sed efferuescens in dicendo stomacho saepe iracundiaque uehementius; ut non cum aduersario solum, sed etiam, quod mirabile esset, cum iudice ipso, cuius delenitor esse debet orator, iurgio saepe contenderet. M. Messalla, minor natu quam nos, nullo modo inops, sed non nimis ornatus genere uerborum ; prudens, acutus, minime incautus patronus, in causis cognoscendis componendisque diligens, magni laboris, multae operae multarumque causarum. **247** Duo etiam Metelli, Celer et Nepos, *non* nihil in

244 dignos *r* : indignos *B H M* || non ita *F O G*: non tam *O G*.
246 nimis *r* : minus *O G*.
247 non nihil *uulg.* : nihil *L* || Cn. *A. Manuzio* : G *L*.

inoccupés au forum et qui ne manquaient ni de talent naturel ni d'instruction, réussissaient dans ce qu'on appelle l'éloquence populaire. Cnaeus Lentulus Marcellinus, qui jamais ne se montra incapable de parler, fit surtout preuve de grande éloquence pendant son consulat. Il ne manquait ni de vivacité dans l'invention, ni de facilité dans l'élocution, il avait une voix sonore et assez d'esprit. Caius Memmius, fils de Lucius (1), était tout ce qu'il y a de plus versé dans les lettres, les lettres grecques du moins ; car il n'avait que du dédain pour les latines ; orateur ingénieux et d'une élocution agréable, mais fuyant la peine non seulement de parler, mais même de penser, il appauvrit son talent de tout ce qu'il retrancha de son application.

Marcellus et César

— LXXI **248** Ici Brutus m'interrompant : Que je voudrais, dit-il, qu'il te plût de nous entretenir aussi des orateurs vivants, et, sinon de tous, du moins de deux, que tu cites souvent, je le sais, avec éloges, César et Marcellus : j'aurais eu à t'en entendre parler autant de plaisir que j'en ai eu à t'entendre parler des morts.

— Pourquoi donc ? répondis-je : quel besoin as-tu de mon sentiment sur des hommes que tu connais aussi bien que moi ?

— Moi ? dit-il ; oui, Marcellus m'est assez bien connu ; mais César, je le connais peu. Le premier, je l'ai en effet souvent entendu ; mais le second, quand j'étais en âge de me faire une opinion personnelle, il n'était pas à Rome.

— **249** Que penses-tu donc, dis-je, de celui que tu as souvent entendu ?

— Que veux-tu que j'en pense, répondit-il, sinon ceci <qu'il est> et que tu vas le dire semblable à toi ?

— Bah ! repris-je ; mais alors je voudrais bien qu'il te plaise infiniment.

— Eh bien ! oui, dit-il, il me plaît, et fortement. Et ce n'est pas sans raison. Car il a étudié l'éloquence et, renon-

(1) Ce Memmius est l'ami de Lucrèce ; c'est à lui qu'est dédié le *de Natura rerum*

causis uersati nec sine ingenio nec indocti, hoc erant populare dicendi genus assecuti. C*n*. autem Lentulus Marcellinus nec umquam indisertus et in consulatu pereloquens uisus est, non tardus sententiis, non inops uerbis, uoce canora, facetus satis. C. Memmius L. F. perfectus litteris, sed Graecis, fastidiosus sane Latinarum, argutus orator uerbisque dulcis, sed fugiens non modo dicendi, uerum etiam cogitandi laborem, tantum sibi de facultate detraxit quantum imminuit industriae.

LXXI **248** Hoc loco Brutus : Quam uellem, inquit, de his etiam oratoribus, qui hodie sunt, tibi dicere liberet ; et, si de aliis minus, de duobus tamen, quos a te scio laudari solere, Caesare et Marcello, audirem non minus libenter, quam audiui de eis qui fuerunt.

Cur tandem ? inquam ; an exspectas quid ego iudicem de istis, qui tibi sunt aeque noti ac mihi ?

Mihi mehercule, inquit, Marcellus satis est notus ; Caesar autem parum. Illum enim saepe audiui ; hic, cum ego iudicare iam aliquid possem, afuit.

249 Quid igitur de illo iudicas, *inquam*, quem saepe audiuisti ?

Quid censes, inquit, nisi id, quod habiturus es similem tui ?

Ne ego, inquam, si ita est, uelim tibi eum placere quam maxime.

Atqu*i* et ita est, inquit, et uehementer placet ; nec uero sine causa. Nam et didicit et omissis ceteris studiis

248 iam *om. B H M*.
249 inquam *add. Iahn* ‖ audiuisti *F O G* : audisti *B H M* ‖ atqui *uulg.* : atque *L*.

çant à tout autre étude, il en a fait l'objet unique de ses travaux ; chaque jour, avec une grande application, il n'a cessé de s'entretenir par des exercices oratoires. **250** Il a une élocution choisie et beaucoup d'idées; la beauté de sa voix et la noblesse de son geste embellissent et relèvent tout ce qu'il dit ; enfin il a tout pour lui et je ne crois pas qu'il lui manque une seule des qualités de l'orateur. Ce qu'il faut surtout admirer chez lui, c'est que, dans les circonstances actuelles, où le malheur en quelque sorte fatal qui nous frappe tous autorise la résignation, il sait se consoler par la conscience du devoir accompli, ainsi que par la pratique et le renouvellement de ses études passées. J'ai vu l'homme dernièrement à Mytilène, oui, je dis bien, je l'ai vu homme dans toute l'acception du mot. Jusqu'alors il m'avait paru avoir par son talent de parole une ressemblance avec toi ; ce jour-là, pourvu, comme il l'était, de toutes les connaissances <philosophiques> grâce à un maître très savant, Cratippos, qui est aussi, j'ai pu m'en rendre compte, ton grand ami, sa ressemblance avec toi me paraissait plus grande encore.

— **251** D'un homme aussi parfait que Marcellus, repris-je, et qui m'est si cher, j'ai plaisir évidemment à entendre faire l'éloge ; mais cela me ramène au souvenir des malheurs publics, et c'était justement pour les oublier que j'ai prolongé cet entretien. Mais venons à César : je suis curieux d'entendre ce qu'Atticus pense de lui.

— LXXII Tu es admirable, dit Brutus, dans ta persistance à ne pas vouloir dire toi-même un mot des vivants. Je sais bien, par exemple, que si tu les traitais comme tu as traité les morts, c'est-à-dire avec le dessein de n'omettre personne, assurément c'est une foule d'Autronius et de Staienus que tu rencontrerais. Peut-être est-ce à cette foule que tu as voulu échapper ; peut-être aussi as-tu craint que quelqu'un ne pût se plaindre d'avoir été ou passé sous silence ou insuffisamment loué. Mais de César vraiment tu aurais pu nous parler, d'autant mieux que ton opinion sur son talent n'est un secret pour personne, pas plus d'ailleurs que n'est ignorée son opinion sur le tien.

unum id egit seseque cotidianis commentationibus acerrime exercuit. **250** Itaque et lectis utitur uerbis et frequentibus *sententiis*, [et] splendore uocis *et* dignitate motus fit speciosum et illustre quod dicit[ur], omniaque sic suppetunt, ut ei nullam deesse uirtutem oratoris putem; maximeque laudandus est, qui hoc tempore ipso, cum liceat in hoc communi nostro et quasi fatali malo, consoletur se cum conscientia optimae mentis tum etiam usurpatione et renouatione doctrinae. Vidi enim Mytilenis nuper uirum atque, ut dixi, uidi plane uirum. Idque cum eum antea tui similem in dicendo uiderim, tum uero nunc a doctissimo uiro tibique, ut intellexi, amicissimo Cratippo instructum omni copia multo uidebam similiorem.

251 Hic ego: Etsi, inquam, de optimi uiri nobisque amicissimi laudibus libenter audio, tamen incurro in memoriam communium miseriarum, quarum obliuionem quaerens hunc ipsum sermonem produxi longius. Sed de Caesare cupio audire quid tandem Atticus iudicet.

LXXII Et ille : Praeclare, inquit, tibi constas, ut de iis qui nunc sint nihil uelis ipse dicere; et hercule si sic ageres, ut de eis egisti qui iam mortui sunt, neminem ut praetermitteres, ne tu in multos Autronios et Staienos incurreres. Quare siue hanc turbam effugere uoluisti siue ueritus *es* ne quis se aut praeteritum aut non satis laudatum queri posset, de Caesare tamen potuisti dicere, praesertim cum et tuum de illius ingenio notissimum iudicium esset nec illius de tuo obscurum.

250 sententiis *add. Jahn* || et *seclusi* || uocis et *uulg.* : uocis *L* || dicit *Orelli* : dicitur *L* (*om. G*) || Cratippo *F O* gratippo *G*[1] *BHM*.
251 iis *r* : his *H* || es *add. uulg.* || nec illius *F* : ne illius *r*.

— **252** Alors Atticus, < prenant > la parole : Quoi qu'il en soit, dit-il, mon cher Brutus, voici ce que moi je pense de César et ce que j'ai très souvent entendu dire à notre ami, ici présent, si habile juge en ces matières : César est peut-être de tous nos orateurs celui qui parle le latin avec le plus d'élégance ; et cet avantage, ce n'est pas seulement aux bonnes habitudes domestiques qu'il le doit, comme on nous le disait tout à l'heure des Laelius et des Mucius (1) ; sans doute elles y ont été aussi pour quelque chose ; mais cette admirable correction du langage, c'est par beaucoup d'études, d'études approfondies et difficiles, et à force de travail et d'application que César a réussi à l'obtenir ; **253** lui qui, même au milieu des plus importantes affaires, a composé, justement à ton adresse (et Atticus me regardait en disant cela) un ouvrage très étudié sur la méthode pour bien parler le latin (2) ; ouvrage où il est dit au début que c'est le choix des mots qui constitue le point de départ de l'éloquence et où, mon cher Brutus, notre ami que voici, qui a voulu que ce soit moi plutôt que lui qui parle de César, a reçu de César un éloge particulièrement flatteur, conçu en ces termes, lesquels viennent après la dédicace personnelle : « Et si, pour arriver à donner à la pensée une expression brillante, quelques-uns ont employé tout ce qu'ils avaient d'application et d'expérience (et dans cette œuvre, toi, Cicéron, qui as presque été le premier à donner l'exemple et à découvrir les lois de l'abondance oratoire, nous devons te considérer comme ayant fait honneur au nom et à la dignité du peuple romain), la connaissance de la langue familière et de tous les jours est-elle une chose qu'il faille tenir pour négligeable ? »

— LXXIII **254** Peste ! dit Brutus, voilà un éloge amical et magnifique : non seulement on dit de toi que tu as le premier donné l'exemple et découvert les lois de l'abondance oratoire, c'est déjà bien beau ; mais on ajoute que tu as fait honneur au nom et à la dignité du peuple

(1) Voir § 211.
(2) Le traité *de analogia*, dédié à Cicéron (A. Gelle, XIX, 8, 3).

252 Sed tamen, Brute, inquit Atticus, de Caesare et ipse ita iudico et de hoc huius generis acerrimo existimatore saepissime audio, illum omnium fere oratorum Latine loqui elegantissime ; nec id solum domestica consuetudine, ut dudum de Laeliorum et Muciorum familiis audiebamus, sed quamquam id quoque credo fuisse, tamen ut esset perfecta illa bene loquendi laus, multis litteris et eis quidem reconditis et exquisitis summoque studio et diligentia est consecutus ; **253** qui[n] etiam in maximis occupationibus ad te ipsum, inquit in me intuens, de ratione Latine loquendi accuratissime scripserit primoque in libro dixerit « uerborum delectum originem esse eloquentiae » tribueritque, mi Brute, huic nostro, qui me illo maluit quam se dicere, laudem singularem ; nam scripsit his uerbis, cum hunc nomine esset affatus : « ac si cogitata praeclare elo qui *ut* possent nonnulli studio et usu elaborauerunt, † cuius te paene principem copiae atque inuentorem bene de nomine ac dignitate populi Romani meritum esse existimare debemus, hunc facile*m* et cotidianum nouisse sermonem nu*m* pro relicto est habendum ? »

LXXIII **254** Tum Brutus : Amice hercule, inquit, et magnifice te laudatum puto, quem non solum principem atque inuentorem copiae dixerit, quae erat magna laus, sed etiam bene meritum de populi Romani nomine et dignitate. Quo enim uno uincebamur a uicta Graecia, id

253 qui *Schütz* : quin *L* || scripserit *r* : scripsit *F inde* dixit... tribuitque *maluit Eberhard* || dixerit *r*: disserit *F*[2] || ut *hic addidit Ernesti : addiderunt editores alii alias* || cuius *L* : huius *Piderit* <in> quo illius *malim* || facilem *uulg.* : facile *L* || num *Lallemand* : nunc *L.*

romain. En effet, le seul avantage que la Grèce vaincue conservât encore sur nous, ses vainqueurs, lui est enlevé ; ou du moins elle le partage avec nous. **255** Oui, continua Brutus, cette gloire et ce témoignage de César, je les préfère, je ne dis pas aux actions de grâces décrétées en ton honneur (1) mais aux triomphes de beaucoup de nos généraux.

— Tu as raison, repris-je, Brutus, si toutefois l'éloge de César est bien l'expression de son opinion et non de sa bienveillance. Assurément il a fait plus d'honneur à notre peuple l'homme, quel qu'il soit, s'il est vrai qu'il existe, qui non seulement a mis en lumière, mais encore a créé à Rome l'abondance oratoire, que ceux qui ont enlevé des bicoques liguriennes, bicoques dont la prise a été, comme tu sais, le prétexte de maints triomphes. **256** Et, à dire vrai, si l'on excepte ces grandes inspirations divines qui souvent ont permis à la sagesse des généraux d'assurer soit au dehors, soit au dedans, le salut de l'Etat, un grand orateur l'emporte de beaucoup sur les généraux ordinaires. — Mais, dira-t-on, un général est plus utile ! — Qui le nie ? Et cependant... (vous allez vous récrier, mais cela m'est égal : on a le droit ici de dire ce que l'on pense), j'aimerais mieux avoir à mon actif un seul discours, comme celui de Lucius Crassus pour Manius Curius (2), que deux triomphes sur des bicoques. Vous me direz : il importait plus à la république de voir prise une bicoque ligurienne que bien défendue la cause de Manius Curius. **257** Je veux bien le croire. Mais les Athéniens aussi avaient plus d'intérêt à avoir des maisons d'habitation solidement couvertes que d'avoir une statue de Minerve en ivoire et très belle : et pourtant, pour mon compte, j'aimerais mieux avoir été Phidias que le plus excellent des charpentiers. Ce n'est donc pas d'après leur utilité, mais d'après leur valeur réelle qu'il faut apprécier les gens ; d'autant plus qu'ils sont en petit nombre ceux qui savent très bien ou peindre ou modeler, tandis que des manœuvres et des por-

(1) Après l'heureuse issue des mesures prises contre Catilina et ses complices.

(2) Voir § 195 et suiv.

aut ereptum illis est aut certe nobiscum [Graecis] communicatum. **255** Hanc autem, inquit, gloriam testimoniumque Caesaris tuae quidem supplicationi non, sed triumphis multorum antepono.

Et recte quidem, inquam, Brute, modo sit hoc Caesaris iudici, non beneuolentiae testimonium. Plus enim certe attulit huic populo dignitatis, quisquis est ille, si modo est aliquis, qui non illustrauit modo, sed etiam genuit in hac urbe dicendi copiam, quam illi, qui Ligurum castella expugnauerunt, ex quibus multi sunt, ut scitis, triumphi. **256** Verum quidem si audire uolumus, omissis illis diuinis consiliis, quibus saepe constituta est imperatorum sapientia salus ciuitatis aut belli aut domi, multo magnus orator praestat minutis imperatoribus. « At prodest plus imperator. » Quis negat? Sed tamen (non metuo ne mihi acclametis ; est autem quod sentias dicendi liber locus) malim mihi L. Crassi unam pro M'. Curio dictionem quam castellanos triumphos duo. « At plus interfuit rei publicae castellum capi Ligurum quam bene defendi causam M'. Curi. » **257** Credo ; sed Atheniensium quoque plus interfuit firma tecta in domiciliis habere quam Mineruae signum ex ebore pulcherrimum ; tamen ego me Phidiam esse mallem quam uel optimum fabrum tignarium. Quare non quantum quisque prosit, sed quanti quisque sit ponderandum est ; praesertim cum pauci pingere egregie possint aut fingere, operarii autem

254 nobiscum ⌜Graecis⌟ *Simon* : nobis cum Graecis *F O G* nobis cum illis *B H M*.

255 tuae quidem supp. non *L* : non tuae q. supp. *Stangl*.

256 L. Crassi *r* : Crassi *F* ‖ duo *r* : duos O^a.

257 tignarium G^2 : tignuarium *r* ‖ baiuli *F* : baioli *r*.

tefaix on en aura toujours tant qu'on voudra. LXXIV **258** Mais continue, Atticus, et achève de payer ta dette.

— L'assiette, dit-il, et en quelque sorte le point d'appui de l'orateur est <pour César>, comme tu le vois (1), un langage correct et bien latin, mérite qui n'a pas été, chez ceux qui l'ont possédé jusqu'ici, le fruit d'une méthode rationnelle ou d'une science, mais une sorte de bonne habitude. Je ne parle pas de Caius Laelius ni de Publius Scipio : cet âge heureux eut, comme tu l'as dit, le mérite d'un langage pur, comme il eut aussi des mœurs pures. Ce n'est pas qu'il n'y eût des exceptions : Caecilius et Pacuvius, contemporains de ces grands hommes, parlaient un mauvais latin, nous le constatons ; mais, en général, à cette époque, tous ceux qui n'avaient pas vécu hors de Rome, ou dont le langage n'avait pas subi dans la famille quelque barbare influence parlaient correctement. Cette qualité, le temps l'a gâtée chez nous, aussi bien que chez les Grecs : il s'est produit, en effet, dans notre ville, comme à Athènes, un afflux de gens de toute origine, qui parlent mal. Raison de plus pour purifier le langage et le soumettre, comme à l'épreuve du feu, au contrôle d'un principe rationnel qui demeure immuable ; impossible de s'en rapporter à l'usage, la plus mauvaise des règles. **259** Nous avons vu dans notre enfance Titus Flamininus, qui fut consul avec Quintus Metellus : il passait pour parler le latin avec pureté, mais il était sans lettres (2). Catulus n'était pas du tout dépourvu d'instruction, comme tu l'as dit tout à l'heure ; mais c'est le charme de sa voix et la douceur de sa prononciation qui lui avaient valu sa réputation de parler purement. Cotta en traînant beaucoup sur les voyelles avait cherché à ne pas imiter la prononciation grecque et son accent, contraire à celui de Catulus, avait quelque chose d'étranger à la ville et de franchement rustique : par une autre voie que Catulus, par une sorte de détour à travers landes et forêts, il était

(1) D'après ce qui a été dit § 253.

(2) Exemples pour montrer que faute d'un principe rationnel (§ 258 *début*) la pureté du langage est quelque chose d'arbitraire.

aut baiuli deesse non possint. LXXIV **258** Sed perge, Pomponi, de Caesare et redde quae restant.

Solum quidem, inquit ille, et quasi fundamentum oratoris uides, locutionem emendatam et Latinam, cuius penes quos laus adhuc fuit non fuit rationis aut scientiae sed quasi bonae consuetudinis. Mitto C. Laelium, P. Scipionem; aetatis illius ista fuit laus tamquam innocentiae sic Latine loquendi (nec omnium tamen, nam illorum aequales Caecilium et Pacuuium male locutos uidemus); sed omnes tum fere, qui nec extra urbem hanc uixerant neque eos aliqua barbaries domestica infuscauerat, recte loquebantur. Sed hanc certe rem deteriorem uetustas fecit et Romae et in Graecia. Confluxerunt enim et Athenas et in hanc urbem multi inquinate loquentes ex diuersis locis. Quo magis expurgandus est sermo et adhibenda *tam*quam obrussa ratio, quae mutari non potest, nec utendum prauissima consuetudinis regula. **259** T. Flamininum, qui cum Q. Metello consul fuit, pueri uidimus; existimabatur bene Latine, sed litteras nesciebat. Catulus erat ille quidem minime indoctus, ut a te paulo est ante dictum, sed tamen suauitas uocis et lenis appellatio litterarum bene loquendi famam confecerat. Cotta, qu*i* se ualde dilatandis litteris a similitudine Graecae locutionis abstraxerat sonabatque contrarium Catulo, subagreste quiddam planeque subrusticum, alia quidem

258 P. *F*[2] *G*[2] *al. M* : pilum *F*[1] *O B H* P. illum *Stangl* || neque eos *r* : nec eos *M* || aliqua barbaries *O*[2] *al. G*[2] : alique barbari in *L* || enim et *F O G* : enim *r* || tamquam *A. Manuzio* : quam tum *F* quantum *O G* quam *r*.

259 Flamininum *uulg.* : Flaminium *L* || qui *Ernesti* : quia *L*.

arrivé à une réputation analogue. Quant à Sisenna, c'est une espèce de réforme de l'usage qu'il prétendait faire : même l'accusateur Caius Rusius ne réussit pas à le corriger de l'emploi de mots inusités.

— **260** Que veux-tu dire ? interrompit Brutus ; qu'est-ce que c'est que ce Caius Rusius ?

— C'était un vieux routier d'accusateur, répondit Atticus, qui poursuivait en justice Caius Herennius (1) et auquel Sisenna, défenseur de l'accusé, dit que certains de ses griefs étaient *sputatilica* (2).

LXXV Sur ce mot, Rusius :« Juges, s'écria-t-il, je suis pris, si vous ne venez à mon secours. Je ne sais ce que Sisenna veut dire, je redoute un piège : *sputatilica!* qu'est-ce que cela ? *Sputa*, je sais bien ce que c'est ; mais *tilica*, je l'ignore. » Rire général ! Mais cette mésaventure n'empêcha pas mon ami Sisenna de croire que parler correctement c'est parler autrement que tout le monde. **261** Pour César, il applique <au langage> une méthode rationnelle : ce que l'usage a de vicieux et d'altéré il le corrige à l'aide de ce que l'usage a conservé pur et correct. Aussi, lorsqu'à cette élégante latinité, nécessaire à tout Romain bien né, ne fût-il pas orateur, il ajoute l'éclat des beautés oratoires, ses pensées sont comme des tableaux correctement peints, qu'il place en belle lumière. Cette élégance, qui est chez lui la qualité dominante s'unissant à toutes les autres qualités qui sont celles de tous les orateurs, je ne vois pas à quel rival il doive le céder. Il a une éloquence brillante et qui ne sent pas le moins du monde le métier, une éloquence à laquelle sa voix, son geste, sa beauté physique aussi, donnent une certaine magnificence et comme un air de grande race.

(1) Au lieu du nom évidemment incorrect que donnent les manuscrits, je conjecture C. Hérennius. Un personnage politique de ce nom vivait précisément à l'époque où s'exerce l'activité oratoire de Sisenna (*in Verr. act.* I, 13, 39 ; Aulu Gelle, X, 20, 10).

(2) Mot forgé par analogie sans doute avec le grec κατάπτυστος « conspué, rejeté avec mépris ». Le verbe *spuo* « cracher » donne le participe passif *sputus*, d'où le neutre pluriel *sputa*. De là Sisenna a fabriqué l'adjectif barbare *sputatilicus* « méprisable ».

quasi inculta et siluestri uia ad eandem laudem peruenerat. Sisenna autem quasi emendator sermonis usitati cum esse uellet, ne a C. Rusio quidem accusatore deterreri potuit quo minus inusitatis uerbis uteretur.

260 Quidnam istuc est ? inquit Brutus, aut quis est iste C. Rusius ?

Et ille : Fuit accusator, inquit, uetus, quo accusante C. H*erenn*ium Sisenna defendens dixit quaedam eius « sputatilica » esse crimina. LXXV Tum C. Rusiu*s* : « Circumuenior » inquit « iudices, nisi subuenitis ; Sisenna quid dica*t* nescio, metuo insidias. Sputatilica, quid est hoc ? sputa quid sit scio, tilica nescio. » Maximi risus ; sed ille tamen familiaris meus recte loqui putabat esse inusitate loqui. **261** Caesar autem rationem adhibens consuetudinem uitiosam et corruptam pura et incorrupta consuetudine emendat. Itaque cum ad hanc elegantiam uerborum Latinorum, quae, etiamsi orator non sis et sis ingenuus ciuis Romanus, tamen necessaria est, adiungit illa oratoria ornamenta dicendi, tum uidetur tamquam tabulas bene pictas collocare in bono lumine. Hanc cum habeat praecipuam laudem in communibus, non uideo cui debeat cedere. Splendidam quandam minimeque ueteratoriam rationem dicendi tenet, uoce, motu, forma etiam magnifica*m* et generosa*m* quodam modo.

260 C. Herennium *scripsi* : chirtilium *L*, C. Hirtilium *Mueller* || crimina. Tum C. Rusius *uulg.* : criminatum. C. Rusium *L* || dicat *uulg.* : dicas *L*.

261 emendat *r* : -dabat *O G* || magnificam et generosam *Lambin (Cf.* Sueton., *Jul. Caes.* 55) : magnifica et generosa *L*.

— **262** Le fait est que ses discours, dit Brutus, me plaisent infiniment. J'en ai lu beaucoup. J'ai lu aussi les mémoires qu'il a écrits sur ses campagnes.

— Oh ! repris-je, tout à fait excellents ! Ils sont nus, vont droit au fait, ont une grâce sans aucun apprêt oratoire, comme un corps dépouillé de son vêtement. En voulant fournir des matériaux aux historiens futurs, il a peut-être fait plaisir à des lourdauds, qui seront tentés de friser tout cela au petit fer. Mais aux gens sensés il a ôté l'envie d'écrire ; car dans l'histoire la brièveté élégante et lumineuse est ce qu'il y a de plus agréable. Mais revenons, si vous le voulez bien, aux orateurs qui ne sont plus.

Contemporains d'Hortensius.

LXXVI **263** Caius Sicinius, né d'une fille de Quintus Pompeius le censeur, et mort après sa questure, mérite quelque estime et en obtint de son vivant. Il sortait de cette école qui ne vaut rien pour l'élocution, mais qui pour l'invention est pleine de ressources, l'école d'Hermagoras (1). Elle donne des méthodes bien définies et des formules. Ces formules, dans leur sécheresse, ont quelque chose d'assez déplaisant, mais elles s'enchaînent logiquement et tracent des chemins qui empêchent de s'égarer. Ce sont ces chemins que suivait Sicinius, qui d'ailleurs préparait bien ses causes et ne manquait pas d'une certaine facilité de parole ; et ainsi la seule application des formules de l'école lui avait permis de prendre rang, jeune encore, parmi les avocats. **264** Alors vivait aussi un homme des plus savants, Caius Visellius Varro, mon cousin, qui était de l'âge de Sicinius. Il mourut après son édilité curule, étant président d'un jury criminel. J'avoue que le jugement de la foule à son égard différait du mien (2). Il

(1) Rhéteur grec, dont on ne sait presque rien, sinon qu'il avait créé une méthode pour l'invention des arguments, fort en honneur dans les écoles au temps de la jeunesse de Cicéron. Par ses dispositions logiques elle était d'un usage commode ; mais elle avait trop de divisions et de subdivisions et paraissait rébarbative (*minorem apparatum*). Voir § 271.

(2) Cicéron est obligé de constater (*fateor*) une exception à la théorie développée plus haut (§ 185 et suiv.).

262 Tum Brutus : Orationes quidem eius mihi uehementer probantur ; complures autem legi, atque etiam commentarios, quos *idem* scripsit rerum suarum.

Valde quidem, inquam, probandos ; nudi enim sunt, recti et uenusti, omni ornatu orationis tamquam ueste detracta. Sed dum uoluit alios habere parata, unde sumerent qui uellent scribere historiam, ineptis gratum fortasse fecit, qui uol*e*nt illa calamistris inurere ; sanos quidem homines a scribendo deterruit. Nihil est enim in historia pura et illustri breuitate dulcius. Sed ad eos, si placet, qui uita excesserunt reuertamur.

LXXVI **263** C. Si*cin*ius igitur, Q. Pompei illius qui censor fuit ex filia nepos, quaestorius mortuus est, probabilis orator, iam uero etiam probatus, ex hac inopi ad ornandum sed ad inueniendum expedita Hermagorae disciplina. Ea dat rationes certas et praecepta dicendi ; quae si minorem habent apparatum (sunt enim exilia), tamen habent ordinem et quasdam errare in dicendo non patientes uias. Has ille tenens et paratus ad causas ueniens, uerborum non egens, ipsa illa comparatione disciplinaque dicendi iam in patronorum numerum peruenerat. **264** Erat etiam uir doctus in primis C. Visellius Varro, consobrinus meus, qui fuit cum Sicinio aetate coniunctus. Is, cum post curulem aedilitatem iudex quaestionis esset, est mortuus, in quo fateor uulgi iudi-

262 quos idem *Stangl* : quosdam *L* || nudi enim *L* : enim *non habet* SUETON. 56, *secl. Stangl* || detracta *L et* SUETON. : detracto *Lambin* || uolent SUETON. : uolunt *L* || est enim *F O G* : enim est *B H M*.

263 Sicinius *uulg.* : sinicius *F O G* sinucius *r* || patientes *F O G* : patentes G^1 *B H M*.

264 aedilitatem *FO G* : dignitatem *r* || rapida et *L* : rapida ⌊et⌋ *Schütz* rapiditate et *Dederich*, ea ipsa [et] *malim*.

n'était pas goûté du public, comme il aurait dû l'être : il avait un genre d'éloquence très rapide, obscur à cause de l'extrême subtilité de la pensée, et que contribuait encore à brouiller la vitesse du débit. Mais pour la justesse de l'expression et l'abondance des idées, j'aurais de la peine à citer un orateur qui le surpassât. Il était d'ailleurs consommé dans la littérature et instruit dans le droit civil, dont son père Aculeo lui avait enseigné les principes. **265** Reste encore, parmi ceux qui sont morts, Lucius Torquatus, à qui la qualification d'orateur conviendrait moins (quoique la parole ne lui fît pas défaut) que celle de parfait citoyen, en grec πολιτικός (1). Il avait beaucoup d'instruction et son instruction n'était pas celle de tout le monde : il avait fait des études pénétrantes et approfondies. Sa mémoire était prodigieuse. Son langage réunissait au plus haut degré l'autorité et l'élégance ; et tous ces talents étaient relevés par l'intégrité de ses mœurs et la dignité de sa vie. J'aimais aussi tout particulièrement à entendre Triarius, dont les discours, malgré sa jeunesse, étaient pleins d'une savante maturité. Quelle gravité dans sa physionomie ! Quel poids dans ses paroles ! Quelle attention à ne rien laisser sortir de sa bouche qui ne fût réfléchi !

266 Alors Brutus, vivement ému par le souvenir de Torquatus et de Triarius, qu'il avait tendrement chéris : « Ah ! dit-il, sans parler des autres sujets de douleur, qui sont innombrables, je ne puis penser à ces deux hommes sans déplorer que ton infatigable intervention en faveur de la paix ait été sans effet. Des hommes d'une aussi haute valeur et beaucoup d'autres citoyens distingués n'auraient pas été perdus pour la république.

— Ne parlons pas, dis-je, Brutus, de tout cela, pour ne pas augmenter notre chagrin ; car si le souvenir du passé est amer, plus amère encore est l'attente de l'avenir. Cessons donc de gémir et contentons-nous de marquer les talents des différents orateurs, puisque c'est là l'objet de nos recherches.

(1) Qui prend part à la vie de la cité et parle quand il le faut mais n'est pas orateur de profession.

cium a iudicio meo dissensisse. Nam populo non erat satis uendibilis; praeceps quaedam et cum idcirco obscura quia peracuta, tum † rapida et celeritate caecata oratio; sed neque uerbis aptiorem cito alium dixerim neque sententiis crebriorem; praeterea perfectus in litteris iurisque ciuilis iam a patre Aculeone traditam tenuit disciplinam. **265** Relicui sunt, qui mortui sint, L. Torquatus, quem tu non tam cito rhetorem dixisses, etsi non deerat oratio, quam, ut Graeci dicunt, πολιτικόν. Erant in eo plurimae litterae nec eae uulgares, sed interiores quaedam et reconditae, diuina memoria, summa uerborum et grauitas et elegantia. Atque haec omnia uitae decorabat dignitas et integritas. Me quidem admodum delectabat etiam Triari in illa aetate plena litteratae senectutis oratio. Quanta seueritas in uultu! quantum pondus in uerbis! quam nihil non consideratum exibat ex ore!

266 Tum Brutus, Torquati et Triari mentione commotus (utrumque enim eorum admodum dilexerat): Ne ego, inquit, ut omittam cetera, quae sunt innumerabilia, de istis duobus cum cogito, doleo nihil tuam perpetuam auctoritatem de pace ualuisse. Nam nec istos excellentes uiros nec multos alios praestantes ciues res publica perdidisset.

Sileamus, inquam, Brute, de istis, ne augeamus dolorem. Nam et praeteritorum recordatio est acerba et acerbior exspectatio relicuorum. Itaque omittamus lugere et tantum quid quisque dicendo potuerit, quoniam id

265 relicui sunt.. sint *F O G M* : rel. sunt...sunt *B H* ‖ decorabat grauitas *r* : dec. dignitas *O*[1]

266 enim eorum *r*: eorum enim *B H*[1] ‖ tuam perpetuam *F O G*: perpetuam tuam *B H M* ‖ ne augeamus *r* : nec aug. *O G*

LXXVII **267** Parmi ceux qui ont péri dans la même guerre, j'ai encore à citer plusieurs noms. Marcus Bibulus écrivit beaucoup et avec soin, chose étonnante pour un homme qui n'était pas orateur; ce fut un homme d'action, qui se montra, en mainte circonstance, d'une grande fermeté. Appius Claudius, ton beau-père, mon collègue (1) et mon ami (2), était, lui, un orateur assez diligent, qui avait beaucoup de savoir et de pratique ; il possédait en outre, avec le droit augural, la science de tout le droit public et l'histoire de notre passé. Lucius Domitius n'avait pas de connaissances théoriques, mais il parlait purement et avec une grande indépendance. **268** Des deux Lentulus, les consulaires, l'un, Publius, le vengeur du mal qu'on m'avait fait et l'auteur de mon rappel, dut tout ce qu'il eut de faculté oratoire aux leçons de l'école. Les dons naturels lui manquaient ; mais il avait dans l'âme tant de noblesse et de grandeur, qu'il ne craignait pas d'aspirer à tous les grands rôles et qu'il les soutenait avec toute la dignité convenable. Son frère, Lucius, fut un orateur assez résolu, si toutefois le nom d'orateur lui convient ; mais le travail de la préparation lui était pénible. Il avait une voix sonore et une élocution qui n'était pas du tout négligée : son éloquence était pleine de feu, et d'un accent qui faisait impression. Devant les tribunaux on eût voulu quelque chose de mieux ; mais, dans les assemblées politiques, ce qu'il avait pouvait paraître suffisant. **269** Titus Pomponius ne fut pas non plus à dédaigner comme orateur. Ce fut surtout un orateur politique, parlant avec la même énergie qu'il combattait, emporté, ardent à l'excès, mais connaissant bien du droit public les lois et les principes.

— Ici, Atticus < m'interrompant > : Je te prêterais, dit-il, des sentiments de complaisance, si, comme tu l'as déclaré, tous ceux dont tu catalogues les noms depuis quelque temps n'étaient pas morts. Tous ceux en effet qui un jour ou l'autre ont osé se lever et ouvrir la bouche sont

(1) Dans le collège des Augures.

(2) Leur amitié avait été souvent troublée. Appius était le frère du fameux tribun Clodius.

quaerimus, praedicemus. LXXVII **267** Sunt etiam ex eis qui eodem bello occiderunt, M. Bibulus, qui et scriptitauit accurate, cum praesertim non esset orator, et egit multa constanter; Appius Claudius socer tuus, collega et familiaris meus; hic iam et satis studiosus et ualde cum doctus tum etiam exercitatus orator et cum auguralis tum omnis publici iuris antiquitatisque nostrae bene peritus fuit. L. Domitius nulla ille quidem arte, sed Latine tamen et multa cum libertate dicebat. **268** Duo praeterea Lentuli consulares, quorum Publius ille, nostrarum iniuriarum ultor, auctor salutis, quicquid habuit, quantumcumque fuit, illud totum habuit e disciplina; instrumenta naturae deerant; sed tantus animi splendor et tanta magnitudo, ut sibi omnia, quae clarorum uirorum essent, non dubitaret asciscere eaque omni dignitate obtineret. L. autem Lentulus satis erat fortis orator, si modo orator, sed cogitandi non ferebat laborem; uox canora, uerba non horrida sane, ut plena esset animi et terroris oratio ; quocreros in iudiciis fortasse melius ; in re publica quod erat esse iudicares satis. **269** Ne T. quidem Postumius contemnendus in dicendo ; de re publica ucro non minus uehomens orator quam bellator fuit ; effrenatus et acer nimis, sed bene iuris publici leges atque instituta cognouerat.

Hoc loco Atticus : Putarem te, inquit, ambitiosum esse, si, ut dixisti, ei quos iam diu colligis uiuerent. Omnes enim commemoras qui ausi aliquando sunt stantes

268 plena *r* : plene *G* plane O^1 || terroris *FOG* : horroris *B H M*.
269 acer nimis *r* : acerrimus *F*.

cités par toi et c'est par oubli sans doute que tu n'as rien dit de Marcus Servilius (1).

— LXXVIII **270** Tu dis vrai, Pomponius, répondis-je : je n'ignore pas qu'il a existé bien des gens qui n'ont jamais dit un mot en public et qui cependant eussent été capables de mieux parler que ceux dont je catalogue, comme tu dis, les noms ; mais cette énumération répond aussi à un dessein que je poursuis (2) : je veux que vous compreniez bien, d'abord que dans la grande foule des hommes, le nombre n'est pas grand de ceux qui ont osé prendre la parole ; ensuite que sur ce nombre même bien peu ont mérité d'être loués. **271** Aussi n'oublierai-je pas de mentionner même deux chevaliers romains, nos amis, morts depuis peu : Publius Cominius de Spolète, contre lequel j'ai défendu Caius Cornelius, et dont l'élocution était soignée, vive et facile ; Titus Accius de Pisaure, au réquisitoire duquel j'eus à répondre comme avocat d'Aulus Cluentius. Il parlait purement et avec assez d'abondance ; il était en outre formé à l'école d'Hermagoras (3), dont les préceptes, pour l'éclat oratoire, ne sont pas de grande ressource, mais qui, en fournissant des arguments tout prêts, applicables à chaque espèce, arment les orateurs, comme les vélites, de traits qu'ils n'ont plus qu'à lancer. **272** Pour l'ardeur au travail et pour l'activité, je n'ai connu personne qui fût comparable à Caius Piso, mon gendre ; même pour le talent naturel je ne vois guère qui lui a été supérieur. Il n'y avait pas un seul de ses moments qui ne fût employé soit à parler au forum, soit à déclamer à la maison, soit à écrire, soit à faire de tête un travail de composition. Aussi faisait-il tant de progrès qu'il paraissait voler plutôt que courir. Il parlait un langage choisi et élégant, où les phrases s'agençaient bien et s'arrondissaient, pour ainsi dire (4). Il trouvait des arguments nombreux et solides, que relevaient des pensées fines et piquantes. Son geste était naturellement si gra-

(1) Personnage inconnu, de même que Postumius.
(2) Souvent rappelé, voir § 182, 244, 299.
(3) Voir § 263.
(4) Comparer les expressions *circumscriptio* (§ 34), *ambitus* (§ 162).

loqui, ut mihi imprudens M. Seruilium praeterisse uideare.

LXXVIII **270** Non, inquam, ego istuc ignoro, Pomponi, multos fuisse, qui uerbum numquam in publico fecissent, quom melius aliquanto possent quam isti oratores quos colligo dicere ; sed his commemorandis etiam illud assequor, ut intellegatis primum ex omni numero quam non multi ausi sint dicere, deinde ex iis ipsis quam pauci fuerint laude digni. **271** Itaque ne hos quidem equites Romanos, amicos nostros, qui nuper mortui sunt, *omittam*, P. Cominium Spoletinum, quo accusante defendi C. Cornelium, in quo et compositum dicendi genus et acre et expeditum fuit ; T. Accium Pisaurensem, cuius accusationi respondi pro A. Cluentio, qui et accurate dicebat et satis copiose, eratque praeterea doctus Hermagorae praeceptis, quibus etsi ornamenta non satis opima dicendi, tamen, ut hastae uelitibus amentatae, sic apta quaedam et parata singulis causarum generibus argumenta traduntur. **272** Studio autem neminem nec industria maiore cognoui, quamquam ne ingenio quidem qui praestiterit facile dixerim C. Pisoni genero meo. Nullum tempus illi umquam uacabat aut a forensi dictione aut a commentatione domestica aut a scribendo aut a cogitando. Itaque tantos processus efficiebat, ut euolare, non excurrere uideretur; eratque uerborum et delectus elegans et apta et quasi rotunda constructio ; cumque argumenta excogitabantur ab eo multa et firma ad probandum tum concinnae acutaeque sententiae ; gestus-

270 quom *F B H M* : cum *O G B*[1].
271 omittam *add. Kayser* ‖ Accium *F* : Attium *r*

cieux que l'art, qui pourtant n'y entrait pour rien, paraissait y avoir ajouté quelque chose de ses méthodes. Je crains que mon affection ne paraisse exagérer son mérite. Mais non, je n'exagère pas ; car il y avait encore dans Piso d'autres qualités et de plus grandes, qu'on pourrait citer : pour l'empire sur les passions, pour le cœur, pour toutes les vertus enfin, il n'est personne, parmi ceux de sa génération, qui puisse, je crois, lui être comparé. LXXIX **273** Je ne crois pas devoir passer sous silence Marcus Caelius, quelles qu'aient été, à la fin de sa vie, ou sa fortune ou sa disposition d'esprit. Tant qu'il suivit mes conseils, il se conduisit, comme tribun de la plèbe, de telle façon qu'en face des citoyens pervers et de leurs fureurs démagogiques et séditieuses personne ne soutint avec plus de fermeté la cause du sénat et des gens de bien. Il y avait de l'archaïsme dans son langage, mais ce défaut était racheté par l'éclat et la noblesse du style, d'ailleurs plein d'esprit et de la plus exquise urbanité. Il prononça quelques harangues politiques d'une haute portée et trois accusations très vives, toutes dans l'intérêt de la république. Ses plaidoyers, quoique inférieurs aux discours que je viens de citer, ne sont pourtant pas méprisables ni dénués de mérite. Porté à l'édilité curule par les suffrages unanimes des gens de bien, je ne sais comment (1), une fois que je fus éloigné de lui (2), lui-même s'éloigna de sa ligne et il tomba, après avoir suivi l'exemple de ceux dont il avait ruiné les desseins.

Calidius **274** Mais c'est de Marcus Calidius que je voudrais dire quelque chose. Ce ne fut pas un orateur comme il y en a beaucoup : ce fut plutôt quelqu'un d'unique en son genre. Ses pensées, profondes et originales, se présentaient sous l'étoffe d'un style souple et diaphane ; rien de si aisé que le groupement de ses mots en périodes, rien de si flexible, rien qui se prêtât mieux, selon son gré,

(1) Formule vague par égard pour César, qui avait entraîné Caelius.

(2) Lors du proconsulat en Cilicie.

que natura ita uenustus, ut ars etiam, quae non erat, et e disciplina motus quidam uideretur accedere. Vereor ne amore uidear plura quam fuerint in illo dicere; quod non ita est ; alia enim de illo maiora dici possunt. Nam nec continentia nec pietate nec ullo genere uirtutis quemquam eiusdem aetatis cum illo conferendum puto. LXXIX
273 Nec uero M. Caelium praetereundum arbitror, quaecumque eius in exitu uel fortuna uel mens fuit ; qui, quamdiu auctoritati meae paruit, talis tribunus plebis fuit, ut nemo contra ciuium perditorum popularem turbulentamque dementiam a senatu et a bonorum causa steterit constantius. *Anti*quam eius *di*ctionem multum tamen et splendida et grandis et eadem in primis faceta et perurbana commendabat oratio. Graues eius contiones aliquot fuerunt, acres accusationes tres eaeque omnes ex rei publicae contentione susceptae ; defensiones, etsi illa erant in eo meliora quae dixi, non contemnendae tamen saneque tolerabiles. Hic cum summa uoluntate bonorum aedilis curulis factus esset, nescio quo modo discessu meo discessit a sese ceciditque, posteaquam eos imitari coepit quos ipse peruerterat.

274 Sed de M. Calidio dicamus aliquid, qui non fuit orator unus e multis, potius inter multos prope singularis fuit ; ita reconditas exquisitasque sententias mollis et pellucens uestiebat oratio. Nihil tam tenerum quam illius comprensio uerborum, nihil tam flexibile, nihil quod magis ipsius arbitrio fingeretur, ut nullius oratoris

272 et e disc. *r* : et disc. *F*.
273 antiquam *Stangl*: quam *L* || dictionem *scripsi* (*cf.* Tacit. *Dialog.*, 18 *et* 21) : actionem *L* || tamen et *FOG* : tamen *B H M*

à toutes les formes, instrument tel que jamais orateur n'en eut d'aussi obéissant à son service. D'abord la langue était pure et d'une limpidité incomparable. Le cours en était aisé, sans rien qui accrochât au passage : pas un mot qui ne fût mis à sa place et comme incrusté, selon l'expression de Lucilius, à la façon des pièces d'une mosaïque. Pas un terme ou choquant ou inusité ou trivial ou recherché. Au lieu de termes propres, beaucoup de termes figurés, mais si heureusement amenés que jamais ils ne paraissaient introduits de force où ils n'avaient que faire : on eût dit au contraire qu'ils venaient à leur place naturelle. Et tous ces mots, dans la phrase, n'étaient pas abandonnés à eux-mêmes et jetés à la dérive : ils étaient liés entre eux par certaines règles métriques, dont le rythme n'était ni trop apparent, ni toujours pareil, mais au contraire se dissimulait sous des formes variées. **275** Enfin le style présentait ces ornements d'expressions et de pensées que les Grecs appellent figures (σχήματα) et qui, comme des pierreries dans une parure, relèvent l'éclat du discours (1). Quant au « point à juger », pour employer l'expression qui revient souvent dans les formules des jurisconsultes, il le démêlait fort bien. LXXX **276** < A ces qualités d'élocution et d'invention > s'ajoutaient une disposition savante, une action noble, dans l'ensemble une tenue oratoire calme et sage. Si la perfection consiste à parler avec agrément, on ne peut rien imaginer de plus accompli. Mais j'ai dit tout à l'heure (2) qu'il y a, ce semble, trois effets que doit produire l'orateur : instruire, plaire et toucher. Or de ces trois effets, il en est deux où Calidius excella, c'est l'art d'élucider une affaire par des explications et l'art de tenir sous le charme l'esprit d'un auditoire. Mais il lui manquait la troisième qualité, celle qui consiste à remuer profondément et à exciter les passions, qui est, comme je l'ai dit (3), la plus efficace. Il n'y avait chez lui aucune véhémence, aucun mouvement

(1) Voir § 69 et 141.
(2) Voir § 185.
(3) Voir § 198.

aeque in potestate fuerit; quae primum ita pura erat, ut nihil liquidius, ita libere fluebat, ut nusquam adhaeresceret; nullum nisi loco positum et tamquam in «uermiculato emblemate», ut ait Lucilius, structum uerbum uideres; nec uero [n]ullum aut durum aut insolens aut humile aut [in] longius ductum; ac non propria uerba rerum, sed pleraque translata, sic tamen ut ea non irruisse in alienum locum sed immigrasse in suum diceres; nec uero haec soluta nec diffluentia, sed astricta numeris, non aperte nec eodem modo semper, sed uarie dissimulanterque conclusis. **275** Erant autem et uerborum et sententiarum illa lumina, quae uocant Graeci σχήματα, quibus tamquam insignibus in ornatu distinguebatur omnis oratio. Qua de re agitur autem illud, quod multis locis in iuris consultorum includitur formulis, *id* ubi esset uidebat. LXXX **276** Accedebat ordo rerum plenus artis, actio liberalis totumque dicendi placidum et sanum genus. Quodsi est optimum suauiter dicere, nihil est quod melius hoc quaerendum putes. Sed cum a nobis paulo ante dictum sit tria uideri esse, quae orator efficere deberet, ut doceret, ut delectaret, ut moueret, duo summe tenuit, ut et rem illustraret disserendo et animos eorum qui audirent deuinciret uoluptate; aberat tertia illa laus, qua permoueret atque incitaret animos, quam plurimum pollere diximus; nec erat ulla uis atque contentio, siue consilio, quod eos quorum altior oratio actioque esset ardentior furere atque bacchari arbitra-

274 ullum *uulg.* : nullum *L* || in *secl. uulg.*
275 id *Corrado* : et *L.*
276 quodsi est *F O G* : est *om. B H M* || deuinciret *G² M²* : deuinceret *L* || furere atque *F O G* : furere et *B H M.*

d'effort, soit réserve voulue, dans l'idée qu'un discours monté de ton et une action chaleureuse ont des airs de délire et d'agitation désordonnée, soit <impuissance>, due ou à un manque de moyens physiques, ou à un défaut d'habitude, ou à une incapacité technique. Cette qualité, <disons>, si elle n'était pas indispensable, que ce fut la seule qu'il n'eut pas ; si elle était nécessaire, <disons> qu'il est fâcheux qu'il ne l'ait pas eue. **277** J'ai même à ce <propos> un souvenir personnel. Calidius avait parlé contre Quintus Gallius, qu'il accusait d'avoir voulu l'empoisonner : il avait, disait-il, surpris son dessein ; il apportait au tribunal écrits, témoignages, indices, aveux obtenus par la torture, bref des preuves manifestes. Après qu'il eut développé son réquisitoire avec précision et sagacité, quand vint mon tour de répondre, je commençai par faire valoir les arguments que comportait ma cause, puis je tirai un argument nouveau de ce fait même que, prétendant avoir découvert un ennemi qui en voulait à sa vie, prétendant avoir en mains les preuves d'un attentat mortel dirigé contre sa personne, il avait parlé avec tant de mollesse, tant de placidité, tant de nonchalance. **278** « Voyons, Calidius, lui dis-je, si ce que tu nous racontes n'était pas une fable, plaiderais-tu de cette manière, toi surtout qui as une si belle éloquence ? Pour les autres, quand il s'agit de les défendre, tu as beaucoup d'énergie : et ton péril, à toi, te laisserait indifférent ? Où est l'indignation ? Où est cette émotion violente qui même aux bouches les moins éloquentes arrache des cris et des plaintes ? Chez toi aucune agitation, ni intérieure, ni extérieure ! Point de tapes sur le front, ni sur la cuisse ! Pas même, ce qui est le moins qu'on puisse faire, un trépignement ! Aussi, bien loin que tu aies enflammé nos esprits, c'est à peine si nous pouvions nous empêcher de dormir. » C'est ainsi qu'à moi-même la manière d'être (sagesse ou défectuosité) d'un très grand orateur me fournit un argument pour ruiner son accusation.

— **279** Est-il possible d'hésiter, dit Brutus, si c'est sagesse ou défectuosité ? Puisque de tous les mérites de l'orateur le plus grand de beaucoup est, comme tu l'as

retur, siue quod natura non esset ita factus, siue quod non consuesset, siue quod non posset. Hoc unum illi, si nihil utilitatis habebat, afuit, si opus erat, defuit. **277** Quin etiam memini, cum in accusatione sua Q. Gallio crimin*i* dedisset sibi eum uenenum parauisse, idque a se esse deprensum seseque chirographa, testificationes, indicia, quaestiones, manifestam rem deferre diceret deque eo crimine accurate et exquisite disputauisset, me in respondendo, cum essem argumentatus quantum res ferebat, hoc ipsum etiam posuisse pro argumento quod ille, cum pestem capitis sui, cum indicia mortis se comperisse manifesto et manu tenere diceret, tam solute egisset, tam leniter, tam oscitanter. **278** « Tu istuc, M. Calidi, nisi fingeres, sic ageres, praesertim [cum] ista eloquentia ? Alienorum hominum pericula defendere acerrime soles, tuum neglegeres ? Ubi dolor ? ubi ardor animi, qui etiam ex infantium ingeniis elicere uoces et querelas solet ? Nulla perturbatio animi, nulla corporis, frons non percussa, non femur ; pedis, quod minimum est, nulla supplosio. Itaque tantum afuit, ut inflammares nostros animos, somnum isto loco uix tenebamus. » Sic nos summi oratoris uel sanitate uel uitio pro argumento ad diluendum crimen usi sumus.

279 Tum Brutus : Atque dubitamus, inquit, utrum ista sanitas fuerit an uitium ? Quis enim non fateatur,

277 crimini *uulg.* : crimine *L* || deferre M^2 : differe *L*.
278 [cum] ista eloq. *scripsi* : cum ista eloq. *L* ista eloq. ? cum *Lambin* || frons non *L* : non frons *habet* QUINTIL., XI, 3, 123 || afuit *L* : abest *habet* QUINTIL., XI, 3, 155.

dit (1), d'enflammer l'auditoire et de le plier dans le sens, quel qu'il soit, où le veut l'intérêt de la cause, comment ne pas reconnaître que celui à qui a manqué ce talent a été, sur la chose la plus essentielle, défectueux ?

Curio le fils et Crassus le jeune.

— LXXXI Soit, dis-je ; mais revenons à Hortensius, le seul dont il me reste à parler. Ensuite je dirai quelques mots de ma personne, puisque tu l'exiges aussi (2), Brutus. Cependant mention doit être faite, à mon avis du moins, de deux jeunes gens, qui, s'ils avaient vécu plus longtemps, auraient atteint une haute réputation d'éloquence.

— **280** C'est de Caius Curio, sans doute, dit Brutus, et de Caius Licinius Calvus que tu veux parler.

— Oui, répondis-je, c'est bien d'eux. Curio (3) avait tant de facilité et d'aisance rapide pour exprimer des idées quelquefois fines, toujours abondantes, qu'il ne pouvait rien y avoir de plus oratoire à la fois et de plus dégagé. Il avait peu d'instruction ; mais il tenait de la nature des dispositions admirables pour la parole. Quant à son activité oratoire, je n'ai pu en juger par moi-même (4) : je n'ai connu que son ardeur au travail. S'il avait continué d'écouter mes avis, il eût recherché les honneurs plutôt que le pouvoir.

— Qu'entends-tu par là, dit Brutus, et quelle est cette distinction ?

— **281** La voici, répondis-je. Tout honneur étant un prix décerné à la vertu par l'estime et l'attachement des citoyens, celui qui le tient de leur volonté et de leurs suffrages me paraît avoir à la fois le bénéfice et le mérite de l'honneur. Mais celui qui, profitant de quelque hasard favorable, sans l'aveu et même contre le gré de ses concitoyens, a mis la main sur l'autorité, comme Curio dé-

(1) Voir § 198 et 276. Cicéron revient volontiers sur cette idée, parce que c'est dans le pathétique qu'il excellait.

(2) Voir § 232.

(3) Fils de l'orateur caractérisé § 210.

(4) Il était en Cilicie, lors du tribunat de Curio, en 50.

cum ex omnibus oratoris laudibus longe ista sit maxima inflammare animos audientium et quocumque res postulet modo flectere, qui hac uirtute caruerit, id ei quod maximum fuerit defuisse ?

LXXXI Sit sane ita, inquam, sed redeamus ad eum qui iam unus restat, Hortensium ; tum de nobismet ipsis, quoniam id etiam, Brute, postulas, pauca dicemus. Quamquam facienda mentio est, ut quidem mihi uidetur, duorum adulescentium, qui si diutius uixissent magnam essent eloquentiae laudem consecuti.

280 C. Curionem te, inquit Brutus, et C. Licinium Caluum arbitror dicere.

Recte, inquam, arbitraris ; quorum quidem alter [quod uerisimile dixisset] ita facile soluteque uerbis uoluebat satis interdum acutas, crebras quidem certe sententias, ut nihil posset ornatius esse, nihil expeditius. Atque hic parum a magistris institutus naturam habuit admirabilem ad dicendum ; industriam non sum expertus, studium certe fuit. Qui si me audire uoluisset, ut coeperat, honores quam opes consequi maluisset.

Quidnam est, inquit, istuc ? et quemadmodum distinguis ?

281 Hoc modo, inquam. Cum honos sit praemium uirtutis iudicio studioque ciuium delatum ad aliquem, qui eum sententiis, qui suffragiis adeptus est, is mihi et honestus et honoratus uidetur. Qui autem occasione aliqua, etiam inuitis suis ciuibus, nactus est imperium, ut ille cupiebat, hunc nomen honoris adeptum, non

280 quod... dixisset *secl. Lambin* ‖ parum a magistris *F O G* : a magistris parum *B H M*.

sirait le faire (1), celui-là n'a de l'honneur que le titre ; il n'en a pas le mérite. S'il eût voulu entendre cette vérité, on l'aurait vu, au milieu de l'estime générale et de la gloire, parvenir au plus haut rang, en montant de degré en degré dans l'échelle des magistratures, à l'exemple de son père et de tous les autres grands personnages. C'est précisément le même langage que je crois bien avoir tenu plus d'une fois à Publius Crassus, fils de Marcus, qui dans sa jeunesse avait recherché mon amitié (2). Je l'exhortais vivement à regarder comme la route la plus sûre pour arriver à la gloire celle que ses ancêtres lui avaient laissée toute frayée. **282** Son éducation avait été excellente et son instruction était parfaite et approfondie. Il avait des qualités d'invention assez pénétrantes et une abondance d'élocution qui n'était pas sans élégance. Ajoutez un air grave sans hauteur et une réserve sans indolence. Mais lui aussi, comme Curio, fut entraîné dans l'abîme par le vertige d'une gloire que les jeunes gens ne connaissent pas d'ordinaire (3) : parce que, soldat, il avait bien servi son général, il était impatient d'être à son tour général, oubliant que d'après la loi héritée de nos ancêtres, un commandement militaire implique une condition d'âge déterminée et le résultat indéterminé d'un tirage au sort. Aussi, terrible fut sa chute. Pour avoir voulu ressembler à Cyrus et à Alexandre, dont la carrière n'avait été qu'un bond, il en vint à ne pas ressembler du tout à Lucius Crassus et à beaucoup d'autres Crassus.

Licinius Calvus et les Néo-Attiques

LXXXII **283** Mais revenons à Calvus (car c'est de lui qu'il devait être question). Celui-là fut un orateur au sens propre du mot. Plus instruit que Curio, il avait aussi une manière de parler plus soignée et plus raffinée. Bien qu'il maniât son talent avec

(1) Et comme il le fit, s'étant fait illégalement donner des licteurs par César (*ad Att.*, X, 4, 9).

(2) Ce Crassus est le fils du triumvir (§ 233).

(3) Très jeune encore il fut légat de César en Gaule. Peu après, il suivit son père dans la campagne contre les Parthes.

honorem puto. Quae si ille audire uoluisset, maxima cum gratia et gloria ad summam amplitudinem peruenisset, ascendens gradibus magistratuum, ut pater eius fecerat, ut relicui clariores uiri. Quae quidem etiam cum P. Crasso M. F., *cum* initio aetatis ad amicitiam se meam contulisset, saepe egisse me arbitror, cum eum uehementer hortarer, ut eam laudis uiam rectissimam esse duceret quam maiores eius ei tritam reliquissent. **282** Erat enim cum institutus optime tum etiam perfecte planeque eruditus, ineratque et ingenium satis acre et orationis non inelegans copia, praetereaque sine arrogantia grauis esse uidebatur et sine segnitia uerecundus. Sed hunc quoque absorbuit aestus quidam insolitae adulescentibus gloriae ; qui quia nauarat miles operam imperatori, imperatorem se statim esse cupiebat, cui muneri mos ma*i*orum aetatem certam, sortem incertam reliquit. Ita grauissimo suo casu, dum Cyri et Alexandri similis esse uoluit, qui suum cursum transcurrerant, et L. Crassi et multorum Crassorum inuentus est dissimillimus.

LXXXII **283** Sed ad Caluum (is enim nobis erat propositus) revertamur ; qui orator fui*t* cum litteris eruditior quam Curio, tum etiam accuratius quoddam dicendi et exquisitius afferebat genus ; quod quamquam scienter eleganterque tractabat, nimium tamen inquirens in se atque ipse sese obseruans, metuensque ne uitiosum

281 cum *add. uulg.*
282 muneri *F*[2] : munere *L* || maiorum *uulg.* : malorum *L.*
283 fuit *Corrado* : fuisset *L* <cum> fuisset *Schütz* <cum> esset *Piderit* || deperdebat *F*[2] *O*[2] : dependebat *L* || a *add. uulg*

art et avec élégance, il poussait trop loin l'observation et la critique de lui-même, et dans la crainte d'avoir du sang vicié il s'enlevait même du sang pur. Aussi son éloquence, trop réduite par cet excès de scrupule, pouvait à des connaisseurs et à des auditeurs attentifs dire quelque chose ; mais sur la foule et le forum, pour qui l'éloquence est faite, elle passait sans être goûtée.

— **284** C'est que, dit Brutus, notre ami Calvus voulait être qualifié d'Attique : de là cette maigreur, qu'il recherchait à dessein.

— Il se qualifiait ainsi, repris-je, mais il se trompait et induisait les autres à se tromper (1). Si le fait de ne rien dire de malséant, de déplaisant, de prétentieux est ce que l'on entend par le mot Attique, on a raison de n'estimer que ce qui est Attique : c'est en effet condamner l'impertinence et la bizarrerie comme les désordres d'une éloquence malade, c'est approuver le bon sens et le naturel, comme une obligation et un devoir de convenance pour l'orateur. Sur ce point, parmi tous les orateurs, il ne doit y avoir qu'une même opinion. **285** Maintenant, que la sécheresse du style, la maigreur, l'indigence, pourvu qu'elle soit châtiée, polie, élégante, soit classée dans le genre Attique, soit, mais n'allons pas plus loin (2). Comme il y a chez les Attiques autre chose que cela et quelque chose de mieux, gardons-nous de méconnaître les inégalités de talent, les dissemblances de style, la capacité et la variété des Attiques. « C'est les Attiques, dites-vous, que je veux imiter. » Lesquels ? Car il y en a de plus d'une espèce. Y a-t-il rien de plus différent que Démosthène et Lysias (3) ? que le même Démosthène et Hypéride ? que tous les trois et Eschine ? Lequel donc imitez-vous ? L'un d'entre eux ? Les autres n'étaient donc pas Attiques. Tous ensemble ? Comment ferez-vous, puisqu'ils ne se ressemblent pas ? Et ici je demande encore si Démé-

(1) Allusion à Brutus, qui avait sur l'éloquence et l'atticisme des idées analogues à celles de Calvus.

(2) Ne disons pas que c'est la forme unique de l'éloquence.

(3) Ils représentent les deux types extrêmes de l'art oratoire, Démosthène le genre sublime, Lysias le genre simple.

colligeret, etiam uerum sanguinem deperdebat. Itaque eius oratio nimia religione attenuata doctis et attente audientibus erat illustris, *a* multitudine autem et a foro, cui nata eloquentia est, deuorabatur.

284 Tum Brutus : Atticum se, inquit, Caluus noster dici oratorem uolebat ; inde erat ista exilitas, quam ille de industria consequebatur.

Dicebat, inquam, ita ; sed et ipse errabat et alios etiam errare cogebat. Nam si quis eos qui nec inepte dicunt nec odiose nec putide Attice putat dicere, is recte nisi Atticum probat neminem. Insulsitatem enim et insolentiam tamquam insaniam quandam orationis odit, sanitatem autem et integritatem quasi religionem et uerecundiam oratoris probat. Haec omnium debet oratorum eadem esse sententia. **285** Sin autem ieiunitatem et siccitatem et inopiam, dummodo sit polita, dum urbana, dum elegans, in Attico genere ponit, hoc recte dumtaxat ; sed quia sunt in Atticis alia meliora, uideat ne ignoret et gradus et dissimilitudines et uim et uarietatem Atticorum. «Atticos », inquit, « uolo imitari.» Quos ? nec enim est unum genus. Nam quid est tam dissimile quam Demosthenes et Lysias ? quam iidem et Hyperides ? quam horum omnium Aeschines ? Quem igitur imitaris ? S*i* aliquem, ceteri ergo Attice non dicebant ; si omnes, qui potes, cum sint ipsi dissimillimi inter se ? In quo etiam quaero, Phalereus ille Demetrius Atticene dixerit. Mihi quidem ex illius orationibus redolere ipsae Athenae uidentur. At est floridior, ut ita dicam, quam Hyperides, quam Lysias : natura quaedam aut

285 recte dumtaxat *clausula uitiosa* || si *uulg.* : sed *L.*

trius de Phalère fut un orateur Attique. Pour moi, du moins, ses discours ont tout le parfum d'Athènes. On me dira qu'il est comme plus fleuri qu'Hypéride et que Lysias. C'est que sa nature ou son goût le portait à parler ainsi. LXXXIII **286** Et précisément il y eut au même moment deux hommes très différents et pourtant tous deux Attiques : Charisius, auteur de beaucoup de discours, qu'il écrivait pour d'autres en ayant l'air de vouloir imiter Lysias ; Démocharès, fils d'une sœur de Démosthène, qui, outre plusieurs discours, écrivit une histoire de ce qui s'était passé de son temps à Athènes, dans un style plus oratoire qu'historique. Puis voici Hégésias, qui veut ressembler à Charisius et qui se croit si Attique que les Attiques d'origine il les considère, comparés à lui-même, presque comme des rustres. **287** Or qu'y a-t-il de plus haché, de plus désarticulé, de plus puéril que cette recherche d'une certaine élégance, où il réussit d'ailleurs malgré tout. « C'est aux Attiques que nous voulons ressembler. » Fort bien. « Ces orateurs sont-ils, oui ou non, Attiques ? » Qui peut dire le contraire ? « Eh bien ! c'est eux que nous imitons. » Comment ? Ils diffèrent entre eux autant qu'ils diffèrent des autres. « C'est Thucydide qui est notre modèle. » A la bonne heure, si c'est l'histoire que vous entendez écrire et non des causes que vous voulez plaider. Thucydide en effet sut donner à l'histoire une belle et noble voix. Mais l'éloquence qui nous intéresse ici, l'éloquence de la place publique, l'éloquence batailleuse, l'éloquence des tribunaux, il ne la pratiqua jamais. Quant aux discours (et ils sont nombreux), qu'il a intercalés dans son ouvrage, j'ai coutume d'en faire l'éloge ; mais les imiter, je ne le pourrais pas, si je le voulais, et peut-être ne le voudrais-je pas, si je le pouvais. Un amateur de vin de Falerne, qui ne le voudrait ni tellement récent qu'il date des derniers consuls, ni si vieux qu'il remonte au consulat d'Opimius (1) ou d'Anicius... « Pardon, ce sont pourtant les meilleures marques. » Sans doute ; mais le temps a fait perdre à ce vin le bon goût que nous recherchons et

(1) Opimius avait été consul en 121 av. J.-C. et Anicius quarante ans plus tôt, en 150.

uoluntas ita dicendi fuit. LXXXIII **286** Et quidem duo fuerunt per idem tempus dissimiles inter se, sed Attici tamen; quorum Charisius multarum orationum, quas scribebat aliis, cum cupere uideretur imitari Lysiam; Demochares autem, qui fuit Demostheni sororis filius, et orationes scripsit aliquot et earum rerum historiam quae erant Athenis ipsius aetate gestae non tam historico quam oratorio genere perscripsit. At Charisi uult Hegesias esse similis isque se ita putat Atticum, ut ueros illos prae se paene agrestes putet. **287** At quid est tam fractum, tam minutum, tam in ipsa, quam tamen consequitur, concinnitate puerile? « Atticorum similes esse uolumus. » Optime. « Suntne igitur hi Attici oratores? » Quis negare potest? « Hos imitamur. » Quo modo, qui sunt et inter se dissimiles et aliorum? « Thucydidem », inquit, « imitamur. » Optime, si historiam scribere, non si causas dicere cogitatis. Thucydides enim rerum gestarum pronuntiator sincerus et grandis etiam fuit; hoc forense, concertatorium, iudiciale non tractauit genus. Orationes autem quas interposuit (multae enim sunt), eas ego laudare soleo; imitari neque possim si uelim, nec uelim fortasse si possim. Ut si quis Falerno uino delectetur, sed eo nec ita nouo ut proximis consulibus natum uelit, nec rursus ita uetere ut Opimium aut Anicium consulem quaerat... « Atqui hae notae sunt optim*ae*. » Credo, sed nimia uetustas nec habet eam quam quaerimus suauitatem nec

286 sed Attici tamen: *clausula uitiosa* || Demostheni *r* : Demosthenis *G O*[2].

287 imitamur *G* : -tantur *F O B M*[2] -tatur *H* || quo modo *FOG*: quo quo modo *B H M* || optimae *uulg.* :-me *L.*

il n'est vraiment plus supportable. **288** « Alors, si l'on est de cet avis et qu'on veuille boire, c'est à la cuve qu'on devra se résoudre à puiser ? » Pas le moins du monde : c'est un vin d'un âge moyen que l'amateur prendrait. De même, je conseillerais, moi, à nos orateurs, d'une part, d'éviter ce style moderne, qui est comme un vin pris à la cuve et encore chaud de la fermentation du moût, d'autre part de ne pas chercher à attraper la manière de Thucydide, qui, avec toute sa renommée, est trop vieille, comme la marque du vin d'Anicius. Thucydide lui-même, s'il était venu plus tard, aurait été beaucoup plus mûr et plus moelleux.

LXXXIV « Alors imitons Démosthène ! » Mais, bons dieux ! faisons-nous autre chose, dites-moi, ou demandons-nous autre chose ? On dira que nous n'y réussissons pas. Nos prétendus Attiques réussissent apparemment à faire tout ce qu'ils veulent. **289** Toujours est-il qu'il y a une chose qu'ils n'arrivent même pas à comprendre, une chose qui non seulement est attestée par l'histoire, mais qui encore ne pouvait pas ne pas se produire, c'est que, quand Démosthène devait parler, on accourait pour l'entendre de toutes les parties de la Grèce. Eux, au contraire, nos Attiques, quand ils parlent, ils sont délaissés non seulement par le cercle des curieux, chose déjà assez humiliante par elle-même, mais encore par les amis de leur client venus pour l'assister. S'il est vrai que parler un langage pauvre et sec est le propre des Attiques, qu'ils soient donc Attiques, j'y consens ; mais alors que ce soit au comitium (1) qu'ils aillent et parlent devant le juge qui règle les affaires au pied levé. Devant les bancs des tribunaux, c'est une éloquence plus montée de ton et plus pleine qu'il faut. **290** Pour moi, voici le résultat que doit obtenir un vrai orateur. Je veux qu'à la nouvelle qu'il parlera on se presse d'occuper les bancs, le tribunal siège au complet, les scribes se montrent obligeants pour indiquer une place ou céder la leur, le cercle des curieux soit considérable, les juges attentifs ; qu'au moment où se lève celui qui doit parler, le cercle des curieux réclame le

(1) Petite place très voisine du forum.

est iam sane tolerabilis. **288** Num igitur qui hoc sentiat, si is potare uelit, de dolio sibi hauriendum putet? minime ; sed quandam sequatur aetatem; sic ego istis censuerim et nouam istam quasi de lacu * ac musto feruidam orationem fugiendam nec illam praeclaram Thucydidi nimis ueterem tamquam Anicianam notam persequendam. Ipse enim Thucydides si posterius fuisset, multo maturior fuisset et mitior.

LXXXIV «Demosthenem igitur imitemur.» O di boni! quid, qua*eso*, nos agimus aut quid aliud optamus? At non assequimur; isti enim uidelicet Attici nostri quod uolunt assequuntur. **289** Ne illud quidem intellegunt, non modo ita memoriae proditum esse sed ita necesse fuisse, cum Demosthenes dicturus esset, ut concursus audiendi causa ex tota Graecia fierent. At cum isti Attici dicunt, non modo a corona, quod est ipsum miserabile, sed etiam ab aduocatis relinquuntur. Quare si anguste et exiliter dicere est Atticorum, sint sane Attici; sed in comitium ueniant, ad stantem iudicem dicant; subsellia grandiorem et pleniorem uocem desiderant. **290** Volo hoc oratori contingat, ut, cum auditum sit eum esse dicturum, locus in subselliis occupetur, compleatur tribunal, gratiosi scribae sint in dando et cedendo loco, corona multiplex, iudex erectus, cum surgat is qui dicturus sit, significetur a corona silentium, deinde crebrae assensiones, multae admirationes, risus, cum uelit, cum uelit, fletus, ut qui

288 lacu ac musto *scripsi* : musto ac lacu *L* musto ac *secl. Ellendt* de musti lacu *Baehrens* || di *F B H*[1] : dii *r* || quaeso *Lambin* : quasi *L*.
289 modo ita *F O G* : modo *B H M*.
290 de Aeschine *B H M* : Aeschine *r*.

silence ; qu'ensuite il y ait des applaudissements réitérés, de nombreux cris d'admiration ; des rires quand l'orateur le veut, et, quand il le veut, des pleurs : en sorte qu'en voyant de loin ce spectacle, même sans savoir de quoi il est question, on comprenne cependant qu'il y a là quelqu'un qui intéresse et que la scène est tenue par un Roscius. Celui qui obtient un pareil succès, celui-là, sache-le bien, il parle d'une manière attique, comme on nous dit que parlaient Périclès, Hypéride, Eschine, et, par-dessus tout, Démosthène précisément. **291** Maintenant, si l'on préfère un style fin et mesuré, un style dépouillé, réduit à l'essentiel et desséché, dépourvu de tous ces apprêts oratoires qui ajoutent de l'accent, et si de ce style on entend faire un attribut de l'atticisme, soit ! ce goût est très légitime : car dans un art aussi grand, aussi varié <que l'éloquence> il y a place également pour ce genre de simplicité fine. Ma conclusion sera donc celle-ci : tous ceux qui parlent avec atticisme ne sont pas forcément des gens qui parlent bien ; mais tous ceux qui parlent bien parlent avec atticisme. Mais revenons encore une fois à Hortensius.

— LXXXV **292** Volontiers, dit Brutus, bien que j'aie pris beaucoup de plaisir à entendre ta digression.

— Pour moi, dit Atticus, plus d'une fois j'ai été tenté de t'interrompre, mais je me suis retenu. Maintenant que ton exposé paraît toucher à sa fin, tu me permettras, je pense, de te dire mon opinion.

— Mais oui, Titus, dis-je.

— Eh bien ! dit-il, l'ironie qu'on attribue à Socrate, et dont il use dans les livres de Platon, de Xénophon et d'Eschine, est une chose, à mon sens, spirituelle et élégante. C'est en effet un procédé qui ne manque pas d'adresse et qui même est spirituel, en discutant sur la sagesse, que de se la refuser à soi-même et de l'attribuer ironiquement à ceux qui se piquent de l'avoir : ainsi, dans Platon, Socrate élève jusqu'au ciel Protagoras, Hippias, Prodicos, Gorgias et les autres, tandis que lui, il se donne comme un homme qui ne sait rien du tout et comme un naïf. Il y a dans cette façon de faire une grâce indéfinissable et

haec procul uideat, etiamsi quid agatur nesciat, at placere tamen et in scaena esse Roscium intellegat. Haec cui contingant, eum scito Attice dicere, ut de Pericle audimus, ut de Hyperide, ut de Aeschine, de ipso quidem Demosthene maxime. **291** Sin autem acutum prudens et idem sincerum et solidum et exsiccatum genus orationis probant nec illo grauiore ornatu oratorio utuntur, et hoc proprium esse Atticorum uolunt, recte laudant. Est enim in arte tanta tamque uaria etiam huic minutae subtilitati locus. Ita fiet ut non omnes, qui Attice, idem bene, sed ut omnes, qui bene, idem etiam Attice dicant. Sed redeamus rursus ad Hortensium.

LXXXV **292** Sane quidem,inquit Brutus : quamquam ista mihi tua fuit periucunda a proposita oratione digressio.

Tum Atticus : Aliquotiens sum, inquit, conatus, sed interpellare nolui. Nunc quoniam iam ad perorandum spectare uidetur sermo tuus, dicam, opinor, quod sentio.

Tu uero, inquam, Tite.

Tum ille : Ego, inquit, ironiam illam quam in Socrate dicunt fuisse, qua ille in Platonis et Xenophontis et Aeschini libris utitur, facetam et elegantem puto. Est enim et minime inepti hominis et eiusdem etiam faceti, cum de sapientia disceptetur, hanc sibi ipsum detrahere, eis tribuere illudentem qui eam sibi adrogant; ut apud Platonem Socrates in caelum effert laudibus Protagoram, Hippiam, Prodicum,Gorgiam, ceteros, se autem omnium rerum inscium fingit et rudem. Decet hoc nescio quo-

292 Tite *F O G* : Attice *r* || disceptetur *L* : -tatur *Stangl* || adrogant *F O G* : adigant *r* adrogent *Ernesti*

je n'approuve pas Epicure, qui la critique. Mais dans un exposé historique, comme celui que tu viens de faire en te proposant de montrer quel avait été le caractère de chaque orateur, prends garde, je te prie, que l'ironie ne soit aussi répréhensible qu'elle le serait dans la bouche d'un témoin qui dépose.

— Où veux-tu en venir ? dis-je ; je ne comprends pas.

— **293** C'est que, reprit-il, tu as loué certains orateurs de telle sorte que des gens peu éclairés pourraient être induits en erreur. Pour ma part, à propos de certains orateurs, j'avais peine à m'empêcher de rire, lorsque, <par exemple> ,à l'Athénien Lysias tu comparais notre Caton. Eh oui ! c'est un grand homme que Caton, ou mieux, c'est un homme supérieur, un homme unique en son genre : personne ne dira le contraire. Mais un orateur ! Mais un orateur semblable à Lysias ! Un écrivain d'une couleur incomparable ! Charmante serait l'ironie, si nous plaisantions : mais si nous parlons sérieusement, n'oublie pas que nous devons avoir autant de scrupule que si nous avions à déposer en justice. **294** Oui, ton Caton, je l'estime comme citoyen, comme sénateur, comme général, comme un homme enfin supérieur par la sagesse, par l'activité, par toute espèce de vertu : ses discours, je les trouve fort louables pour son temps : ils dénotent une certaine tournure de génie, mais qui n'a pas été le moins du monde façonnée et qui est encore tout à fait à l'état brut. Mais quand tu venais nous dire que les *Origines* contiennent en grande quantité tous les genres de beautés oratoires, quand tu mettais Caton à côté de Philistos et de Thucydide, est-ce Brutus ou moi que tu prétendais convaincre ? Quoi ! A des modèles, que parmi les Grecs mêmes personne ne peut imiter, tu vas comparer un homme de Tusculum, qui n'a pas encore la moindre idée de ce que c'est qu'un langage abondant et oratoire ! LXXXVI **295** Tu loues Galba. Si c'est comme le premier de son temps, d'accord : la tradition le présente ainsi. Si c'est comme orateur, prenons, si tu veux bien, ses discours (car ils existent) et dis-moi si tu voudrais voir Brutus que voici, Brutus que tu aimes plus que toi-même,

modo illum, nec Epicuro, qui id reprendit, assentior. Sed in historia, qua tu es usus in omni sermone, cum qualis quisque orator fuisset exponeres, uide, quaeso, inquit, ne tam reprendenda sit ironia quam in testimonio.

Quorsus, inquam, istuc ? non enim intellego.

293 Quia primum, inquit, ita laudauisti quosdam oratores, ut imperitos posses in errorem inducere. Equidem in quibusdam risum uix tenebam, cum Attico Lysiae Catonem nostrum comparabas, magnum mehercule hominem uel potius summum et singularem uirum (nemo dicet secus) sed oratorem ! sed etiam Lysiae similem ! quo nihil potest esse pictius ! Bella ironia, si iocaremur ; sin asseueramus, uide ne religio nobis tam adhibenda sit quam si testimonium diceremus. **294** Ego enim Catonem tuum ut ciuem, ut senatorem, ut imperatorem, ut uirum denique cum prudentia et diligentia tum omni uirtute excellentem probo ; orationes autem eius, ut illis temporibus, ualde laudo ; significant enim formam quandam ingeni, sed admodum impolitam et plane rudem. Origines uero cum omnibus oratoris laudibus refertas diceres et Catonem cum Philisto et Thucydide compárares, Brutone te id censebas an mihi probaturum ? Quos enim ne e Graecis quidem quisquam imitari potest, his tu comparas hominem Tusculanum, nondum suspicantem quale esset copiose et ornate dicere. LXXXVI **295** Galbam laudas. Si ut illius aetatis principem, assentior (sic enim accepimus) ; sin ut oratorem, cedo, quaeso, orationes (sunt enim) et dic hunc, quem tu plus quam te

294 imperatorem *M* : imp. *F* impr. *O G* imper. *B H* || formam quandam *F O* : quandam form. *G B H M* || oratoris *L* :- toriis *Lambin* || te *om.* *B M H*[1].

en faire de pareils. Tu estimes les discours de Lepidus. Je suis un peu de ton avis, du moins si c'est comme anciens que tu les estimes. J'en dirai autant à propos de Scipion l'Africain, ainsi que de Laelius, de Laelius dont tu cites un discours, qui, selon toi, est une merveille de charme, avec je ne sais quoi, ajoutes-tu, de particulièrement auguste. Mais c'est par le nom d'un très grand homme que tu surprends notre admiration et par le prestige incontestable d'une distinction souveraine. Ecarte tout cela : le discours dont tu vantes le charme pourrait bien être si peu de chose qu'on ne voudrait pas y jeter un regard. **296** Carbo fut compté, je le sais, parmi les très grands orateurs ; mais il en est de l'éloquence comme du reste : on loue ce que sur le moment l'on a de mieux, quelle qu'en soit d'ailleurs la valeur réelle. Je dis la même chose des Gracques, bien qu'à certains égards je souscrive à ce que tu en as dit. Je laisse de côté les autres et j'arrive à des hommes, chez qui tu vois l'éloquence déjà portée à la perfection, que j'ai entendus moi-même et qui sans contredit furent de grands orateurs, Crassus et Antoine. Ce que tu as dit à leur louange, je l'approuve entièrement, sans aller cependant aussi loin que toi : à la façon de Lysippe, qui prétendait s'être réglé sur le Doryphore de Polyclète, tu nous as dit que le discours en faveur de la loi Servilia avait été ton modèle. C'est de l'ironie pure. Je ne te dirai pas pourquoi je pense ainsi : tu pourrais croire que je veux te flatter. **297** Je laisse donc de côté ce que tu as dit de Crassus et d'Antoine, ainsi que de Cotta, de Sulpicius et, en dernier lieu, de Caelius : ceux-ci du moins ont été des orateurs ; et pour ce qui est de la mesure et de la qualité de leur talent, tu es, toi, le vrai juge. Quant à cette multitude d'artisans de paroles que tu as rassemblée sans omettre personne, je m'en inquiète peu : il y a sans doute certaines personnes qui voudraient bien avoir péri, afin d'être mises par toi au nombre des orateurs.

LXXXVII Lorsqu'Atticus eut ainsi parlé, je repris : C'est le sujet d'une longue conversation que tu as mis en branle, Atticus, et la question soulevée par toi mériterait une discussion nouvelle, que nous remettrons à un autre

amas, Brutum uelle te illo modo dicere. Probas Lepidi orationes. Paulum hic tibi assentior, modo ita laudes ut antiquas ; quod item de Africano, de Laelio, cuius tu oratione negas fieri quicquam posse dulcius, addis etiam nescio quid augustius. Nomine nos capis summi uiri uitaeque elegantissimae uerissimis laudibus. Remoue haec ; ne ista dulcis oratio ita sit abiecta, ut e*a*m aspicere nemo uelit. **296** Carbonem in summis oratoribus habitum scio ; sed cum in ceteris rebus tum in dicendo semper, quo *i*am nihil est melius, id laudar*i*, qualecumque est, solet. Dico idem de Gracchis, etsi de eis ea sunt a te dicta, quibus ego assentior. Omitto ceteros ; uenio ad eos in quibus iam perfectam putas esse eloquentiam, quos ego audiui, sine controuersia magnos oratores, Crassum et Antonium. De horum laudibus tibi prorsus assentior, sed tamen non isto modo ; ut Polycliti Doryphorum sibi Lysippus aiebat, sic tu suasionem legis Seruiliae tibi magistram fuisse. Haec germana ironia est. Cur ita sentiam non dicam, ne me tibi assentari putes. **297** Omitto igitur quae de his ipsis, quae de Cotta, quae de Sulpicio, quae modo de Caelio dixeris. Hi enim fuerunt certe oratores ; quanti autem et quales, tu uideris. Nam illud minus curo quod congessisti operarios omnes, ut mihi uideantur mori uoluisse nonnulli, ut a te in oratorum numerum referrentur.

LXXXVII Haec cum ille dixisset : Longi sermonis initium *p*epulisti, inquam, Attice, remque commouisti

295 ut eam *uulg.* : autem *L* (ut O^2 *al*).
296 quo iam *Jahn* : quoniam *L* || laudari *uulg.* : laudare *L*.
297 hi *r* : ii *M* || pepulisti *uulg.* : depulisti *L*.

moment. **298** Il faut lire en effet les ouvrages des anciens et surtout ceux de Caton. Tu comprendras, <après l'avoir lu> , que le style de Caton est d'un dessin achevé et que ce qui lui manque, c'est la fraîcheur et l'éclat de couleurs qui n'avaient pas encore été inventées. Quant au discours de Crassus, mon avis est que lui-même peut-être aurait pu l'écrire mieux, mais que personne d'autre n'en eût été capable. Et ne va pas croire que je fais de l'ironie, quand je dis de ce discours qu'il m'a servi de modèle. Si tu as une meilleure idée du talent que je puis avoir aujourd'hui, il n'en est pas moins vrai que dans ma jeunesse l'éloquence latine ne nous offrait rien de mieux à imiter. **299** Quant à ma longue énumération d'orateurs, elle visait à bien faire comprendre, comme je l'ai dit tout à l'heure (1), combien, dans un art qui pour tous est l'objet d'une vive ambition, petit est le nombre de ceux qui méritent de compter. Je ne voudrais donc point qu'on me prît pour un ironique, dût même l'Africain l'avoir été, comme le prétend Caius Fannius dans son histoire.

— Comme tu voudras, dit Atticus ; pour moi, je ne pensais pas que te fût déplaisante une chose qu'avaient pratiquée Scipion l'Africain et Socrate.

— **300** De cela, dit Brutus, nous causerons plus tard, mais toi, ajouta-t-il en se tournant vers moi, tu nous feras, n'est-ce pas, connaître les discours des anciens ?

— Certainement, répondis-je, Brutus ; mais ce sera dans ma propriété de Cumes ou de Tusculum, un autre jour, si toutefois les circonstances le permettent, puisque dans ces deux campagnes nous sommes voisins. LXXXVIII Mais revenons maintenant au point d'où est partie notre digression.

Hortensius.

301 Hortensius commença de très bonne heure à parler au forum et en vint rapidement à être chargé de causes importantes ; bien qu'il se fût trouvé jeté au milieu d'une génération <d'avocats plus anciens> , celle de Cotta et de Sulpicius, de dix ans plus âgés que lui, et à un moment où étaient dans toute leur gloire Crassus et

(1) Voir § 270.

noua disputatione dignam, quam in aliud tempus differamus. **298** Voluendi enim sunt libri cum aliorum tum in primis Catonis. Intelleges nihil illius liniamentis nisi eorum pigmentorum quae inuenta nondum erant florem et colorem defuisse. Nam de Crassi oratione sic existimo, ipsum fortasse melius potuisse scribere, alium, ut arbitror, neminem. Nec in hoc εἴρωνα me duxeris esse, quod eam orationem mihi magistram fuisse dixerim. Nam etsi *tute* melius existimare uideris de ea, si quam nunc habemus, facultate, tamen adulescentes quid in Latinis potius imitaremur non habebamus. **299** Quod autem plures a nobis nominati sunt, eo pertinuit, ut paulo ante dixi, quod intellegi uolui, in eo, cuius omnes cupidissimi essent, quam pauci digni nomine euaderent. Quare εἴρωνα me, ne si Africanus quidem fuit, ut ait in historia sua C. Fannius, existimari uelim.

Vt uoles, inquit Atticus. Ego enim non alienum a te putabam, quod et in Africano fuisset et in Socrate.

300 Tum Brutus : De isto postea ; sed tu, inquit me intuens, orationes nobis ueteres explicabis ?

Vero, inquam, Brute; sed in Cumano aut in Tusculano aliquando, si modo licebit, quoniam utroque in loco uicini sumus. LXXXVIII Sed iam ad id, unde digressi sumus, reuertamur.

301 Hortensius igitur cum admodum adulescens orsus esset in foro dicere, celeriter ad maiores causas adhiberi coeptus est; *et* quamquam inciderat in Cottae et Sulpici aetatem, qui annis decem maiores *erant*, excellente tum

298 εἴρωνα me duxeris *Baehrens* : yroniam eduxeris *L* ‖ tute *Stangl* : ut *H* ut tu *r*.
299 εἴρωνα *uulg.* : ironia *L*.

Antoine, puis Philippus, et en dernier lieu C. Julius <Caesar Strabo> , son talent soutint dignement le parallèle avec ces grands orateurs. D'abord il avait une mémoire, dont je crois n'avoir jamais chez personne rencontré l'équivalent : ce qu'il avait mentalement préparé, il était capable, sans aucune note, de le rendre dans les termes mêmes qu'il l'avait conçu. Grâce à cette faculté, il retenait non seulement ce qu'il avait lui-même préparé ou écrit, mais aussi toutes les paroles de tous ses adversaires sans que personne les lui rappelât. **302** Son ardeur était si grande que je n'ai jamais vu chez personne une application plus vive. Il ne laissait pas passer un seul jour sans parler au forum ou faire des exercices hors du forum ; le plus souvent, le même jour, il faisait les deux choses. Il s'était ainsi donné une méthode oratoire, qui n'avait absolument rien de la méthode courante ; deux procédés en particulier n'étaient qu'à lui : les divisions, indiquant les points qu'il devait traiter, les récapitulations, rappelant les arguments de ses adversaires et les siens. **303** Son élocution présentait un choix heureux d'expressions brillantes, des phrases harmonieusement construites, l'abondance d'un riche talent, toutes qualités qu'il devait à la supériorité de son génie naturel, mais surtout à la discipline des exercices qu'il avait faits. Il possédait à fond le sujet à traiter, l'ayant tout entier dans la mémoire ; il le décomposait avec pénétration dans tous ses éléments et il était rare qu'il laissât échapper quelqu'un des moyens fournis par la cause soit pour la preuve soit pour la réfutation. Sa voix était sonore et agréable. Dans sa tenue et dans son geste il y avait un art étudié, trop étudié pour un orateur. C'est au moment où commençaient les grands succès d'Hortensius que Crassus mourut, que Cotta fut exilé, que le cours de la justice fut interrompu par la guerre et que moi je fis mon entrée au forum.

Etudes et débuts de Cicéron

LXXXIX **304** La première année de la guerre, Hortensius était soldat, la seconde, tribun militaire. Sulpicius était absent comme légat, ainsi qu'Antoine. On ne rendait

Crasso et Antonio, dein Philippo, post Iulio, cum his ipsis dicendi gloria comparabatur. Primum memoria tanta, quantam in nullo cognouisse me arbitror, ut quae secum commentatus esset, ea sine scripto uerbis eisdem redderet, quibus cogitauisset. Hoc adiumento ille tanto sic utebatur, ut sua et commentata et scripta et nullo referente omnia omni*um* aduersariorum dicta meminisset. **302** Ardebat autem cupiditate sic ut in nullo umquam flagrantius studium uiderim. Nullum enim patiebatur esse diem quin aut in foro diceret aut meditaretur extra forum ; saepissime autem eodem die utrumque faciebat. Attuleratque minime uulgare genus dicendi, duas quidem res quas nemo alius, partitiones, quibus de rebus dicturus esset, et co*ll*ectiones eor*um* quae essent dicta contra quaeque ipse dixisset. **303** Erat in uerborum splendore elegans, compositione aptus, facultate copiosus ; eaque erat cum summo ingenio tum exercitationibus maximis consecutus. Rem complectebatur memoriter, diuidebat acute, nec praetermittebat fere quicquam quod esset in causa aut ad confirmandum aut ad refellendum. Vox canora et suauis, motus et gestus etiam plus artis habebat quam erat oratori satis. Hoc igitur florescente Crassus est mortuus, Cotta pulsus, iudicia intermissa bello, nos in forum uenimus.

LXXXIX **304** Erat Hortensius in bello primo anno miles, altero tribunus militum, Sulpicius legatus *aberat*;

301 et *add. Ellendt* || erant *add. Rau* || in nullo *uulg.* : in nullo uiro O^2 *al* in uiro G^1 M^2 inuito *r* || omnia omnium *Stangl* : omnia omnia *F B H M* omnia *r*.

302 collectiones *uulg.* : coniectiones *L* || eorum quae *Jahn* : memor quae *F* memor et quae *r* memor eorum quae *Orelli*.

304 aberat *add. Bornecque clausulae causa* || M. *secl. Ellendt* || quoi *scripsi* : qui *L* || utique *Jahn*: uterque *L*.

de jugements qu'en vertu de la loi Varia, toute les autres procédures étant suspendues à cause de la guerre. A ces jugements j'assistais souvent, bien que les accusés, qui se défendaient eux-mêmes, ne fussent pas des orateurs de premier ordre, comme, par exemple, Lucius Memmius et Quintus Pompeius ; mais c'étaient des orateurs tout de même, et puis il y avait toujours un témoin qui parlait bien, Philippus dont les dépositions passionnées avaient à la fois la véhémence et le développement d'un réquisitoire.

305 Tous ceux des autres orateurs qui passaient pour les meilleurs exerçaient des charges publiques et, presque tous les jours, je les entendais dans les assemblées. Caius Curio était alors en effet tribun de la plèbe : il est vrai que, lui du moins, gardait le silence, depuis qu'un jour l'assemblée tout entière l'avait planté là. <Son collègue> , Quintus Metellus Celer, sans être à proprement parler un orateur, n'était cependant pas incapable de dire un mot. Parlant bien il y avait Quintus Varius, Caius Carbo, Cnaeus Pomponius ; ceux-ci, par exemple, ne quittaient pas la tribune aux harangues. Caius Julius <Caesar> , édile curule, prononçait presque chaque jour des discours très travaillés. Dans mon ardent désir d'entendre parler, un premier chagrin me frappa, l'exil de Cotta. Tout en suivant assidûment ceux qui restaient, je m'astreignais à travailler avec ardeur, chaque jour lisant, écrivant, traitant des sujets, sans me borner d'ailleurs à des exercices exclusivement oratoires. L'année suivante, Quintus Varius, condamné en vertu de sa propre loi, était allé en exil. **306** De mon côté, je passais beaucoup de temps à étudier le droit civil auprès de Quintus Scaevola, fils de Quintus, qui, à vrai dire, ne faisait pas profession d'enseigner, mais qui, par les réponses qu'il donnait aux consultations, instruisait ceux qui le suivaient de près. L'année d'après fut celle des consuls Sylla et Pompeius. Sulpicius, alors tribun, prononçait journellement des harangues, où j'appris à connaître à fond son genre d'éloquence. A la même époque, le chef de l'Académie, Philon, ayant fui Athènes, à cause de la

aberat etiam [M.] Antonius; exercebatur una lege iudicium Varia, ceteris propter bellum intermissis, qu*o*i frequens aderam, quamquam pro se ipsi dicebant oratores non illi quidem principes, L. Memmius et Q. Pompeius, sed oratores tamen, teste diserto ut*i*que Philippo, cuius in testimonio contentio et uim accusatoris habebat et copiam.

305 Relicui qui tum principes numerabantur in magistratibus erant cotidieque fere a nobis in contionibus audiebantur. Erat enim tribunus plebis tum C. Curio, quamquam is quidem silebat, ut erat semel a contione uniuersa relictus; Q. Metellus Celer non ille quidem orator, sed tamen non infans; diserti autem Q. Varius, C. Carbo, Cn. Pomponius, et hi quidem habitabant in rostris. C. etiam Iulius aedilis curulis cotidie fere accuratas contiones habebat. Sed me cupidissimum audiendi primus dolor percussit, Cotta cum est expulsus. Relicuos frequenter audiens acerrimo studio tenebar cotidieque et scribens et legens et commentans orator*i*is tantum exercitationibus contentus non eram. Iam consequente anno Q. Varius sua lege damnatus excesserat. **306** Ego autem *in* iuris ciuilis studio multum operae dabam Q. Scaeuolae *Q*. F., qui quamquam nemini *se* ad docendum dabat, tamen consulentibus respondendo studiosos audiendi docebat. Atque huic anno proximus Sulla consule et Pompeio fuit. Tum P. Sulpici in tribunatu cotidie contionantis totum genus dicendi penitus cogno-

305 hi *r* : ii *M* || accuratas *F O G* : *om. B H M* || oratoriis *Corrado* : oratoris *L.*

306 in *add. Mueller* || Q. f. *Fabricius* : p. f. *L* || se *add. uulg.* || hoc etiam *F O G*: etiam *B H M* || quod *Madvig* : sed *L.*

guerre de Mithridate, avec les chefs du parti aristocratique et étant venu à Rome, je me livrai à lui tout entier : je m'étais pris d'un amour incroyable pour la philosophie, à laquelle je m'appliquais avec une attention d'autant plus soutenue qu'indépendamment du très grand attrait des questions elles-mêmes, dont la variété et l'importance me captivaient, je pouvais croire le fonctionnement normal des procédures judiciaires aboli pour jamais. **307** Sulpicius avait péri cette année-là et, l'année suivante, avaient été tués très cruellement trois orateurs, représentant trois générations différentes, Quintus Catulus, Antoine et Caius Julius. La même année, je pris aussi des leçons de Molon de Rhodes, à la fois excellent avocat et maître d'éloquence.

XC Ces détails paraissent étrangers à mon sujet ; mais c'est à dessein que je les donne pour toi, Brutus (car Atticus les connaît), afin que tu puisses, puisque tu l'as voulu (1), me bien voir dans ma marche : tu verras comment dans la carrière j'ai suivi Hortensius pas à pas. **308** Rome fut trois ans à peu près sans guerre civile, mais les orateurs étaient morts, ou exilés ou en fuite (des jeunes gens même, comme Marcus Crassus et les deux Lentulus, étaient partis). Hortensius était <alors> l'avocat le plus en vue ; Antistius de jour en jour était plus goûté ; Piso parlait souvent, Pomponius moins souvent, Carbo rarement ; Philippus ne parla qu'une ou deux fois. Pour moi, pendant tout ce temps, je consacrais les jours et les nuits à l'étude de toutes les connaissances. **309** J'avais auprès de moi le Stoïcien Diodotos, qui habitait ma maison et qui, après y avoir vécu avec moi, y est mort tout récemment. Sous sa direction, je faisais beaucoup d'exercices, surtout des exercices sur la dialectique, laquelle doit être considérée comme de l'éloquence, pour ainsi dire, contractée et comprimée, et sans laquelle toi aussi, Brutus, tu as jugé ne pouvoir parvenir à cette éloquence normale qu'on appelle <inversement> de la dialectique dilatée (2). Cepen-

(1) Voir § 232.

(2) Zénon comparait la dialectique à un poing fermé et la rhétorique à une main ouverte (*Orator*, 32, 113).

uimus. Eodemque tempore, cum princeps Academiae Philo cum Atheniensium optimatibus Mithridatico bello domo profugisset Romamque uenisset, totum ei me tradidi admirabili quodam ad philosophiam studio concitatus; in quo hoc etiam commorabar attentius (etsi rerum ipsarum uarietas et magnitudo summa me delectatione retinebat) q*uo*d tamen sublata iam esse in perpetuum ratio iudiciorum uidebatur. **307** Occiderat Sulpicius illo anno tresque proximo trium aetatum oratores erant crudelissime interfecti, Q. Catulus, M. Antonius, C. Iulius. [Eodem anno etiam Moloni Rhodio Romae dedimus operam et actori summo causarum et magistro.]

XC Haec etsi uidentur esse a proposit*a* ratione diuersa, tamen idcirco a me proferuntur ut nostrum cursum perspicere, quoniam uoluisti, Brute, possis (nam Attico haec nota sunt) et uidere quem ad modum simus in spatio Q. Hortensium ipsius uestigiis persecuti. **308** Triennium fere fuit urbs sine armis, sed oratorum aut interitu aut discessu aut fuga (nam aberant etiam adulescentes M. Crassus et Lentuli duo) primas in causis agebat Hortensius, magis magisque cotidie probabatur Antistius, Piso saepe dicebat, minus saepe Pomponius, raro Carbo, semel aut iterum Philippus. At uero ego hoc tempore omni noctes et dies in omnium doctrinarum meditatione uersabar. **309** Eram cum Stoico Diodoto, qui cum habitauisset apud me *me*cumque uixisset, nuper est domi meae mortuus. A quo cum in aliis rebus tum studiosis-

307. Eodem... magistro *secl. Bake* || proposita oratione *Lambin* (cf. § 292) : proposito ratione *L* || et uidere *F* O^2 *G* : ei uidere O^2 *uetus r*.

309 Diodoto *F* : Diodoro B^2 *M* dioto *r* || mecumque *uulg*.

dant, tout en me livrant aux leçons de ce maître et aux sciences nombreuses et variées qu'il m'enseignait, je m'arrangeais de manière à ne pas laisser passer un seul jour sans faire des exercices oratoires. **310** Je composais des déclamations (c'est le terme qu'on emploie aujourd'hui), souvent avec Marcus Piso et Quintus Pompeius, d'autres fois avec quelqu'un d'autre, mais <régulièrement> tous les jours ; et ces exercices, je les faisais souvent en latin, mais plus fréquemment en grec, parce que le grec, plus riche en effets de style, m'accoutumait à des procédés oratoires applicables au latin, et aussi parce que les meilleurs maîtres de la rhétorique grecque n'auraient pu, si je n'avais parlé leur langue, ni corriger mes fautes ni me donner des préceptes. **311** Sur ces entrefaites, survinrent les troubles auxquels donna lieu la restauration du gouvernement (1), avec la mort tragique de trois orateurs, Scaevola, Carbo, Antistius ; puis ce fut le retour de Cotta, de Curio, de Crassus, des Lentulus, de Pompée, les lois <nouvelles> avec l'organisation judiciaire, <enfin> la restauration du gouvernement. Mais du groupe des orateurs étaient retranchés Pomponius, Censorinus et Murena. C'est à ce moment que je commençai à me charger de causes, tant criminelles que civiles, arrivant au forum, non pas, comme presque tous l'ont fait, pour m'y former <par la pratique>, mais pour y appliquer une science oratoire poussée aussi loin qu'il m'avait été possible de le faire. **312** Cette même année je suivis les leçons de Molon, venu à Rome, sous la dictature de Sylla, comme ambassadeur auprès du sénat, pour régler la question des récompenses dues aux Rhodiens. Aussi mon premier plaidoyer dans une affaire criminelle, celle de Sextus Roscius, eut-il tant de succès que désormais il n'y eut pas une seule cause qui parût être au-dessus de mes capacités. Dès lors ce fut une succession d'affaires nombreuses, où, pour ma part, j'apportais des plaidoyers travaillés avec grand soin et comme ruminés dans mes veilles.

(1) En 83 et 82, quand Sylla, revenu d'Asie avec son armée, mit fin à l'anarchie démagogique et rétablit un gouvernement régulier.

sime in dialectica exercebar, quae quasi contracta et astricta eloquentia putanda est ; sine qua etiam tu, Brute, iudicauisti te illam iustam eloquentiam, quam dialecticam dilatatam esse putant, consequi non posse, Huic ego doctori et eius artibus uariis atque multis ita eram tamen deditus ut ab exercitationibus oratoriis nullus dies uacuus esset. **310** Commentabar declamitans (sic enim nunc loquuntur) saepe cum M. Pisone et cum Q. Pompeio aut cum aliquo cotidie, idque faciebam multum etiam Latine, sed Graece saepius, uel quod Graeca oratio plura ornamenta suppeditans consuetudinem similiter Latine dicendi afferebat, uel quod a Graecis summis doctoribus, nisi Graece dicerem, neque corrigi possem neque doceri. **311** Tumultus interim *in* recuperanda re publica et crudelis interitus oratorum trium, Scaeuolae, Carbonis, Antisti, reditus Cottae, Curionis, Crassi, Lentulorum, Pompei, leges et iudicia constituta, recuperata res publica, ex numero autem oratorum Pomponius, Censorinus, Murena sublati. Tum primum nos ad causas et priuatas et publicas adire coepimus, non ut in foro disceremus, quod plerique fecerunt, sed ut, quantum nos efficere potuissemus, docti in forum ueniremus. **312** Eodem tempore Moloni dedimus operam; dictatore enim Sulla legatus ad senatum de Rhodiorum praemiis uenerat. Itaque prima causa publica pro Sex. Roscio dicta tantum commendationis habui*t* ut non ulla esset

cumque *L* || quae quasi *M G*[1] *B*[2] : qua quasi *r* || dilatatam *G*[2] : dilatam *r*. || consequi non posse *clausula uitiosa*.

310 possem *uulg.* : possim *L*.

311 in *add. Orelli* || res *uulg.* : re. *G* re *L*.

312 habuit *uulg.* : habui *L* || digna nostro *F O G* : nostro digna *B H M* || et tamquam *Rivius* : etiam quam *L*.

XCI **313** Maintenant, puisque tu parais vouloir me connaître tout entier et qu'il te faut, non pas quelques signes naturels ou de menus objets (1) mais un signalement complet de ma personne, je donnerai ici quelques détails, qui peut-être ne sembleront pas très nécessaires. J'étais alors très maigre et très délicat de corps, avec un cou long et mince, complexion et apparences qui ne sont pas loin, croit-on, d'être un danger de mort, quand s'y ajoutent le travail et de grands efforts de poumons. Et cela inquiétait d'autant plus les personnes auxquelles j'étais cher, que dans mes discours je disais tout sans baisser le ton, sans varier mon débit, de toute la force de ma voix, et en faisant effort de mon corps tout entier. **314** Aussi mes amis et les médecins me conseillaient-ils de ne plus plaider. Mais je crus devoir m'exposer à tous les risques plutôt que de renoncer à la gloire de l'éloquence, que j'espérais. Comme j'étais d'ailleurs persuadé qu'en baissant le ton, en mesurant ma voix, en corrigeant ma déclamation, je pourrais tout à la fois échapper au péril dont j'étais menacé et avoir une éloquence plus posée, je résolus de changer de méthode et ce fut là le motif de mon départ pour l'Asie. Ainsi, après avoir exercé comme avocat pendant deux ans et m'être déjà fait un nom connu au forum, je partis de Rome. **315** Arrivé à Athènes, je passai six mois avec Antiochos, le plus renommé et le plus savant philosophe de la Vieille Académie (2), et auprès de ce maître, qui était à la fois un penseur original et un professeur excellent, je recommençai l'étude de la philosophie, que je n'avais jamais abandonnée et que je n'avais cessé de cultiver et de développer depuis ma première jeunesse. Dans le même temps à Athènes, auprès de Démétrius de Syrie, rhéteur âgé et assez renommé, je m'appliquais néanmoins à faire régulièrement des exercices « oratoires ». Ensuite, je parcourus toute la province d'Asie, accompagné des plus grands orateurs, qui dirigeaient mes exercices avec complaisance. Le premier d'entre eux était

(1) Comme pour les reconnaissances d'enfants dans les comédies.

(2) Voir § 149 et la note.

quae non digna nostro patrocinio uideretur. Deinceps inde multae, quas nos diligenter elaboratas et amquam elucubratas afferebamus.

XCI 313 Nunc quoniam totum me non naeuo aliquo aut crepundiis, sed corpore omni uideris uelle cognoscere, complectar nonnulla etiam quae fortasse uideantur minus necessaria. Erat eo tempore in nobis summa gracilitas et infirmitas corporis, procerum et tenue collum ; qui habitus et quae figura non procul abesse putatur a uitae periculo, si accedit labor et laterum magna contentio. Eoque magis hoc eos quibus eram carus commouebat, quod omnia sine remissione, sine uarietate, ui summa uocis et totius corporis contentione dicebam. 314 Itaque cum me et amici et medici hortarentur ut causas agere desisterem, quoduis potius periculum mihi adeundum quam a sperata dicendi gloria discedendum putaui. Sed cum censerem remissione et moderatione uocis et commutato genere dicendi me et periculum uitare posse et temperatius dicere, ut consuetudinem dicendi mutarem ea causa mihi in Asiam proficiscendi fuit. Itaque cum essem biennium uersatus in causis et iam in foro celebratum meum nomen esset, Roma sum profectus. 315 Cum uenissem Athenas, sex menses cum Antiocho ueteris Academiae nobilissimo et prudentissimo philosopho fui, studiumque philosophiae numquam intermissum a primaque adulescentia cultum et semper auctum hoc rursus summo auctore et doctore renouaui. Eodem tamen tempore Athenis apud Demetrium Syrum ueterem et non

313 accedit *r* : accidit *F*[2].
314 mutarem *r* : mutarim *F*[2] *B H M* || et iam *F* : etiam *r*.

Menippus de Stratonice, l'homme le plus éloquent, à mon sens, qu'il y eût à ce moment dans toute l'Asie; et si le fait de n'avoir dans le style rien de choquant ou de déplacé est le propre de l'atticisme, cet orateur mérite de figurer parmi les Attiques. **316** Mais celui que j'eus le plus constamment avec moi fut Dionysius de Magnésie ; j'avais aussi auprès de moi Aeschylus de Cnide et Xénoclès d'Adramyttion : c'étaient alors les rhéteurs les plus renommés de l'Asie (1). Je ne m'en tins pas encore là. Je me rendis à Rhodes, où je m'attachai de nouveau à ce même Molon, que j'avais entendu à Rome (2), qui était non seulement un avocat plaidant et un écrivain excellent, mais aussi un maître habile à saisir et à critiquer les défauts, en même temps que très intelligent dans sa méthode et ses préceptes. J'avais alors un style surabondant et d'une exubérance débordante — intempérance de la jeunesse à qui tout est permis; — Molon s'appliqua et peut-être réussit-il à réprimer cet excès et à endiguer, pour ainsi dire, le trop plein de ce flot. Aussi, lorsque deux ans après je revins à Rome (3), j'étais non seulement mieux exercé, mais encore presque métamorphosé. Ma voix n'avait plus d'éclats exagérés et mon style avait comme fini de bouillonner; mes poumons s'étaient fortifiés et mon corps avait acquis un embonpoint raisonnable.

Rivalité oratoire d'Hortensius et de Cicéron.

XCII **317** Deux orateurs excellaient alors, propres à exciter mon émulation, Cotta et Hortensius : le premier, paisible et doux, exprimant sa pensée avec naturel et facilité dans le style simple (4) ; le second, très oratoire, plein de feu, non pas tel que tu l'as connu, Brutus, déjà sur le déclin de son talent, mais plus passionné dans son élocution et son action. Aussi est-ce

(1) Tous ces rhéteurs sont inconnus. Seul Xénoclès est signalé comme étant venu à Rome pour défendre ses concitoyens accusés de mithridatisme (Strabon, XIV, 2, 25, p. 660).

(2) Voir § 312.

(3) En 77 av. J.-C.

(4) Voir § 202.

ignobilem dicendi magistrum studiose exerceri solebam. Post a me Asia tota peragrata est cum summis quidem oratoribus, quibuscum exercebar ipsis libentibus, quorum erat princeps Menippus Stratonicensis, meo iudicio tota Asia illis temporibus disertissimus; et, si nihil habere molestiarum nec ineptiarum Atticorum est, hic orator in illis numerari recte potest. **316** Assiduissime autem mecum fuit Dionysius Magnes; erat etiam Aeschylus Cnidius, Adramyttenus Xenocles; hi tum in Asia rhetorum principes numerabantur. Quibus non contentus Rhodum ueni meque ad eundem, quem Romae audiueram, Molonem applicaui, cum actorem in ueris causis scriptoremque praestantem, tum in notandis animaduertendisque uitiis et *in* instituendo docendoque prudentissimum. Is dedit operam, si modo id consequi potuit, ut nimis redundantes nos et suprafluentes iuuenili quadam dicendi impunitate et licentia reprimeret et quasi extra ripas diffluentes coerceret. Ita recepi me biennio post non modo exercitatior sed prope mutatus. Nam et contentio nimia uocis re*se*derat et quasi *d*eferuerat oratio, lateribusque uires et corpor*i* mediocris habitus accesserat.

XCII **317** Duo tum excellebant oratores, qui me imitandi cupiditate incitarent, Cotta et Hortensius; quorum alter remissus et lenis et propriis uerbis comprendens

315 cum summis *L* : <et> cum s. *Stangl* <fuique> cum s. *Kayser* <et> sum. q. or. <usus sum> *Piderit* <referta tum> summis *Friedrich* || nec inept. *F O G* : et inept *r*.

316 Aeschilus *F* : esculus *G M* esculus *r* || cnidius O^3 *uetus* : *uulg.* gnidius *F* cnidius *r* || in *add. Eberhard* || diffluentes : diffluenti *F*- entem *r* || resederat *Lambin* : reciderat *L* || deferuerat *A. Manuzio* (*ex* QUINTIL., XII, 6, 4) : referuerat *L* || corpori *uulg.* : corporis *L*.

entre Hortensius et moi que je croyais que s'établissait la lutte, parce que c'était de lui que la chaleur de la parole et l'âge me rapprochaient le plus. J'avais remarqué d'ailleurs que dans les causes, comme celles de Marcus Canuleius et de Cnaeus Dolabella le consulaire, où j'avais vu collaborer Cotta et Hortensius, si Cotta avait été pris comme l'avocat principal, le premier rôle néanmoins avait été tenu par Hortensius. C'est en effet un orateur véhément, enflammé, d'une action passionnée, d'un organe sonore, qu'exige une grande réunion d'hommes et le brouhaha du forum. **318** Pendant un an (c'était l'année qui suivit mon retour d'Asie), je plaidai des causes importantes (1) ; à ce moment je sollicitais la questure, Cotta le consulat, Hortensius l'édilité. Après cela vint l'année à passer en Sicile comme questeur, puis le départ de Cotta pour la Gaule au sortir du consulat (2); la primauté appartenait à Hortensius en fait et dans l'opinion. Mais, lorsqu'après un an d'absence je revins de Sicile, ce que j'avais en moi de facultés, quelle qu'en fût d'ailleurs la valeur, paraissait avoir acquis son plein développement et atteint, pour ainsi dire, son point de maturité. Voilà peut-être trop de détails sur moi, surtout dans ma bouche ; mais tout ce que j'ai dit là a été pour te bien montrer, non pas mon talent et mon éloquence (loin de moi cette idée !), mais ce que furent mon travail et mon activité (3). **319** Après que j'eus, pendant cinq ans à peu près, plaidé un très grand nombre de causes et pris place parmi les premiers avocats, survint l'affaire des Siciliens, dont j'eus à défendre les intérêts (4), et ce fut là surtout que j'entrai en lutte avec Hortensius ; j'étais édile désigné et lui consul désigné.

XCIII Puisque tout cet entretien n'est pas une simple énumération d'orateurs, mais comporte aussi certaines leçons, je puis indiquer brièvement ce qui, chez Hortensius, mérite, si je puis dire, d'être censuré et cri-

(1) Ces causes ne sont pas connues.
(2) La questure est de 75 et le départ de Cotta de 74.
(3) C'est ce qu'avait demandé Brutus, § 232.
(4) L'affaire de Verrès, en 70.

solute et facile sententiam, alter ornatus, acer et non talis qualem tu eum, Brute, iam deflorescentem cognouisti, sed uerborum et actionis genere commotior. Itaque cum Hortensio mihi magis arbitrabar rem esse, quod et dicendi ardore eram propior et aetate coniunctior. Etenim uideram in isdem causis, ut pro M. Canuleio, pro Cn. Dolabella consulari, cum Cotta princeps adhibitus esset, priores tamen agere partes Hortensium. Acrem enim oratorem *et* incensum et agentem et canorum concursus hominum forique strepitus desiderat. **318** Vnum igitur annum, cum redissemus ex Asia, causas nobiles egimus, cum quaesturam nos, consulatum Cotta, aedilitatem peteret Hortensius. Interim me quaestorem Siciliensis excepit annus, Cotta ex consulatu est profectus in Galliam, princeps et erat et habebatur Hortensius. Cum autem anno post ex Sicilia me recepissem, iam uidebatur illud in me, quicquid esset, esse perfectum et habere maturitatem quandam suam. Nimis multa uideor de me, ipse praesertim; sed omni huic sermoni propositum est non ut ingenium et eloquentiam meam perspicias, unde longe absum, sed ut laborem et industriam. **319** Cum igitur essem in plurimis causis et in principibus patronis quinquennium fere uersatus, tum in patrocinio Siciliensi maxime in certamen ueni designatus aedilis cum designato consule Hortensio.

XCIII Sed quoniam omnis hic sermo noster non solum enumerationem oratoriam, uerum etiam prae-

317 et *add. Bake.*
318 redissemus *F* : rediissemus *r* || ex Sicilia *F O G* : e Sic. *B H M.*
319 maxime *L* : maximum *Rau, Stangl.*

tiqué. **320** Après son consulat (1), voyant, j'imagine, qu'aucun des consulaires ne pouvait lui être comparé et s'inquiétant peu sans doute de ceux qui n'avaient pas été consuls, il laissa tomber cette extrême ardeur au travail qui l'avait enflammé dès sa jeunesse (2), et voulut, dans l'abondance de toutes choses (3), mener une vie, selon lui, plus heureuse, à coup sûr plus tranquille. La première, la seconde et la troisième année, son éloquence, comme la couleur d'une vieille peinture, avait perdu une partie de son éclat, mais dans une mesure qui échappait au vulgaire et que seul pouvait apercevoir un critique exercé et pénétrant. Bientôt, le temps avançant, dans tout le détail de son éloquence et surtout dans son débit, jusqu'alors rapide et coulant, maintenant hésitant, il paraissait chaque jour plus différent de lui-même. **321** Par contre, moi, je ne cessais pas, par toutes sortes d'exercices et surtout par des compositions écrites, d'augmenter les facultés, quelles qu'elles fussent, qui étaient en moi. Laissant de côté bien des choses se rapportant à cette période et aux années qui suivirent mon édilité, <je dirai seulement que> je fus fait préteur le premier parmi les candidats (4), puis consul avec un succès de popularité incroyable (5). C'est que non seulement mon assiduité à plaider et mon zèle, mais surtout mon genre d'éloquence, qui étant très particulier et très éloigné du type ordinaire frappait par sa nouveauté, avaient attiré sur moi l'attention des gens. **322** Je ne veux rien dire de moi : je parlerai des autres (6). Or, parmi ces autres, il

(1) Après l'année 69.

(2) Sur cette ardeur au travail voir § 302.

(3) Son opulence était célèbre. On parlait du luxe d'Hortensius, de ses tableaux, de ses jardins, de ses parcs avec troupeaux de fauves, de ses viviers (Pline, H. N. IX, 170 ; X, 45 ; XXXV, 130; Varr. *de Re rust.*, VI, 6, 6 ; 13. 2 ; 17, 5 ; Macrob., II, 9).

(4) En 66 av. J.-C.

(5) En 63, il avait été élu consul presque par acclamation, dès sa première candidature et juste à l'âge légal. Voir, sur cette élection, *de lege agrar.*, II, 1-3.

(6) Une première indication de ce développement se trouve plus haut à la fin du § 161 C'est le résumé des idées qui sont exposées dans le *de Oratore.*

cepta quaedam desiderat, quid tamquam notandum et animaduertendum sit in Hortensio breuiter licet dicere. **320** Nam is post consulatum (credo quod uideret ex consularibus neminem esse secum comparandum, neglegeret autem eos qui consules non fuissent) summum illud suum studium remisit quo a puero fuerat incensus, atque in omnium rerum abundantia uoluit beatius, ut ipse putabat, remissius certe uiuere. Primus et secundus annus et tertius tantum quasi de picturae ueteris colore detraxerat, quantum non quiuis unus ex populo, sed ex*i*stimator doctus et intellegens posset cognoscere. Longius autem procedens *cum* in ceteris eloquentiae partibus tum maxime in celeritate et continuatione uerborum adhaerescens, sui dissimilior uidebatur fieri cotidie. **321** Nos autem non desistebamus cum omni genere exercitationis, tum maxime stilo nostrum illud quod erat augere, quantumcumque erat. Atque, ut multa omittam, in hoc spatio et in his post aedilitatem annis, et praetor primus et *consul* incredibili populari uoluntate sum factus. Nam cum propter assiduitatem in causis et industriam tum propter exquisitius et minime uulgare orationis genus animos hominum ad me dicendi nouitate conuerteram. **322** Nihil de me dicam; dicam de ceteris, quorum nemo erat qui uideretur

320 uideret *r*: uiderit G^2 || suum *om. B H M* || existimator *uulg.* : exstumator *L* aestumator F^1 B^2 M^2 G^2 || cognoscere F^3 : magnum scelus *L* || cum *Lambin* : ut *L*.

321 quod erat *F O G*: *om. B H M* || et in... annis *secl Ellendt* || hi *uulg.* : iis *L* || consul *hic addidi* : *addidit prior Friedrich, sed ant* sum factus *repugnante clausula* || populari *L* : populi *Lambin* populi romani *Orelli.*

n'y en avait pas un seul qui parût avoir, plus que la moyenne du public, étudié de près la littérature, où se trouve la source de l'éloquence parfaite ; pas un qui eût embrassé la philosophie, la mère de toutes les belles actions et de toutes les belles paroles ; pas un qui eût appris le droit civil, chose très nécessaire pour assurer la défense des causes privées et fournir des idées à l'avocat ; pas un qui possédât l'histoire romaine, pour y trouver, au besoin, les témoins les plus qualifiés et les évoquer des enfers ; pas un qui, par un raisonnement rapide et ingénieux prenant son adversaire dans un filet, sût détendre l'esprit des juges et les faire passer un moment du sérieux à la gaieté et au rire ; pas un qui fût capable d'élargir un sujet et de sortir du cercle particulier et restreint d'une discussion d'espèce, limitée à une personne et à un moment, pour amener le discours à la question générale embrassant toutes les espèces semblables ; pas un qui, pour amuser, sût parfois faire des digressions ; pas un qui sût provoquer chez le juge un violent mouvement de colère ; pas un qui sût lui tirer des larmes ; pas un qui possédât enfin la faculté qui à elle seule caractérise le mieux l'éloquence, celle de pousser l'âme de ce juge dans tous les sens exigés par l'intérêt de la cause.

XCIV **323** Hortensius avait presque disparu lorsqu'arrivé à l'âge légal, six ans après son consulat, je fus fait consul à mon tour. A ce moment, il se remit au travail, de peur qu'étant devenu son égal en dignité, je ne parusse avoir en quelque chose une supériorité sur lui. Ainsi dans les douze années qui suivirent mon consulat nous eûmes à plaider ensemble de très importantes affaires (1), moi m'effaçant devant lui, lui s'effaçant devant moi, toujours parfaitement unis : mon consulat même, qui d'abord l'avait légèrement piqué (2), nous avait liés, à cause de la manière flatteuse dont mes actes, qu'il admirait, avaient été appréciés par lui. **324** Notre grande expérience oratoire se manifesta surtout quelque temps avant le moment où,

(1) *Pro Rabirio* et *pro Murena* en 63, *pro Sulla* en 62, *pro Flacco* en 59, *pro Plancio* et *pro Scauro en* 56, *pro Milone en* 52.

(2) Parce que Cicéron était désormais son égal en dignité.

exquisitius quam uulgus hominum studuisse litteris, quibus fons perfectae eloquentiae continetur ; nemo qui philosophiam complexus esset, matrem omnium bene factorum beneque dictorum ; nemo qui ius ciuile didicisset, rem ad priuatas causas et ad oratoris prudentiam maxime necessariam; nemo qui memoriam rerum Romanarum teneret, ex qua, si quando opus esset, ab inferis locupletissimos testes excitaret ; nemo qui breuiter arguteque incluso aduersario laxaret iudicum animos atque a seueritate paulisper ad hilaritatem risumque traduceret ; nemo qui dilatare posset atque a propria ac definita disputatione hominis ac temporis ad communem quaestionem uniuersi generis orationem traducer*e* ; nemo qui delectandi gratia digredi parumper a causa, nemo qui ad iracundiam magno opere iudicem, nemo qui ad fletum posset adducere, nemo qui animum eius, quod unum est oratoris maxime proprium, quocumque res postularet, impeller*e*.

XCIV **323** Itaque, cum iam paene euanuisset Hortensius et ego anno meo, sexto autem post illum consulem, consul factus essem, reuocare se ad industriam coepit, ne cum pares honore essemus, aliqua re superio*r* uidere*r*. Sic duodecim post meum consulatum annos in maximis causis, cum ego mihi illum, sibi me ille anteferret, coniunctissime uersati sumus, consulatusque meus, qui illum primo leuiter perstrinxerat, idem nos rerum mearum gestarum, quas ille admirabatur, laude

322 ad communem *G*[2] : ad *om. r* || traducere... impellere *uulg.* : traduceret... impelleret *L.*

323 superior uiderer *scripsi* (*cf. supra* ego anno meo... essem) : superiores uideremur *L* superior esse uiderer *Jahn* (*sed uersus clausula est*).

effrayée par le bruit des armes, cette éloquence qui est notre passion, Brutus, à tous deux, se tut et dut rester bouche close. Alors la loi de Pompée (1) n'accordant que trois heures de parole à chaque avocat, nous plaidions tous les jours, et sans nous répéter, des causes très semblables entre elles ou plutôt identiques (2); causes où toi aussi, Brutus, tu as assisté, plaidant dans plusieurs d'entre elles soit avec nous, soit seul, si bien qu'Hortensius, dont pourtant la vie n'a pas été assez longue, a fourni la carrière que voici : seize ans avant ta naissance, il a commencé à plaider et dans sa soixante-quatrième année, très peu de jours avant sa mort, il a défendu avec toi ton beau-père Appius. Pour ce qu'a été notre genre d'éloquence, à Hortensius et à moi, nos discours existent et la postérité même en pourra juger.

XCV **325** Si nous cherchons pourquoi c'est dans sa jeunesse plutôt que dans son âge mûr qu'Hortensius a surtout brillé comme orateur, nous trouverons deux raisons très sûres (3). D'abord son éloquence était du genre Asiatique, lequel convient mieux au jeune âge qu'à la vieillesse. Le genre Asiatique comporte deux espèces : l'une est pleine de sentences et de traits piquants et les pensées y ont moins de solidité et de gravité que de grâce et de gentillesse : tel a été, dans l'histoire, le style de Timée et, dans les discours, celui d'Hiéroclès d'Alabanda et surtout de Ménéclès, son frère, qui vivaient au temps de ma jeunesse et dont les compositions sont des chefs-d'œuvre du genre Asiatique (4). Il y a une autre espèce qui, elle, est moins remarquable par l'abondance des pensées que par la légèreté et l'allure vive de la phrase. C'est celle qui domine actuellement dans toute l'Asie. Non seulement la phrase

(1) La loi de Pompée *de ambitu* (52 av. J.-C.), en restreignant le nombre des avocats dans une même cause et en limitant la durée des plaidoyers, avait comme éliminé les orateurs médiocres.

(2) On ne les connaît pas.

(3) Cicéron développe si longuement la première raison qu'il oublie *deinde*, la contre-partie de *primum*. La seconde raison n'est qu'indiquée (§ 327 *exercitationem studiumque dimiserat*). Elle a été donnée par avance § 320.

(4) Sur Hiéroclès et Ménéclès, voir *de Oratore* (II, 23, 95) et *Orator* (69, 231).

coniunxerat. **324** Maxime uero perspecta est utriusque nostrum exercitatio paulo ante quam perterritum armis hoc studium, Brute, nostrum conticuit subito et obmutuit ; cum lege Pompeia ternis horis ad dicendum datis ad causas simillimas inter se uel potius easdem noui ueniebamus cotidie. Quibus quidem causis tu etiam, Brute, praesto fuisti compluresque et nobiscum et solus egisti, ut, qui non satis diu uixerit, Hortensius tamen hunc cursum confecerit. Annis ante *sedecim* causas agere coepit quam tu es natus ; idem quarto *et* sexagesimo anno, perpaucis ante mortem diebus, una tecum socerum tuum defendit Appium. Dicendi autem genus quod fuerit in utroque, orationes utriusque etiam posteris nostris indicabunt.

XCV **325** Sed si quaerimus, cur adulescens magis floruerit dicendo quam senior Hortensius, causas reperiemus uerissimas duas ; primum, quod genus erat orationis Asiaticum adulescentiae magis concessum quam senectuti. Genera autem Asiaticae dictionis duo sunt, unum sententiosum et argutum, sententiis non tam grauibus et seueris quam concinnis et uenustis, qualis in historia Timaeus, in dicendo autem pueris nobis Hierocles Alabandeus, magis etiam Menecles frater eius fuit, quorum utriusque orationes sunt in primis, ut Asiatico in genere, laudabiles. Aliud autem genus est non tam sententiis frequentatum quam uerbis uolucre atque incitatum, qual est nunc Asia tota, nec flumine solum orationis, sed etiam exornato et faceto genere uerborum,

324 sedecim *Nipperdey* : decem *L* || et *add. uulg.*
325 et seueris quam *uulg.* : etsi ueris numquam *L* || quale *B H M* quali : *F O G* || Aeschylus *uulg.* : aescilus *F G M* eschius *r* || Cnidius *O*[2] *G* : gnidius *F M*[2] enidius *r*.

y est coulante, mais le détail de l'expression est soigné et élégant. C'était le style d'Aeschylus de Cnide(1) et de mon contemporain Aeschinès de Milet(2). Chez eux le train de la phrase était admirable, mais il n'y avait pas dans les pensées l'ingénieux raffinement <de l'autre manière>. **326** Ces deux espèces de style conviennent mieux, comme je l'ai dit, à la jeunesse : dans la bouche des vieillards elles manquent de gravité. Aussi Hortensius, qui excellait dans toutes les deux, excitait-il des cris d'admiration, quand il était jeune. Il aimait fort, en effet, la façon de Ménéclès dont j'ai parlé plus haut, qui multiplie les pensées gracieuses, parmi lesquelles, chez lui comme chez le rhéteur grec, quelques-unes étaient plutôt gracieuses et agréables que nécessaires ou même parfois utiles. D'autre part, sa phrase allait vive et rapide comme un trait, très soignée en même temps et polie dans le détail de l'expression. Tout cela n'était pas du goût des vieillards. Je voyais souvent Philippus se moquer ou même se fâcher et s'indigner(3). Mais les jeunes gens étaient dans l'admiration, et la multitude était ébranlée. **327** Aux yeux du public, Hortensius, jeune, était l'orateur par excellence et l'on ne lui contestait pas le premier rang. Si son genre d'éloquence manquait d'autorité, il paraissait du moins approprié à son âge; ce qu'il y a de sûr, c'est que, mettant en pleine lumière un très beau talent naturel et un art porté à la perfection,... l'agencement heureux de ses périodes excitait des transports d'admiration. Mais le jour venu où les honneurs, où la dignité d'un âge plus mûr demandèrent quelque chose de plus sévère, c'était toujours le même genre d'éloquence, sauf la convenance, qui n'y était plus ; et comme il s'exerçait moins et que son application au travail, auparavant très vive, s'était relâchée, s'il avait toujours la même fertilité de pensées ingénieuses, il n'avait plus, pour les revêtir, la richesse de son style

(1) Aeschylus a déjà été mentionné § 316.

(2) Aeschinès est signalé par Strabon (XIV, 1, 7, p. 635) comme ayant, par sa liberté de langage, blessé Pompée. Il est classé par Sénèque le Père parmi les bons déclamateurs (*Controv.*, I, 811).

(3) Sur Philippus, voir § 173, 230. Il était d'un caractère violent et peu endurant (*de Oratore*, I, 7, 24 ; III, 1, 4 : *homini et uehementi et diserto et in primis forti ad resistendum*) Cf. Horace, *Epist.*, I,7,46.

in quo fuit Aeschylus Cnidius et meus aequalis Milesius Aeschines. In his erat admirabilis orationis cursus, ornata sententiarum concinnitas non erat. **326** Haec autem, ut dixi, genera dicendi aptiora sunt adulescentibus, in senibus grauitatem non habent. Itaque Hortensius utroque genere florens clamores faciebat adulescens. Habebat enim et Meneclium illud studium crebrarum uenustarumque sententiarum, in quibus, ut in illo Graeco, sic in hoc erant quaedam magis uenustae dulcesque sententiae quam aut necessariae aut interdum utiles ; et erat oratio cum incitata et uibrans tum etiam accurata et polita. Non pro*ba*bantur haec senibus ; saepe uidebam cum irridentem tum etiam irascentem et stomachantem Philippum ; sed mirabantur adulescentes, multitudo mouebatur ; **327** erat excellens iudicio uulgi et facile primas tenebat adulescens. Etsi enim genus illud dicendi auctoritatis habebat parum, tamen aptum esse aetati uidebatur ; et certe, quod et ingeni quaedam forma lucebat et exercitati*o* perfecta, uerborum †... atque astricta comprensio*ne* summam hominum admirationem excitabat. Sed cum iam honores et illa senior auctoritas grauius quiddam requireret, remanebat idem nec decebat idem, quodque exercitationem studiumque dimiserat, quod in eo fuerat acerrimum, concinnitas illa crebritasque sen-

326 probabantur *Ernesti* : probantur *L.*

327. Erat... adulescens *secl. Schütz* Erat... uidebatur *secl. Friedrich* Erat... excitabat *secl. Eberhard* || exercitatio *scripsi* : exercitatione *L* || uerborum †... atque *scripsi* : *post* uerborum *excidisse suspicio est adiectiuum aliquod* (*an* numerosa ?) : uerborum. eratque *L* eratque uerborum *uulg.* <erat> uerborum eratque *Friedrich* || comprensione *scripsi* : comprensio *L.*

d'autrefois. C'est peut-être pour cela, mon cher Brutus, qu'il t'a moins plu qu'il ne t'aurait plu si tu avais pu l'entendre quand il était dans toute l'ardeur de son application et toute la fleur de son talent.

— XCVI **328** Je comprends bien, dit Brutus, les critiques que tu fais, et pourtant Hortensius est pour moi un grand orateur. Je l'ai toujours regardé comme tel et je l'ai particulièrement goûté quand il a parlé pour Messalla pendant ton absence.

— On dit en effet, repris-je, qu'il a été bien et l'on s'en rend compte en lisant le discours publié, qui reproduit, comme on dit, mot pour mot le discours prononcé. Donc Hortensius a fleuri depuis le consulat de Crassus et de Scaevola (1) jusqu'au consulat de Paullus et de Marcellus (2); et moi j'ai couru la même carrière depuis la dictature de Sylla (3) jusqu'à ces mêmes consuls à peu près. Ainsi nos voix ont été éteintes <en même temps> , la sienne par son destin à lui, la mienne par le destin de la république.

— **329** Augure mieux, je t'en prie, de l'avenir, dit Brutus.

— Qu'il en soit comme tu le souhaites, repris-je, mais c'est moins pour moi que pour toi. En tous cas, heureuse a été la mort pour Hortensius, puisqu'il n'a pas vu se produire les choses dont il a prévu l'éventualité. Souvent, en effet, nous avons déploré ensemble les malheurs qui nous menaçaient, en voyant qu'il existait des causes de guerre civile dans les passions des particuliers et qu'il n'existait pas, dans la conduite de la politique, l'espérance de la paix. Mais la chance dont Hortensius a toujours joui semble l'avoir soustrait par la mort aux misères qui ont suivi.

Epilogue.

330 Mais nous, Brutus, puisque la mort de ce très illustre orateur nous a laissés, auprès de l'éloquence orpheline, comme des tuteurs, tenons la à la maison, entourée de la surveillance qui convient à sa noblesse. Repoussons tous ces inconnus et ces téméraires qui ont des prétentions sur elle ; veillons sur son honneur,

(1) 95 av. J.-C.
(2) 50 av. J.-C.
(3) 82 av. J.-C.

tentiarum pristina manebat, sed ea uestitu illo orationis quo consuerat ornata non erat. Hoc tibi ille, Brute, minus fortasse placuit, quam placuisset si illum flagrantem studio et florentem facultate audire potuisses.

XCVI **328** Tum Brutus : Ego uero, inquit, et ista quae dicis uideo qualia sint et Hortensium magnum oratorem semper putaui maximeque probaui pro Messalla dicentem, cum tu afuisti.

Sic ferunt, inquam, idque declarat totidem quot dixit, ut aiunt, scripta uerbis oratio. Ergo ille a Crasso consule et Scaeuola usque ad Paullum et Marcellum consules floruit, nos in eodem cursu fuimus a Sulla dictatore ad eosdem fere consules. Sic Q. Hortensi uox exstincta fato suo est, nostra publico.

329 Melius, quaeso, ominare, inquit Brutus.

Sit sane, ut uis, inquam, et id non tam mea causa quam tua ; sed fortunatus illius exitus, qui ea non uidit cum fierent quae prouidit futura. Saepe enim inter nos impendentes casus defleuimus, cum belli ciuilis causas in priuatorum cupiditatibus inclusas, pacis spem a publico consilio esse exclusam uideremus. Sed illum uidetur felicitas ipsius, qua semper est usus, ab eis miseriis quae consecutae sunt morte uindicauisse.

330 Nos autem, Brute, quoniam post Hortensi clarissimi oratoris mortem orbae eloquentiae quasi tutores relicti sumus, domi teneamus eam saeptam liberali custodia, et hos ignotos atque impudentes procos repu-

328 et ista *FOG* : ista *B H M* || idque *FOG*: idemque *B H M*.
329 ominare G^2 : o mire *F* G^1 O^2 *uelus* omitte *r* || uindicauisse *F O G* : uindicasse *B H M*

comme sur celui d'une jeune vierge, et protégeons-la, autant que nous le pouvons, contre les entreprises des amoureux. Pour moi, bien que je m'afflige, entré un peu trop tard dans le chemin de la vie, d'avoir été, avant la fin de mon voyage, surpris par cette nuit qui est tombée sur la république, cependant j'ai une consolation qui me soutient, c'est celle que tu m'as envoyée, mon cher Brutus, dans ta lettre si affectueuse, dans cette lettre où tu me disais que je devais avoir du courage en pensant aux actes que j'avais accomplis, actes qui parleront de moi tout seuls, dussé-je même n'en rien dire, et qui après ma mort vivront, actes qui par le salut de l'Etat, si les choses tournent bien, par sa perte, si elles tournent mal, témoigneront en faveur de ma conduite politique. XCVII **331** Mais quand je jette les yeux sur toi, Brutus, je vois avec peine que ta jeunesse, lancée comme sur un char de course dans la carrière, a été prise en travers et arrêtée, en plein triomphe, par le misérable destin de la république : voilà la douleur qui me frappe, voilà le souci qui m'inquiète, comme il inquiète aussi Atticus ici présent, qui t'aime et t'apprécie de la même façon que moi. C'est toi qui nous intéresse, c'est toi dont nous voudrions voir la vertu à la place qu'elle mérite, c'est pour toi que nous souhaitons une forme de république qui te permette de faire revivre et d'augmenter la gloire de deux très illustres maisons (1). Le forum t'appartenait, tu étais le maître de cette arène, tu étais le seul qui en y entrant eût apporté non seulement une parole aiguisée par l'exercice de la rhétorique, mais encore une éloquence enrichie des ressources de la philosophie, et la philosophie rehaussée à son tour par tout l'éclat de la vertu unie à la gloire de l'éloquence. **332** Tu es pour nous la cause d'un double chagrin, parce que nous te voyons d'une part privé de la république et que nous voyons d'autre part la république privée de toi. Toi cependant, mon cher Brutus, bien que l'élan de ton génie soit arrêté par ce déplorable désastre de la chose

(1) La maison des *Iunii*, à laquelle il appartenait par la naissance et celle des *Seruilii*, où son oncle maternel, Q. Servilius Caepio, l'avait fait entrer par adoption.

diemus, tueamurque ut adultam uirginem caste, et ab *a*matorum impetu quantum possumus prohibeamus. Equidem etsi doleo me in uitam paulo serius tamquam in uiam ingressum, priusquam confectum iter sit, in hanc rei publicae noctem incidisse, tamen ea consolatione sustentor, quam tu mihi, Brute, adhibuisti tuis suauissimis litteris, quibus me forti animo esse oportere censebas, quod ea gessissem quae de me etiam me tacente ipsa loquerentur uiuerentque* *me* mortuo ; quae, si recte esset, salut*e* rei publicae, sin secus, interitu ipso testimonium meorum de re publica consiliorum darent. XCVII **331** Sed in te intuens, Brute, doleo, cuius in adulescentiam per medias laudes quasi quadrigis uehentem transuersa incurrit misera fortuna rei publicae. Hic me dolor tangit, haec cura sollicitat et hunc mecum socium eiusdem et amoris et iudici. Tibi fauemus, te tua frui uirtute cupimus, tibi optamus eam rem publicam in qua duorum generum amplissimorum renouare memoriam atque augere possis. Tuum enim forum, tuum erat illud curriculum, tu illuc ueneras unus, qui non linguam modo acuisses exercitatione dicendi, sed et ipsam eloquentiam locupletauisses grauiorum artium instrumento et isdem artibus decus omne uirtutis cum summa eloquentiae laude iunxisses. **332** Ex te duplex nos afficit sollicitudo, quod et ipse re publica careas et illa te. Tu tamen, etsi cursum ingeni tui, Brute, premit haec importuna clades ciuitatis, contine te in tuis

330 amatorum *uulg.* : armatorum *L* || uiuerentque mortuo *Stangl* ; me *add. Bornecque ob clausulam* : mortuo uiuerentque *L* mortuoque uiuerent *uulg.* || salute *uulg.* : saluti *L*.
331 haec cura *F O G* : haec me cura *B H M*.

publique, persiste dans les études qui n'ont pas cessé de t'occuper et, achevant l'effort que tu avais presque, ou mieux, que tu avais entièrement accompli, travaille à te détacher de la foule des avocats dont j'ai accumulé les noms dans cet entretien. Un homme comme toi, pourvu, comme tu l'es, des plus fécondes connaissances, puisées, à défaut de Rome qui ne les fournissait pas, dans la ville même qui a toujours passé pour le séjour de la science, ne peut vraiment pas rester confondu au milieu de la foule obscure des avocats. A quoi bon avoir été formé, comme tu l'as été, par Pamménès, l'homme de beaucoup le plus éloquent de la Grèce ? à quoi bon avoir reçu les leçons de l'Ancienne Académie (1) et du dépositaire de ses doctrines, Aristus, mon hôte et mon ami, si c'est pour être au même niveau que la plus grande partie des orateurs ? **333** Ne voyons-nous pas, d'ailleurs, que c'est à peine si à chaque génération il surgit deux orateurs de valeur ? Galba fut seul à exceller parmi le grand nombre de ses contemporains et la tradition nous apprend qu'il ne fut égalé ni par Caton, qui était plus vieux que lui, ni par deux autres contemporains, qui étaient plus jeunes, Lepidus et ensuite Carbo. Je ne dis rien des Gracques, dont les harangues ont sans doute quelque chose de plus facile et de plus dégagé, mais qui disparurent avant que leur talent oratoire eût donné toute sa mesure. Puis vinrent Antoine et Crassus, après eux Cotta, Sulpicius, Hortensius. Je n'en dis pas davantage ; je dis seulement que si j'avais eu le malheur de rester confondu dans la foule...

(Le reste manque.)

(1) Voir § 149 et la note.

perennibus studiis et effice id, quod iam propemodum uel plane potius effeceras, ut te eripias ex ea, quam ego congessi in hunc sermonem, turba patronorum. Nec enim decet te ornatum uberrimis artibus, quas cum domo haurire non posses, arcessiuisti ex urbe ea quae domus est semper habita doctrinae, numerari in uulgo patronorum. Nam quid te exercuit Pammenes, uir longe eloquentissimus Graeciae ? quid illa uetus Academia atque eius heres Aristus, hospes et familiaris meus, si quidem similes maioris partis oratorum futuri sumus ? **333** Nonne cernimus uix singulis aetatibus binos oratores laudabiles constitisse ? Galba fuit inter tot aequales unus excellens, cui, quemadmodum accepimus, et Cato cedebat senior et qui temporibus illis aetate inferiores fuerunt, Lepidus postea, deinde Carbo ; nam Gracchi in contionibus multo faciliore et liberiore genere dicendi; quorum tamen ipsorum ad aetatem laus eloquentiae perfecta nondum fuit ; Antonius, Crassus, post Cotta, Sulpicius, Hortensius ; nihil dico amplius ; tantum dico, si mihi accidisset, ut numerarer in multis... si operosa est concursatio magis opportunorum...

332 quid te G^2 : qui te *L*.
333 opportunorum *cetera desunt*: non inueni plura in perueteri codice. fortunae quidem iniquitas id totum si tamen quiddam erat recidit *Ardizzi in subscriptione libri O.* non erat amplius in exemplari a quo abscisse sunt charte due : quamquam ut mihi uidetur nedum charte, sed pauca admodum deficiunt *Flavio Biondo in subscriptione libri B.*

INDEX DES NOMS PROPRES

Les chiffres renvoient aux paragraphes.

INDEX DES TERMES DE RHÉTORIQUE

Les chiffres renvoient aux paragraphes.

TABLE DES MATIÈRES

Ce volume,
le vingt et unième
de la série latine
de la Collection des Universités de France,
publié aux Éditions Les Belles Lettres,
a été achevé d'imprimer
en mai 2023
par La Manufacture Imprimeur
52202 Langres Cedex, France

N° d'édition : 10650
N° d'impression : 230434
Dépôt légal: mai 2023